Kerstin Stolzenberg

Krischan Heberle

Change Management

Veränderungsprozesse erfolgreich gestalten –

Mitarbeiter mobilisieren

2., aktualisierte und erweiterte Auflage

Kerstin Stolzenberg
Krischan Heberle

Change Management

**Veränderungsprozesse erfolgreich gestalten –
Mitarbeiter mobilisieren**

2., überarbeitete und erweiterte Auflage

Mit 81 Abbildungen, 25 Schemata und 4 Tabellen

 Springer

Dipl.-Psych. Kerstin Stolzenberg
info@kerstin-stolzenberg.de

Dipl.-Psych. Krischan Heberle
Krischan.Heberle@gmx.de

ISBN   978-3-540-78854-6 Springer Medizin Verlag Heidelberg

Bibliografische Information der Deutschen Nationalbibliothek
Die Deutsche Nationalbibliothek verzeichnet diese Publikation in der Deutschen National-
bibliografie; detaillierte bibliografische Daten sind im Internet über http://dnb.d-nb.de abrufbar.

Springer Medizin Verlag
springer.de

© Springer Medizin Verlag Heidelberg 2006, 2009

Planung: Dipl.-Psych. Joachim Coch
Projektmanagement: Meike Seeker, Michael Barton
Design: deblik Berlin
Satzherstellung und Digitalisierung der Abbildungen: Fotosatz-Service Köhler GmbH, Würzburg

SPIN 80012528

Gedruckt auf säurefreiem Papier   2126 – 5 4 3 2 1

Vorwort zur 2. Auflage

Ein vor allem nützliches Buch über Change Management sollte es werden. Ein Buch für die Personalentwicklerin, den Berater und die Führungskraft, die in ihrer täglichen Arbeit Veränderungen in Organisationen planen, umsetzen oder begleiten. Dies war unser vorrangiges Anliegen, als wir uns über die Inhalte und den Aufbau des Buches Gedanken machten. Das Erscheinen der 2. Auflage deuten wir nun gerne so, dass uns dies aus Sicht unserer Leser auch gelungen ist. Auf jeden Fall freuen wir uns über die positive Resonanz.

In Vorbereitung auf die 2. Auflage überlegten wir uns, wie wir die 1. Auflage verbessern könnten. Da wir Change Management als ein Handwerk verstehen, in dem es um das maßgeschneiderte Gestalten von Veränderungsprozessen geht, wollten wir Ihnen unsere Ideen so zur Verfügung stellen, dass Sie sie leicht für Ihre Zwecke anpassen können. Von daher kam uns die Idee, Ihnen unsere Ablaufpläne und Übersichten von Workshops und Veranstaltungen an die Hand zu geben. Wer mag, kann die Abläufe nun im Internet abrufen, anpassen und ausdrucken. Wir hoffen, Ihnen hiermit einen zusätzlichen Nutzen und eine weitere Möglichkeit zu bieten, mit diesem Buch praktisch zu arbeiten.

Wir wünschen Ihnen weiterhin viel Spaß und Erfolg mit Ihren Veränderungsprozessen.

Köln, im Januar 2009

Vorwort zur 1. Auflage

Nach mehrjähriger Tätigkeit als Berater von Veränderungsprojekten wurde uns im Rückblick deutlich, dass uns zu Beginn unserer Arbeit etwas fehlte – eine praktische, übersichtliche Anleitung, wie Veränderungsprojekte sinnvoll zu begleiten sind. Ein praxisnahes Handbuch also, das darstellt, wie Veränderungsmanagement ganz konkret umgesetzt werden kann, das erprobte Werkzeuge vorstellt, Tipps gibt und zum Nachmachen, Umwandeln, Verändern, aber auch bewusstem Verwerfen einlädt. Ein Nachschlagewerk, das die eigenen Ideen und Vorgehensweisen anreichert und für Veränderungsmanager und Führungskräfte gleichermaßen hilfreich sein würde. Ein Buch, wie Sie es gerade in den Händen halten.

Wir hoffen, dass »Change Management – Veränderungsprozesse erfolgreich gestalten – Mitarbeiter mobilisieren« für Sie zum rechten Zeitpunkt vorliegt und Sie von unseren Ideen und Erfahrungen profitieren werden.

An dieser Stelle möchten wir uns bei all denen bedanken, die uns in den letzten Jahren besonders unterstützt haben, von denen wir gelernt haben, mit denen wir uns ausgetauscht haben und die uns diese Veröffentlichung ermöglich haben:

- Zunächst sind das unsere Kunden, die dem Thema Veränderungsmanagement einen besonderen Platz in ihren Entscheidungen, aber auch in ihrer täglichen Arbeit eingeräumt haben; die offen für Experimente waren und mit uns gemeinsam immer wieder Neues ausprobiert haben.
- Wir danken unseren Kollegen Claus-Dieter Hagen, Dr. Alexandra Hey, Barbara Kahlert, Katrin Oeljeklaus und Dr. Susanne Seelbach, mit denen wir gemeinsam Konzepte entwickelt und von deren Ideen wir profitiert haben.
- Unser ganz besonderer Dank gilt den drei Menschen, die uns in unserer Arbeit geprägt haben, uns inspirierten und uns Vorbilder und Coaches gewesen sind. Ihre Handschrift findet sich auch in diesem Buch wieder:

Dr. Helmut Kolmerer,
Dirk Bohnsack, Synnecta,
Uli Müller-Wolf, Hamburger Team.

- Nicht zuletzt danken wir Ilona und Wilfried Stolzenberg, die uns beim sprachlichen Feinschliff intensiv unterstützt haben, sowie Antje Jülicher und Torsten Müller, ohne deren Verständnis und Unterstützung dieses Buch sicher nicht zustande gekommen wäre.

Köln, im Frühjahr 2006

Inhaltsverzeichnis

Einleitung

Veränderung

Planung   Umsetzung   Evaluation

1   Vision

2   Kommunikation

3   Beteiligung

4   Qualifizierung

Welche Arten von Veränderungen gibt es in Organisationen?

Arbeit in Organisationen unterliegt einem ständigen Wandel, weil sich Organisationen selbst laufend verändern müssen. Bei den Auslösern des Wandels handelt es sich um veränderte Rahmenbedingungen, globalisierte Märkte und damit einhergehend um eine internationale Konkurrenz, veränderte Gesetzeslagen, wirtschaftliche Krisen oder auch um Innovationen.

Veränderungsverläufe sind so verschieden wie die Menschen, die sie betreffen.

Je unterschiedlicher die Anforderungen des Marktes sind, desto flexibler müssen Organisationen darauf antworten. Und je verschiedener Anforderungen sein können, desto unterschiedlicher sind auch die Veränderungsprozesse, die in Organisationen angestoßen werden. Jeder Veränderungsprozess nimmt einen anderen Verlauf und bildet darin seine eigenen inhaltlichen Schwerpunkte aus.

Trotz aller Unterschiede in Veränderungsprozessen gibt es auch grundlegende Gemeinsamkeiten. So lassen sich Veränderungen immer mindestens einer der drei folgenden Ebenen zuordnen:
- Veränderungen in der Aufbauorganisation,
- Veränderungen in der Ablauforganisation,
- Veränderungen im sozialen Gefüge und im persönlichen Arbeitsverhalten (◻ Abb. 1).

Veränderungen können gravierend in das bestehende Gefüge einer Organisation eingreifen und dabei z. B. auf deren Aufbau/Strukturen und Abläufe/Prozesse einwirken. So entstehen neue Abteilungen, und bereits vorhandene Abteilungen werden zusammengeführt. Bestehende Arbeitsabläufe werden effizienter gestaltet oder automatisiert, oder es werden neue Prozesse eingeführt. Neue Aufgaben kommen hinzu, und alte erhalten veränderte Schwerpunkte. An Mitarbeiter werden zusätzliche Erwartungen gestellt, oder bestehende Erwartungen werden modifiziert. Veränderungen wirken sich nicht

◻ Abb. 1. Drei Ebenen, auf die Veränderungen einwirken können. (Mit freundlicher Genehmigung von Synnecta, Karlsruhe)

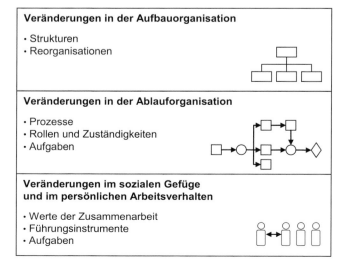

Veränderungen in der Aufbauorganisation

- Strukturen
- Reorganisationen

Veränderungen in der Ablauforganisation

- Prozesse
- Rollen und Zuständigkeiten
- Aufgaben

Veränderungen im sozialen Gefüge und im persönlichen Arbeitsverhalten

- Werte der Zusammenarbeit
- Führungsinstrumente
- Aufgaben

Was ist unter der fachlichen Seite einer Veränderung zu verstehen?

3

nur auf Strukturen und Prozesse aus, vielmehr beeinflussen sie auch die Ebenen des sozialen Gefüges bzw. des Arbeitsverhaltens von Mitarbeitern. Hier spielen veränderte Rahmenbedingungen wie z. B. flexible Arbeitszeiten und leistungsorientierte Vergütungsmodelle eine wichtige Rolle. Aber auch neue Führungsinstrumente erfordern, dass Führungskräfte mit ihren Mitarbeitern anders umgehen.

Meist laufen Veränderungen zur gleichen Zeit auf mehreren der drei Ebenen ab, beeinflussen sie jedoch in unterschiedlichem Umfang. Die Einführung eines neuen Beurteilungsinstrumentes beispielsweise betrifft alle Führungskräfte und Mitarbeiter. Hier wirkt sich die Veränderung vorrangig auf der Ebene des Arbeitsverhaltens aus, indem nämlich Führungskräfte ihren Mitarbeitern in einer neuen Qualität Feedback zu deren Leistung geben. Aufbauorganisationen und Prozesse im Unternehmen werden davon jedoch weniger berührt.

Veränderungen wirken auf drei Ebenen zeitgleich.

Dagegen hat die Umstellung eines Fertigungsbereiches auf Gruppenarbeit zur Folge, dass sich dieser Bereich sowohl in seinem Aufbau und seinen Abläufen als auch in den Anforderungen an die Zusammenarbeit deutlich verändern wird.

Bei der Planung von Veränderungen stellt sich stets die Frage, auf welchen Ebenen Schwerpunkte zu setzen sind und welche weniger im Fokus stehen sollen. So erfordert die erfolgreiche Planung eine angemessene Analyse, die erst dann möglich ist, wenn die Ziele einer Veränderung und die damit verbundenen Auswirkungen intensiv und ausreichend diskutiert wurden. Meist werden in diesem Rahmen die strukturellen und prozessualen Folgen zwar erörtert, die Konsequenzen für das soziale Gefüge aber finden im Vorfeld oft zu wenig Beachtung. Dabei ist es nicht nur wichtig zu erkennen, in welchem Ausmaß die Ebenen betroffen sind, sondern auch zu verstehen, dass Veränderungen nach unterschiedlichen Gesetzmäßigkeiten oder Logiken ablaufen. Veränderungen haben gewissermaßen verschiedene Seiten – eine fachliche und eine überfachliche Seite.

Auswirkungen von Veränderungen auf Verhaltensebenen stehen zu selten im Fokus.

Was ist unter der fachlichen Seite einer Veränderung zu verstehen?

Auf der fachlichen Seite unterliegen Veränderungen einem stringenten Verlauf.

Ein Team aus Fachleuten und Management wird in ein Veränderungsprojekt berufen und plant eine Veränderung, indem es bestehende Abläufe misst und Strukturen und Produkte auf Verbesserungspotenziale hin analysiert. So konzipiert es Zielsetzungen und Lösungen, übersetzt diese Ansätze und Entwürfe in Maßnahmen und leitet dann einen Veränderungsprozess ein. Das gleiche Vorgehen gilt auch für Veränderungen auf der Ebene des sozialen Gefüges. Bei der Entwicklung eines neuen Wertesystems beispielsweise muss zunächst die in der Organisation bestehende Werteordnung erhoben werden, um dann in ein Konzept einzufließen, das die Vorschläge für ein Zielszenario beinhaltet. Ein Veränderungsprojekt-Team initiiert und begleitet jetzt die Umsetzung. Veränderungsprozesse werden sachlich und analytisch geplant und entworfen. Zielsetzungen sollen durch bestimmte

Die fachliche Seite der Veränderung steht meist im Fokus.

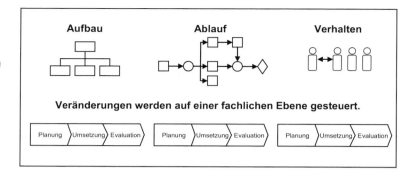

Maßnahmen erreicht werden, und ihre Ergebnisse werden im Nachgang evaluiert. Das Vorgehen ist eher sequenziell und in voneinander getrennte Phasen unterteilt, die in ◼ Abb. 2 dargestellt sind.

Was ist unter der überfachlichen Seite der Veränderung zu verstehen?

Die überfachliche Seite der Veränderung beschreibt die weichen und individuellen Reaktionen, die durch jede fachliche Veränderung bei Mitarbeitern und Führungskräften angestoßen werden. Hinter ihr verbergen sich die fachlich nicht plan- und umsetzbaren Erfolgsfaktoren einer Veränderung wie:

- Akzeptanz der fachlichen Inhalte der Veränderung,
- Überzeugung von der Notwendigkeit und Richtigkeit der Veränderung,
- Bereitschaft, die Veränderung mitzutragen,
- Unterstützung bei der konkreten Umsetzung der Veränderung.

Damit fachliche Veränderungen erfolgreich sind, müssen sie nicht nur fachlich gut geplant und umgesetzt werden, sondern auch von den Mitarbeitern der Organisation akzeptiert und getragen werden. Analytische und rationale Planungs- und Entscheidungsprozesse helfen dabei nicht weiter. An diesem Punkt geht es vielmehr darum, sich mit den Stimmungen und Bedürfnissen einzelner Personen und Gruppen auseinanderzusetzen, mit diesen angemessen umzugehen und Lösungen zu entwickeln.

Veränderungsmanagement bedeutet die überfachliche Seite der Veränderung professionell zu steuern.

Stimmungen der Mitarbeiter in Veränderungszeiten sind selten konstant; sie sind Schwankungen unterworfen und können sich schnell und mehrfach ändern. Problematisch ist es, wenn sich die Stimmungslage aufgrund einer Veränderung verschlechtert, ohne dass darauf eingegangen oder ein Handlungsbedarf gesehen wird. Dazu kommt, dass nicht alle Mitarbeiter in gleicher Art und Weise reagieren. Jeder entwickelt seine persönliche Haltung, die die Einstellung zur geplanten Veränderung und die Bereitschaft zur Umsetzung entscheidend prägt. Diese individuellen Stimmungskurven sind in ◼ Abb. 3 beispielhaft dargestellt. Um Veränderungen auf der überfachlichen Seite erfolgreich zu managen, ist es unerlässlich, sich mit der Lage der Betroffenen intensiv zu beschäftigen und sie professionell zu begleiten.

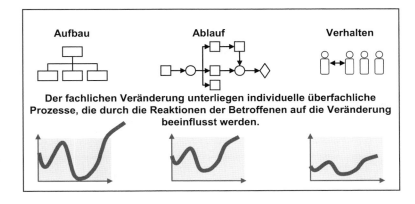

Obwohl von einer Veränderung direkt betroffen, sind die Mitarbeiter in den seltensten Fällen an der Entwicklung oder gar an der Entscheidung unmittelbar beteiligt. Oftmals sehen sie sich vor vollendete Tatsachen gestellt und reagieren mit Unverständnis und Unmut darauf, dass sie nicht informiert oder gefragt wurden und nun meinen, praxisfremde Konzepte anwenden zu müssen.

Daher ist es umso wichtiger, die von der Veränderung betroffenen Mitarbeiter zu informieren und auf ihre Rolle bei der Umsetzung vorzubereiten. Genau an diesem Aspekt scheitern Veränderungsprojekte oftmals oder verlieren einen Großteil an gewünschter Wirkung. Deshalb sind v. a. die Leiter von Veränderungsprojekten, die in diesem Buch auch »Veränderungsmanager« genannt werden, gefragt, die Veränderung besonders auf der überfachlichen Seite zu begleiten und damit ihr Gelingen zu unterstützen.

Was ist mit Veränderungsmanagement gemeint?

Wenn in diesem Buch von Veränderungsmanagement oder Change Management gesprochen wird, meint dies die Planung und Durchführung aller Aktivitäten, welche die betroffenen Führungskräfte und Mitarbeiter auf die zukünftige Situation vorbereiten und ihnen eine möglichst optimale Umsetzung der veränderten Anforderungen ermöglichen. Veränderungsmanagement konzentriert sich auf die überfachliche Seite einer Veränderung und achtet auf die Ausgewogenheit beider Seiten.

Veränderungsmanagement lässt sich in vier Kernthemen unterteilen:
① Entwicklung und Umsetzung einer **Vision,**
② **Kommunikation** mit den Betroffenen,
③ **Beteiligung** der Betroffenen,
④ **Qualifizierung** der Betroffenen.

Die Kernthemen des Veränderungsmanagements werden immer dann berührt, wenn eine Organisation fachliche Veränderungen initiiert. Veränderungsmanagement findet somit eingebettet in die Phasen der fachlichen Veränderung statt:
- Planung,
- Umsetzung,
- Evaluation.

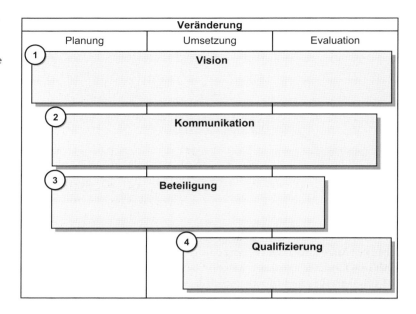

In ◘ Abb. 4 ist die Einbettung des Veränderungsmanagements in die fachliche
Veränderung im zeitlichen Verlauf dargestellt. Dabei symbolisieren weiße
Felder die fachliche Veränderung, graue Felder die Themen des Verände-
rungsmanagements.

Mit der Entwicklung einer Vision fällt der gemeinsame Startschuss für
den fachlichen und überfachlichen Prozess. Zeitlich leicht nachgelagert beginnen sowohl die Kommunikation über die Veränderung als auch die Beteiligung
von Führungskräften und Mitarbeitern. Während der Umsetzungsphase der
fachlichen Veränderung beginnt die Qualifizierung von Führungskräften
und Mitarbeitern, die diese für ihre neuen oder veränderten Aufgaben aus-
bilden soll.

**Veränderungsmanage-
ment erfordert ein hohes
Maß an Ressourcen und
Engagement.**

Veränderungsmanagement ist inhaltlich und zeitlich immer von den
Fortschritten der fachlichen Veränderung abhängig. Die größte Einflussnahme aber erfolgt durch die Bereitschaft der Organisation, Zeit und Geld in
die überfachlichen Bereiche der Veränderung zu investieren, und durch die
Bedeutung, die der Veränderungsmanager selbst dem Veränderungsmanagement beimisst. Dieses Buch soll Wege aufzeigen, wie sich eine solche Investi-
tion erfolgreich für den gesamten Veränderungsprozess einsetzen lässt.

Wann ist es sinnvoll und nötig, ein Veränderungs-
management anzustoßen?

Um den Bedarf für ein Veränderungsmanagement besser einschätzen zu
können, lassen sich Veränderungen in einem Ordnungssystem abbilden
(◘ Abb. 5). Dabei wird die Veränderung anhand der folgenden Kriterien bewertet:

- Anzahl der betroffenen Mitarbeiter und Führungskräfte,
- Ausmaß der Neuerung der fachlichen Veränderung.

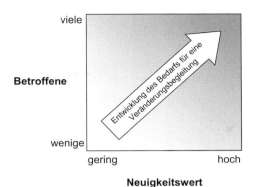

◻ Abb. 5. Entwicklung des Bedarfs für ein Veränderungs-management

Die Intensität und der Umfang eines Veränderungsmanagements nehmen mit steigender Anzahl der Betroffen und/oder mit der Höhe des Neuigkeitswertes zu. Um zwei Beispiele zu nennen: Eine regelmäßig durchgeführte Aktualisierung eines EDV-gestützten Buchhaltungsprogramms bedarf »nur« einer kurzen Information oder Schulung der jeweils betroffenen Mitarbeiter. Sie sind dann vorbereitet und können mit der aktualisierten Version der Software arbeiten. Dagegen betrifft die Fusion zweier Unternehmen die jeweils kompletten Belegschaften und zieht zahllose Neuerungen wie z. B. die Einführung neuer IT-Systeme, Integration unterschiedlicher Produktionsprozesse oder die Entwicklung eines gemeinsamen Wertesystems nach sich. Dies erfordert ein intensives und umfassendes Veränderungsmanagement mit verschiedenen Maßnahmen.

Der Bedarf für Veränderungsmanagement ist abhängig vom Ausmaß der Veränderung.

Wie ist das Buch aufgebaut?

Das vorliegende Buch beschreibt den Zyklus eines Veränderungsmanagements. Es soll als Handbuch ein Begleiter für diejenigen sein, die aktiv an der Umsetzung von Veränderungsprozessen beteiligt sind oder selbst Veränderungen anstoßen. Seine Zielgruppe umschließt demnach nicht nur Führungskräfte, Projektmanager, Berater und Personalentwickler, sondern auch Top-Manager, die Veränderungen initiieren.

Die einzelnen Kapitel sind den bereits dargestellten Kernthemen eines Veränderungsmanagements zugeordnet:

① Vision,
② Kommunikation,
③ Beteiligung,
④ Qualifizierung.

Alle Kapitel sind nach einem einheitlichen Muster aufgebaut. Sie beginnen mit einer kurzen Einführung in das Thema, geben dann zunächst einen Überblick über die Werkzeuge, die die Umsetzung des jeweiligen Themas unterstützen, und gehen dann über in eine detaillierte Beschreibung jedes einzelnen Werkzeugs. Das Buch stellt somit umfassend den Prozess eines Veränderungsmanagements dar. Es kann chronologisch gelesen oder als Nachschlagewerk für einzelne Werkzeuge genutzt werden.

Zu Beginn stellen schematische Graphiken (■ Abb. 4) Themenfelder und zeitliche Abfolgen dar, um einen Überblick zu geben und eine gute Orientierung zu ermöglichen.

In den folgenden Kapiteln werden einige Begriffe immer wieder verwandt, die zum besseren Verständnis an dieser Stelle erläutert werden.

Erklärung häufig verwendeter Begriffe

- **Initiatoren der Veränderung**
  Die Unternehmensleiter bzw. Mitglieder des Top-Managements, die eine Veränderung wollen und den Auftrag für eine Veränderung erteilen.
- **Veränderungsprojekt**
  Der Auftrag für eine Veränderung wird in Organisationen meist im Rahmen eines Projekts umgesetzt. Der Begriff meint daher sowohl die Veränderung selbst als auch ihre konkrete Umsetzung.
- **Veränderungsmanager**
  Der Leiter des Veränderungsprojekts, der den Auftrag der Initiatoren umsetzt und somit für die Umsetzung der fachlichen und überfachlichen Seite einer Veränderung verantwortlich ist.
- **Veränderungsprojekt-Team**
  Eine Gruppe von Mitarbeitern, die die Planung und Umsetzung eines Veränderungsprojekts unterstützen.
- **Führungskräfte und Mitarbeiter/Teams**
  Sind von den Veränderungsprojekten betroffen und müssen sie umsetzen. Sie sind die zentrale Zielgruppe für ein Veränderungsmanagement.
- **Berater**
  Eine Person, die aufgrund ihrer Fachkompetenz für bestimmte Aufgaben dem Veränderungsprojekt-Team zur Seite steht (z. B. als Moderator von Veranstaltungen oder als Redakteur eines Kommunikationsmediums), aber selbst nicht Mitglied des Teams ist.

Alle Schemata, die im Text dargestellt werden, finden sich unter dem Link www.springer.com/978-3-540-78854-6 nun auch im Internet.

Diese können als Arbeitsunterlage angepasst und ausgedruckt werden. Die ausgedruckten Ablaufpläne können mit Kunden und Kollegen besprochen, zur Planung und Vorbereitung von Veranstaltungen herangezogen oder auch als roter Faden während der Moderation vielfältig genutzt werden.

1 Vision

Veränderung

Planung   Umsetzung   Evaluation

1   Vision

2   Kommunikation

3   Beteiligung

4   Qualifizierung

Notwendigkeit einer Vision im Veränderungsprozess

In diesem Kapitel wird beschrieben, warum und wie eine Vision entwickelt wird, welche sinnvollen Schritte sich ihrer Entwicklung anschließen und welche Werkzeuge diesen Prozess unterstützen (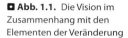 Abb. 1.1). Das Vorgehen wird hier beispielhaft für eine Organisation mit mehreren Hierarchiestufen dargestellt. Natürlich können die vorgestellten Methoden auch bei der Entwicklung einer Vision für ein einzelnes Team genutzt werden. Die Methoden zur Kommunikation der Vision verlieren dann jedoch in ihrem hier beschriebenen Umfang an Bedeutung.

◘ Abb. 1.1. Die Vision im Zusammenhang mit den Elementen der Veränderung

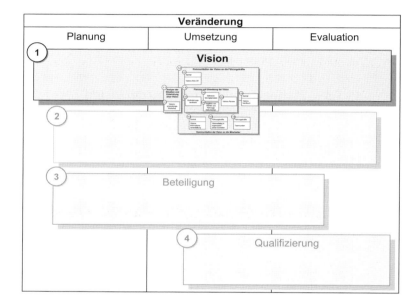

Jeder Veränderungsprozess wirft bei den betroffenen Mitarbeitern und Führungskräften Fragen nach der Notwendigkeit und den Zielen der Veränderung auf:

- Was genau soll passieren?
- Wofür sind die angestoßenen Maßnahmen gut?
- Warum muss überhaupt etwas verändert werden?
- Wo wollen wir hin?
- Warum genau dorthin?
- Auf welche Art und Weise werden wir die Ziele erreichen?
- Welche Werte stehen bei der Veränderung im Vordergrund?
- Wie werden wir behandelt?

Antworten auf diese Fragen kennt v. a. zu Beginn einer Veränderung oftmals nur das Top-Management, das z. B. Kostenziele erreichen muss, Marktanteile sichern will oder ein neues, Erfolg versprechendes Modell zur Qualitätsverbesserung im Blick hat.

Durch die gemeinsame Formulierung einer Vision wird das Top-Management zum Initiator einer Veränderung und gibt damit den Startschuss für den Veränderungsprozess. Im Rahmen der Formulierung der Vision werden die

Ideen und Ziele der einzelnen Personen transparent und können als Grundlage für die Information der Mitarbeiter und Führungskräfte genutzt werden. Somit liefern sie erste Antworten auf die obigen Fragen. Darüber hinaus fördert die Diskussion im Top-Management eine einheitliche Sichtweise auf die aktuelle Situation und die angestrebte Zukunft.

Die Formulierung einer Vision, aber auch die Beschreibung von Hintergründen für eine Veränderung sind notwendig, unabhängig von der Anzahl der von der Veränderung betroffenen Mitarbeiter und Führungskräfte: Sowohl für Organisationen mit mehreren tausend Mitarbeitern als auch für kleinere Einheiten mit 10 Mitarbeitern ist die Entwicklung einer Vision geeignet und unterstützt den Veränderungsprozess.

Damit eine Vision ihre volle Kraft entwickeln kann, muss sie jedes einzelne Mitglied der Organisation erreichen. Daher sollte das Augenmerk einerseits auf die Arbeit mit den Führungskräften gerichtet sein: Sie sind die direkten Ansprechpartner für ihre Mitarbeiter, sie sind diejenigen, die Fragen beantworten, die die Inhalte der Vision in Diskussionen verteidigen werden und auch diejenigen, die die Vision mit ihren Teams letztendlich umsetzen. Andererseits ist es jedoch wichtig, die Mitarbeiter zusätzlich zentral durch die Initiatoren der Veränderung anzusprechen. Auch ein konsequentes, an der Vision ausgerichtetes Handeln des Top-Managements verschafft der Vision nicht nur Bedeutung, sondern macht auch ihre Inhalte für Mitarbeiter und Führungskräfte erlebbar.

Führungskräfte sind die Multiplikatoren der Vision.

Inhalte des Kapitels: Erster Überblick über den Visionsprozess

Dieses Kapitel gliedert sich in 3 Abschnitte, in denen erläutert wird, wie eine Vision entwickelt, wie ihre Inhalte an Mitarbeiter und Führungskräfte kommuniziert und wie die Umsetzung der Vision mit Inhalten gefüllt und vorangetrieben werden kann. Die Verzahnung der 3 Abschnitte sowie die hier beschriebenen Werkzeuge werden in der ❏ Abb. 1.2 im Zusammenhang dargestellt.

❏ **Abb. 1.2.** Die Inhalte des Visionskapitels

Auf der Basis von umfangreichen Analysen wird eine Vision erstellt.

Analyse der Situation und Entwicklung einer Vision

Ein Veränderungsbedarf einer Organisation entsteht häufig durch einen Impuls von außen: Märkte und Zielgruppen verändern sich und nehmen so Einfluss auf die Organisation. Es schließen sich Analysen der aktuellen Situation sowie eine Einschätzung der Zukunft an, auf deren Basis eine Vision, also ein attraktiver Zielzustand formuliert wird. Ist die Vision entwickelt, starten die folgenden, parallel laufenden 2 Prozesse:

- Planung und Umsetzung sowie
- Kommunikation der Vision.

Planung und Umsetzung der Vision

Die Umsetzung der Vision erfordert, sie in einzelne Schritte herunterzubrechen.

Um die Vision realisieren zu können, ist es erforderlich, sie durch Maßnahmen, Projekte, Planungsprozesse sowie Messgrößen und Kennziffern zu konkretisieren. Damit ist eine Grundlage geschaffen, die Inhalte der Vision in individuelle Zielvereinbarungen aller Führungskräfte und Mitarbeiter einfließen zu lassen.

Neben der fachlichen Umsetzung ist es auch sinnvoll, zu analysieren, welche bestehenden Werte, Instrumente oder auch gelebten Verhaltensweisen die Organisation beeinflussen. Im Anschluss wird geprüft, in welchem Verhältnis die aktuellen Werte zu den definierten Zielen der Vision stehen – ob es sich um konkurrierende oder unterstützende Werte handelt und welcher Handlungsbedarf sich daraus ergibt.

Kommunikation der Vision

Eine Vision ist erfolgreich, wenn sie allen bekannt ist.

Der Prozess der Planung und Umsetzung ist eingebettet in eine regelmäßige Kommunikation, die sowohl durch die Führungskräfte als auch zentral gewährleistet werden muss. Nacheinander werden sowohl Führungskräfte (als die Multiplikatoren der Vision) als auch ihre Mitarbeiter mit der Vision vertraut gemacht und ermutigt, sich mit ihr auseinanderzusetzen, um so ihre Bedeutung für die eigene Arbeit zu verstehen. Aber auch eine Information über den aktuellen Status, über mögliche Veränderungen oder auch Erfolge begleiten den Weg zur Erreichung der Vision.

> **Der Visionsprozess im Detail**

Im Folgenden wird der Visionsprozess anhand der in ◘ Abb. 1.2 aufgelisteten Werkzeuge im Detail beschrieben – jedes Werkzeug in einem eigenen Unterkapitel. Möglicherweise bietet es sich an, alle Werkzeuge – so wie sie dargestellt sind – in der eigenen Organisation anzuwenden oder aber sie als Anregung für die Weiterentwicklung von eigenen Vorgehensweisen zu nutzen.

1.1 Analyse der Situation und Entwicklung einer Vision

Einleitung und Überblick

Wenn die Entscheidung zur Veränderung einer Organisation gefallen ist, muss zunächst ein Zielzustand definiert werden, den es zu erreichen gilt: die Vision. Indem die Initiatoren einer Veränderung gemeinsam eine knappe und verständliche Beschreibung der gewünschten Zukunft der Organisation erarbeiten, schaffen sie auch eine Basis für die im Veränderungsprozess notwendigen nächsten Schritte – wie z. B. die Ableitung von Maßnahmen zur Visionsumsetzung oder der Kommunikation des Veränderungsvorhabens. Darüber hinaus entwickelt sich eine gemeinsame Sicht auf die aktuelle Situation und die Zukunft sowie ein geteiltes Verständnis über die Bedeutung einzelner Formulierungen, das die Diskussion im Verlauf des Veränderungsprozesses vereinfacht.

Eine ausgezeichnete Möglichkeit zur Entwicklung einer Vision ist ein Workshop, in dem eine Stärken-Schwächen-Analyse durchgeführt und eine Vision abgeleitet wird (◘ Abb. 1.3).

Die Vision beschreibt die erwünschte Zukunft der Organisation.

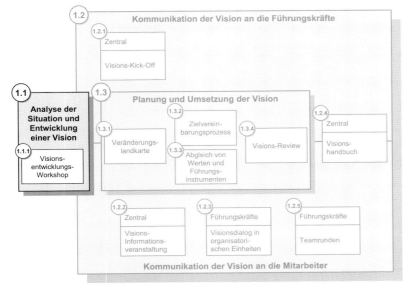

◘ **Abb. 1.3.** Analyse der Situation und Entwicklung einer Vision

1.1.1 Visionsentwicklungs-Workshop

Definition und Ergebnis eines Visionsentwicklungs-Workshops

Was ist ein Visionsentwicklungs-Workshop?

Im Rahmen eines zweitägigen Workshops entwickeln die Initiatoren der Veränderung, also das Top-Management einer Organisation, eine Vision. Damit vereinbaren sie die grundsätzliche Ausrichtung der Organisation für die nächsten Jahre und legen so den Grundstein für den Veränderungsprozess.

Worin besteht das Ergebnis eines Visionsentwicklungs-Workshops?

Eine gute Vision ist verständlich formuliert und wird vom Management getragen.

Am Ende des Workshops sollte eine vom Top-Management getragene, kommunizierbare und in der Organisation verständliche Formulierung einer Vision stehen.

Kotter (1998) hat die Eigenschaften einer effektiven Vision definiert:

- **Vorstellbar**
  Vermittelt ein Bild, wie die Zukunft aussieht.
- **Wünschenswert**
  Berücksichtigt die langfristigen Interessen der Mitarbeiter, Kunden, Aktionäre und anderer, die am Leistungsprozess beteiligt sind.
- **Fassbar**
  Umfasst realistische, erreichbare Ziele.
- **Fokussiert**
  Ist deutlich genug, um bei der Entscheidungsfindung Hilfestellung zu geben.
- **Flexibel**
  Ist allgemein genug, um unter dem Aspekt veränderlicher Bedingungen individuelle Initiativen und alternative Reaktionen zuzulassen.
- **Kommunizierbar**
  Ist einfach zu kommunizieren; kann innerhalb von 5 Minuten erfolgreich erklärt werden.

Beschreibung des Visionsentwicklungs-Workshops

Wann sollte ein Visionsentwicklungs-Workshop durchgeführt werden?

Der rote Faden einer Veränderung ist die Vision.

Ein Visionsentwicklungs-Workshop steht am Anfang jedes Veränderungsprozesses. Die Vision ist der rote Faden, dem Maßnahmen im Rahmen der Veränderung folgen sollen, der eine Basis für Entscheidungen darstellt und der den Betroffenen die Möglichkeit bietet, sich mit den zukünftigen Veränderungen auseinanderzusetzen.

Wie läuft ein Visionsentwicklungs-Workshop ab?

Ein Visionsentwicklungs-Workshop gliedert sich in 3 Abschnitte:

- eine Analyse der Ist-Situation und einer möglichen Zukunft,
- die Entwicklung einer Vision und
- die Planung der Kommunikation der Vision.

Die Analyse der aktuellen Situation und die Bewertung der Zukunft der Organisation sowie des Umfelds, in dem sie sich befindet, sorgen für ein gemeinsames Verständnis und verdeutlichen sowohl den Handlungsbedarf als auch die grundsätzliche Richtung, an der sich die Vision orientieren soll. Dieser Baustein kann auch im Vorfeld des Workshops vorbereitet werden, um dann die Ergebnisse im Workshop selbst zu diskutieren und zu vertiefen.

Danach folgt die eigentliche Phase der Visionsentwicklung, deren Ergebnis in einer Vision für die Organisationseinheit besteht. Um die Kommunikation der Vision voranzutreiben, werden schließlich die nächsten Schritte diskutiert und ein gemeinsamer Kommunikationsplan entwickelt. Der Ablauf ist in ► Schema 1.1 dargestellt.

Wie viele und welche Personen sollen an der Entwicklung der Vision beteiligt sein?

Grundsätzlich gilt, dass Menschen sich leichter mit einer Vision identifizieren, wenn sie diese selbst mitentwickelt haben. In den wenigsten Situationen ist es allerdings möglich, eine Vision mit der gesamten Organisation zu entwickeln, sodass sehr oft eine Entscheidung über die Größe des Teilnehmerkreises getroffen werden muss.

Damit eine Vision ihre Kraft auch bei denjenigen Personen entfalten kann, die nicht an ihrer Entwicklung beteiligt waren, sollte die Kommunikation der Vision gut konzipiert und engagiert umgesetzt werden. Es erscheint zwar oftmals zeitsparender, mit möglichst wenigen Personen die Vision zu entwickeln, jedoch gleicht der Aufwand, der im Anschluss für die Kommunikation investiert werden muss, diesen Vorteil wieder aus. So steht z. B. nur eine kleine Anzahl von Multiplikatoren zur Verfügung – also Personen, die im anschließenden Kommunikationsprozess und in der Tagesarbeit die Vision sozusagen »aus erster Hand« vermitteln können.

Natürlich kann der Initiator einer Veränderung die Vision auch für sich allein entwickeln. Durch dieses Vorgehen fehlen einerseits Multiplikatoren für die Vision, und andererseits wird die Chance vertan, ein breites Meinungsbild in die Entwicklung der Vision einfließen zu lassen und unterschiedliche Perspektiven zu integrieren. Es gilt die Faustregel »Je intensiver sich eine Person mit der Vision auseinander gesetzt hat, je mehr eigene Ideen und Gedanken in sie eingeflossen sind, desto stärker identifiziert sich die Person mit ihren Inhalten und desto klarer kann sie sie anderen vermitteln«. ◘ Abb. 1.4 fasst diese Abhängigkeit graphisch zusammen.

Erfolgreiche Multiplikatoren identifizieren sich mit den Visionsinhalten.

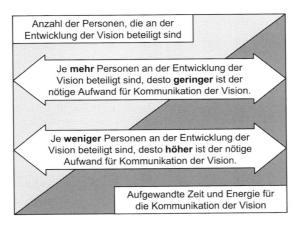

◘ **Abb. 1.4.** Verhältnis von »Anzahl der Personen, die an der Entwicklung der Vision beteiligt sind« zu »aufgewandter Zeit und Energie für die Kommunikation der Vision«

Anzahl der Personen, die an der Entwicklung der Vision beteiligt sind

Je **mehr** Personen an der Entwicklung der Vision beteiligt sind, desto **geringer** ist der nötige Aufwand für Kommunikation der Vision.

Je **weniger** Personen an der Entwicklung der Vision beteiligt sind, desto **höher** ist der nötige Aufwand für Kommunikation der Vision.

Aufgewandte Zeit und Energie für die Kommunikation der Vision

Somit erscheint es sinnvoll, eine Gruppengröße für die Visionsentwicklung zu finden, die eine intensive Diskussion zulässt (bis zu 12 Personen), die verschiedene Sichtweisen einbindet und den Kommunikationsprozess durch möglichst viele Multiplikatoren unterstützt.

Die Entscheidung darüber, welche Personen die Entwicklung der Vision vorantreiben sollen, wird nicht nur durch eine praktikable Gruppengröße beeinflusst, sondern sollte auch folgende Kriterien berücksichtigen:

- **Möglichkeit/Macht, die Inhalte der Vision umzusetzen**
  z. B. das Top-Management,
- **Breites und fundiertes Know-how über die aktuelle Situation der Organisation, ihres Umfeldes und möglicher Zukunftsszenarien**
  z. B. Personen in Strategiefunktionen,
- **Akzeptanz bei Führungskräften und Mitarbeitern**
  z. B. angesehene und geschätzte Führungskräfte und Mitarbeiter, ggf. auch Mitglieder der Mitarbeitervertretung.

In den meisten Fällen setzt sich der Teilnehmerkreis aus dem Top-Management zusammen sowie einem Moderator.

Mit welchen Methoden soll die Entwicklung der Vision unterstützt werden?

Wenn die Teilnehmer bestimmt sind, schließt sich die Frage nach den im Workshop eingesetzten Methoden an (◘ Abb. 1.5). Grundsätzlich kann zwischen analogen und kognitiven Methoden unterschieden werden: Analoge Methoden sprechen alle Sinne an und arbeiten daher mit vielen kreativen und verhaltensorientierten Elementen, kognitive Methoden fokussieren sich hingegen auf den Verstand.

Visionen müssen begeistern und sich doch auf Fakten stützen.

Gerade eine Vision sollte rational auf der Basis einer fundierten Analyse und mit Weitsicht entwickelt werden, aber sie muss auch gleichzeitig bewegen und mitreißen können. Antoine de Saint-Exupéry fasst das so zusammen: »Wenn Du ein Schiff bauen willst, so trommle nicht Männer zusammen, um Holz zu beschaffen, Werkzeuge vorzubereiten, Aufgaben zu vergeben und die Arbeit einzuteilen, sondern lehre die Männer die Sehnsucht nach dem weiten endlosen Meer.«

◘ **Abb. 1.5.** Einsatz unterschiedlicher Methoden und ihre Bedeutung für die Visionsentwicklung

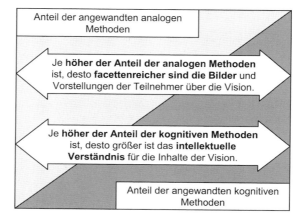

Anteil der angewandten analogen Methoden

Je **höher der Anteil der analogen Methoden** ist, desto **facettenreicher sind die Bilder** und Vorstellungen der Teilnehmer über die Vision.

Je **höher der Anteil der kognitiven Methoden** ist, desto größer ist das **intellektuelle Verständnis** für die Inhalte der Vision.

Anteil der angewandten kognitiven Methoden

Daher bietet es sich bei einem Visionsentwicklungs-Workshop an, mit einer Mischung aus beiden Formen zu arbeiten, um sowohl den Kopf als auch die Gefühlsebene anzusprechen. Es empfiehlt sich, den Einstieg – hier die Analysephase – mit kognitiven Methoden zu gestalten und die eigentliche Visionsentwicklung – den phantasievolleren Teil – mit analogen Methoden anzureichern.

Eine Vision sollte Kopf und Gefühl ansprechen.

Wie kann ein Visionsentwicklungs-Workshop vorbereitet werden?

Um den Visionsentwicklungs-Workshop fundiert beginnen zu können, sollten im Vorfeld des Workshops erste Meinungen und Einschätzungen der Teilnehmer durch Interviews mit dem Moderator des Workshops erhoben werden. Alternativ können die Teilnehmer aufgefordert werden, sich gezielt auf den Workshop vorzubereiten, indem sie in Einzelarbeit eine SWOT-Analyse (Strengths, Weaknesses, Opportunities, Threats) durchführen. Weiterführende Erläuterungen finden sich bei Simon u. von der Gathen (2002).

Variante 1: Interviews durch den Moderator

Der Moderator des Visionsentwicklungs-Workshops führt im Vorfeld mit allen Teilnehmern Interviews durch.

Leitfragen

Mögliche Leitfragen zur gegenwärtigen Situation

- Wie nehmen Sie die aktuelle Situation Ihrer Organisation wahr?
- Wie wird Ihre Organisation von Ihren Kunden wahrgenommen?
- Wie wird Ihre Organisation von den eigenen Mitarbeitern wahrgenommen?
- Was gefällt Ihnen?
- Was stört Sie?
- Was muss sich ändern?

Denkbare Leitfragen zur Zukunft

- Wo möchten Sie in 3–5 Jahren stehen?
- Welche Rolle soll Ihre Organisation innerhalb der Gesamtorganisation spielen?
- Welche Rolle soll Ihre Organisation bezogen auf ihre Konkurrenten einnehmen?
- Wenn es nur nach Ihnen ginge, was würden Sie sich für die Organisation wünschen?
- Welche Schlagworte/welche Bilder gehen Ihnen durch den Kopf, wenn Sie an die aktuelle Situation denken, und welche, wenn Sie an eine erfolgreiche Zukunft Ihrer Organisation denken?

Eine Aufbereitung der Ergebnisse kann z. B. darin bestehen, die Antworten zu Kernaussagen zusammenzufassen und gegenläufige Meinungen herauszustellen, um so den Einstieg in eine Diskussion im Workshop zu erleichtern.

Anmerkungen

Zusätzlich können auch Interviews mit Personen, die nicht an dem Workshop teilnehmen, geführt werden, um ein breites Meinungsspektrum zu erheben und um diese Ergebnisse denen der Teilnehmerbefragung gegenüberzustellen.

Variante 2: SWOT-Analyse in Einzelarbeit vorbereiten

Für eine Gegenüberstellung von Risiken und Chancen eignet sich die SWOT-Analyse.

Anstelle von Interviews können die Teilnehmer auch im Vorfeld der Veranstaltung selbstständig eine Strengths-Weaknesses-Opportunities-Threats-Analyse durchführen, die der Moderator zum Workshop zusammenführen kann. Hierzu ist es hilfreich, den Teilnehmern verschiedenfarbige Karten und einen dicken Stift zur Dokumentation ihrer Antworten zur Verfügung zu stellen, um so die Antworten im Workshop leichter sortieren und zusammenfassen zu können (◘ Abb. 1.6, ▶ Schema 1.1).

◘ **Abb. 1.6.** Erfassungsbogen einer SWOT-Analyse

SWOT-Analyse

Arbeitsanleitung

Bitte geben Sie im Rahmen einer S(trengths) W(eaknesses) O(pportunities) T(hreats)-Analyse Ihre persönliche Einschätzung der aktuellen Situation sowie Ihre individuelle Perspektive in Ihrer Organisation wieder. Nutzen Sie zur Sammlung und Strukturierung die folgenden Leitfragen:

Gegenwart

Strengths/Stärken (blau)	Schwächen/Weaknesses (gelb)
• Was läuft gut?	• Was ist schwierig?
• Worauf können wir uns verlassen?	• Welche Störungen behindern uns?
• Worauf sind wir stolz?	• Was fehlt uns?
• Was gibt uns Energie?	• Was fällt uns schwer?

Zukunft

Chancen/Opportunities (grün)	Risiken/Threats (rot)
• Was wird noch zu wenig genutzt?	• Wo lauern künftig Gefahren/Risiken?
• Was können wir ausbauen?	
• Was steckt noch mehr in uns drin?	• Welche Fehlentwicklungen befürchten wir?

Halten Sie Ihre Ideen gut leserlich auf Karten fest. Nutzen Sie für jede SWOT-Rubrik eine eigene Farbe und pro Idee eine neue Karte. Bitte verwenden Sie immer Verben, um den Inhalt Ihrer Karte zu verdeutlichen: Statt *„Kundenanfragen"* besser *„Kundenanfragen reduzieren"* oder *„Kundenanfragen zeitnah bearbeiten"*.

Tipps zum Visionsentwicklungs-Workshop

Vernetzung mit der Kommunikation der Vision

Wenn der Workshop gefilmt wird, können Ausschnitte davon im Kommunikationsprozess eingesetzt werden. Sie veranschaulichen den nicht an der Entwicklung Beteiligten, wie die Vision entstanden ist, mit welchen Fragen sich
die Initiatoren auseinandergesetzt haben und welche Schlüsse sie gezogen
haben.

Eine leichter zu realisierende Alternative ist eine Fotodokumentation, die
von den Teilnehmern erstellt wird. Jeder Teilnehmer trägt sich auf einer Liste
ein und übernimmt für eine Stunde den »Fotografendienst« (ggf. müssen
einige Personen mehrere Schichten übernehmen). Die besten 5–10 Fotos pro
Stunde werden direkt im Anschluss ausgedruckt und vom jeweiligen Foto-
grafen mit Bildunterschriften versehen. So entsteht eine »Fotogeschichte«, die
auch im weiteren Kommunikationsprozess eingesetzt werden kann.

> Transparenz über den
> Entwicklungsprozess
> der Vision fördert Ver-
> ständnis.

Entwicklung der Vision mit allen Betroffenen

Die Entwicklung einer Vision im Rahmen einer Großveranstaltung unter
Beteiligung von möglichst vielen oder sogar allen betroffenen Mitarbeitern
und Führungskräften wird mit guten Beispielen bei Königswieser u. Keil
(2000) behandelt.

Schema 1.1. Ablauf eines Visionsentwicklungs-Workshops

*Pausen, Einstiegs- und Abschlussrunden sind nicht aufgeführt. Die Zeiten sind für eine Gruppe von 12 Teilneh-
mern ausgelegt. Schema als Word-Datei zum Download: www.springer.com/978-3-540-78854-6*

Zeit	Inhalt (Vorgehen/Arbeitsanleitung/Ergebnis)	Material
0:00 30'	**Analyse der aktuellen Situation – Teil 1** *Wenn Interviews oder eine SWOT-Analyse bereits im Vorfeld zum Workshop durchgeführt worden sind, wird dieser Baustein übersprungen und mit der Diskussion der Ergebnisse beim Baustein »Analyse der aktuellen Situation – Teil 2« begonnen.* **Vorgehen** In Einzelarbeit analysieren die Teilnehmer ihre persönliche Sicht auf die aktuelle Situation. **Arbeitsanleitung** (❏ Abb. 1.6) **Ergebnis** Jeder Teilnehmer bringt seine eigenen Gedanken und Sichtweisen zur Ist-Situation ein. ▼	■ Arbeitsanleitung ■ Karten in 4 verschiedenen Farben ■ Stifte

	Anmerkungen Diese Aufgabe lässt sich gut im Vorfeld von den Teilnehmern vorbereiten. Der Moderator führt die Ergebnisse zusammen und stellt sie im Workshop als Diskussionsbasis zur Verfügung. Die Vorarbeit sollte nur dann durchgeführt werden, wenn sicher ist, dass alle Teilnehmer ihre Aufgabe im Vorfeld erledigen, sonst ist es sinnvoller, sich direkt die Zeit im Workshop zu nehmen. Wenn die SWOT-Analyse im Workshop durchgeführt wird und mehr als 5 Personen an dem Workshop teilnehmen, sollten Paare oder Dreier-Teams gebildet werden, um die Vielzahl an Moderationskarten noch bewältigen zu können.	
0:30 120'	**Analyse der Situation – Teil 2** **Vorgehen** Die Ergebnisse werden an Pinnwänden präsentiert, zusammengefasst und diskutiert. *Wenn Interviews oder eine SWOT-Analyse bereits im Vorfeld durchgeführt wurden, präsentiert der Moderator die zusammengeführten Ergebnisse und eröffnet dann die Diskussion.* **Arbeitsanleitung** »Präsentieren Sie Ihre Ergebnisse an der Pinnwand. Klären Sie offene Fragen und diskutieren Sie unterschiedliche Sichtweisen. Verständigen Sie sich im Ergebnis auf eine Quintessenz pro Fragestellung. *Leitfragen, die der Moderator den Teilnehmern stellen kann:* ▬ Was ist Ihr erster Eindruck? ▬ Wo sehen Sie deutliche Unterschiede, wo Gemeinsamkeiten? ▬ Welche Verständnisfragen haben Sie? ▬ Welche Hauptaussagen leiten sich für Sie ab? ▬ Welches Fazit ziehen Sie?« **Ergebnis** Im Ergebnis gibt es eine von allen Teilnehmern gemeinsam getragene Einschätzung der aktuellen Situation wie auch der Zukunft. **Anmerkungen** Abhängig davon, wie unterschiedlich die Sichtweisen der einzelnen Teilnehmer sind, kann dieser Baustein auch mehr Zeit benötigen. Es ist wichtig, an dieser Stelle zu einer Einigung zu kommen, weil die differierenden Meinungen sonst im Rahmen der nächsten Bausteine wieder auftauchen und so verhindern, zügig zu Ergebnissen zu gelangen.	▬ 2–3 Pinnwände ▬ Karten ▬ Nadeln ▬ Stifte

2:30 60'	**Zukunftsszenarien – Teil 1**	● DIN A1-Pappen

Vorgehen

In Einzelarbeit oder in 3–5 kleinen Teams werden – von gestalterischen Elementen gestützt – erste Visionsideen entwickelt.

Arbeitsanleitung

»Nutzen Sie die nächsten 45 Minuten, um mit einem Bild oder Objekt darzustellen, wo Sie mit Ihrer Organisation in den nächsten 3–5 Jahren stehen möchten. Behalten Sie dabei Ihre Analyseergebnisse aus dem vorangegangenen Baustein im Blick und lassen Sie sich von ihnen leiten.

Sie haben die Möglichkeit
● ein Bild zu malen
oder
● mit Lego oder Playmobil eine Szenerie zu arrangieren
oder
● aus Zeitschriften eine Collage zu gestalten.

Geben Sie Ihrem Kunstwerk den Titel:
»Ein Blick in die Zukunft – Unsere Organisation im Jahr 20XX«.
Lassen Sie sich durch die folgenden Leitfragen inspirieren:
● Welches sind wichtige Elemente, die unbedingt in Ihrem Kunstwerk repräsentiert sein sollten?
● Was zeichnet die Situation aus?
● Welche Eigenschaften beschreiben die Situation?
● Was oder wer steht im Mittelpunkt?
● Welche Stimmung herrscht in der Zukunft?«

Ergebnis

Über die Auseinandersetzung mit einer bildlichen Darstellung der Vision sind die Teilnehmer aufgefordert, den im Vorfeld diskutierten Inhalten der SWOT-Analyse (z. B. Kundenfokus intensivieren) Bilder an die Seite zu stellen, die eine Diskussion über die Frage »Was bedeuten diese Inhalte für unsere Organisation?« ermöglichen. Es geht bei diesem Baustein darum, prognostizierte Entwicklungen gestalterisch in einer fokussierten und abstrahierten Form zusammenzufassen.

Anmerkungen

Die Aufgeschlossenheit der Teilnehmer gegenüber diesem Baustein wird erhöht, wenn es sich um »attraktive Materialen« handelt, die in ausreichendem Maße vorhanden sind. Große Leinwände, dicke Pinsel, farbige Pappen und unterschiedlichste Figuren machen neugierig. Um Gruppenteilnehmern ohne Erfahrung mit analogen Methoden den Einstieg zu erleichtern, hilft es, die Methoden als »Experiment« und »Herausforderung« einzuführen.

Materialien (rechte Spalte):
● DIN A1-Pappen
● Stifte
● Zeitschriften
● Scheren
● Klebstoff
● Lego
● Playmobil
● Farben
● Pinsel
● Leinwände

3:30 90'	**Zukunftsszenarien – Teil 2**	<ul><li>Pinnwände</li><li>Flipchart</li><li>Stifte</li></ul>

Vorgehen

Im Rahmen einer »Vernissage« werden die Kunstwerke im Plenum interpretiert und auf Hauptaussagen hin diskutiert. Der Moderator protokolliert für alle sichtbar die gemachten Kernaussagen an einer Pinnwand mit.

Arbeitsanleitung

»Finden Sie einen Ausstellungsplatz für Ihr Kunstwerk, wo es für alle gut sichtbar ist. Die Werke werden im Folgenden nacheinander betrachtet und kommentiert.

Im ersten Schritt interpretiert das Plenum – sozusagen als »Kunstkritiker« das Kunstwerk. Die nachstehenden Leitfragen unterstützen Ihre Diskussion:

- Was fällt Ihnen auf?
- Was sagt Ihnen das Kunstwerk?
- Was gefällt Ihnen?
- Was spricht Sie an?
- Was gibt Ihnen Rätsel auf?

Im zweiten Schritt kommen die »Künstler« zu Wort und erläutern ihr Werk.

Im dritten Schritt sind Sie gemeinsam aufgefordert, nach Hauptaussagen (Assoziationen, passenden Verben, Adjektiven, Motti, Untertiteln etc.) zu suchen und sich auf 3–5 Aussagen pro Kunstwerk zu einigen.«

Ergebnis

Die Diskussion über die Kunstwerke fördert Aspekte, die die Inhalte der Analysephase ergänzen, und stellt so die Basis für die Formulierung der Vision.

Anmerkungen

Die gesammelten Hauptaussagen können an dieser Stelle noch kreativ und phantasievoll sein. Sie sollten möglichst beschreibend und zugleich plakativ, keineswegs rein sachlich sein.

▼

5:00 30'	**Formulierung der Vision – Teil 1** **Vorgehen** Gestützt durch die Sammlung der Hauptaussagen, die bei der Diskussion der Kunstwerke entstanden ist, wird in Einzel- oder in Kleingruppenarbeit eine Vision für die Organisation formuliert. **Arbeitsanleitung** »Nutzen Sie die gesammelten Schlagworte und verdichten Sie sie zu einem Entwurf für Ihre Vision in 3–5 Sätzen. Ihr Entwurf sollte Kotters (1998) Kriterien erfüllen: *Vorstellbar* – Vermittelt ein Bild, wie die Zukunft aussieht. *Wünschenswert* – Berücksichtigt die langfristigen Interessen der Mitarbeiter, Kunden, Aktionäre und anderer, die am Leistungsprozess beteiligt sind. *Fassbar* – Umfasst realistische, erreichbare Ziele. *Fokussiert* – Ist deutlich genug, um bei der Entscheidungsfindung Hilfestellung zu geben. *Flexibel* – Ist allgemein genug, um unter dem Aspekt veränderlicher Bedingungen individuelle Initiativen und alternative Reaktionen zuzulassen. *Kommunizierbar* – Ist einfach zu kommunizieren; kann innerhalb von 5 Minuten erfolgreich erklärt werden.« **Ergebnis** Die ersten Rohvisionen liegen vor und können im nächsten Schritt zusammengeführt werden. **Anmerkungen** Es geht nicht darum, eine professionelle Formulierung wie durch eine Werbeagentur zu entwickeln, sondern vielmehr darum, mit den eigenen Worten eine zur Organisation passende Vision zu erarbeiten.	▬ 12 Pinnwände ▬ Stifte
5:30 90' ▼	**Formulierung der Vision – Teil 2** **Vorgehen** Die Formulierungen werden Schritt für Schritt verdichtet. Jeweils zwei Entwürfe werden zusammengeführt und die Ergebnisse wiederum mit einem weiteren zuvor vereinten Visionsentwurf verbunden. Die letzten beiden Versionen werden dann im Plenum analog der folgenden Darstellung zur endgültigen Vision verschmolzen. 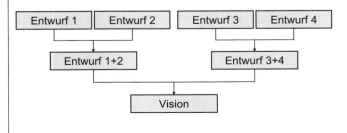	

Arbeitsanleitung

»Legen Sie Ihren Visionsentwurf neben den eines Kollegen und versuchen Sie, sich auf einen gemeinsamen Entwurf zu verständigen. Nach 15 Minuten gehen Sie als Paar mit einem anderen Paar zusammen und führen nun Ihre zwei neuen Entwürfe zusammen. Dieses Vorgehen wiederholt sich so lange, bis im Plenum die beiden letzten Entwürfe zu einer gemeinsamen Vision verschmolzen und noch einmal anhand Kotters Kriterien (► oben) qualitätsgesichert werden.«

Ergebnis

Unter der Berücksichtigung aller Entwürfe der Vision entsteht eine von allen gemeinsam erarbeitete und getragene Vision.

Anmerkungen

Diese Methode funktioniert dann am besten, wenn mit einer durch vier teilbaren Anzahl von Entwürfen gestartet wird. Falls das nicht möglich ist, ist es sinnvoll, bereits zu Beginn mehr als zwei Entwürfe zusammenzuführen, um möglichst schnell die zuvor aufgeführte Logik der Verdichtung nutzen zu können.

7:00
30'

Freigabe der Vision

Vorgehen

Nun wird die Vision final von allen Teilnehmern auf ihre Richtigkeit und Überzeugungskraft überprüft und dann gemeinsam unterschrieben. Hierzu sollte die Vision auf einem großen Karton gut leserlich dokumentiert werden.

- Visionstext auf Plakatwand
- Stifte

Arbeitsanleitung

»Lesen Sie sich die Vision noch einmal durch. Nehmen Sie dabei verschiedene Perspektiven ein, und zwar

- die Ihrer Mitarbeiter,
- die Ihrer Kollegen,
- die Ihrer Schnittstellen,
- die der Mitarbeitervertretung und
- natürlich Ihre eigene.

Sind Sie überzeugt, dass die Vision die richtige für Ihre Organisation ist? Wird die Vision Akzeptanz finden? Kann die Vision von den Personen, die sie betreffen wird, verstanden und mitgetragen werden? Diskutieren Sie Ihre Bedenken.

Wenn Sie sich sicher sind, dass Sie gemeinsam die richtigen Inhalte und die richtigen Formulierungen gewählt haben, unterschreiben Sie Ihre Vision bitte jetzt.«

Ergebnis

Durch das finale Freigeben und Unterschreiben der Vision wird ihre Gültigkeit besiegelt.

▼

	Anmerkungen Die unterschriebene Vision kann im Rahmen des Kommunikations-prozesses, bei Veranstaltungen oder auch als Aushang an einer zentra-len Stelle genutzt werden, um den Mitarbeitern und Führungskräften im Gedächtnis zu bleiben. 　　Darüber hinaus kann sie von allen Führungskräften und Mitar-beitern im Rahmen der Veranstaltung unterschrieben werden.		
7:30 90' **9:00**	**Planung der Kommunikation der Vision** **Vorgehen** Zum Abschluss wird vereinbart, wie und durch wen die jetzt formu-lierte Vision an die Führungskräfte und Mitarbeiter kommuniziert werden soll, die nicht an ihrer Entwicklung beteiligt waren. Hierzu wird ein Kommunikationsplan erstellt. **Arbeitsanleitung** Ein detailliert beschriebenes Vorgehen zur Erstellung eines Kommu-nikationsplanes findet sich im ▶ Kap. 2.1.1. **Ergebnis** Ein klares Vorgehen über die anstehende Kommunikation der Vision und welche Rolle die Teilnehmer des Visionsentwicklungs-Work-shops dabei übernehmen sollen ist erarbeitet. **Anmerkungen** Die Vision ist einer der zentralen Inhalte des Kommunikationspro-zesses, daher sollte ihre Kommunikation besonders intensiv vorberei-tet werden.	■ Pinnwand ■ Karten ■ Nadeln ■ Stifte	

1.2　Kommunikation der Vision

Einleitung und Überblick

Der in ▶ Kap. 1.1.1 dargestellte Visionsentwicklungs-Workshop bindet nur wenige von der Vision betroffene Mitarbeiter und Führungskräfte ein. Um dennoch ein gutes Verständnis der Hintergründe und Inhalte der Vision bei allen Betroffenen zu erreichen, ist der im Folgenden dargestellte Kommuni-kationsprozess so ausgelegt, dass eine aktive Auseinandersetzung mit der Vision möglich wird.

　　Für die Kommunikation der Vision bieten sich alle Medien an, die auch für andere Informationen gelten (▶ Kap. 2). Da der Vision allerdings eine besondere Bedeutung im Rahmen einer Veränderung zukommt, sollten bei ihrer Kommunikation zwei Kriterien im Vordergrund stehen:

Eine Vision lebt, wenn sie immer wieder in aller Munde ist.

- Möglichkeit zum Dialog über die Vision,
- regelmäßige Kommunikation der Vision.

Über den Dialog können sich Führungskräfte und Mitarbeiter intensiv mit der Vision auseinandersetzten – je mehr sie ihre Bedeutung, ihre Hinter-gründe und ihre Konsequenzen begreifen, desto leichter können sie sich an die Information erinnern und sie in ihr alltägliches Handeln einfließen lassen.

Wird eine Vision nicht immer wieder aufgegriffen, gerät sie leicht in Vergessenheit, und ihre Bedeutung rückt neben den Tagesproblemen in den Hintergrund. Deswegen ist es nötig, die Vision immer wieder zu kommunizieren, mit den Betroffenen immer wieder den Dialog zu suchen, Entscheidungen in Bezug zur Vision zu setzen und ihre Bedeutung so hervorzuheben.

Die Elemente des Kommunikationsprozesses sind aufeinander abgestimmt.

Grundsätzlich ist es günstig, den Prozess der Auseinandersetzung und Kommunikation der Vision für Mitarbeiter und Führungskräfte als einen gesamten zu planen, damit die Elemente zueinander passen und voneinander profitieren. So lassen sich z. B. die Ergebnisse der Visions-Kick-Off-Veranstaltung (► Kap. 1.2.1) nutzen, um die Vision konkreter, begreifbarer und nachvollziehbarer zu machen.

Zum anderen sollten sich die Inhalte der Vision, wenn möglich, auch in der Art und Weise der Kommunikation widerspiegeln. Eine Vision, die ausdrücklich auf die Einbindung der Mitarbeiter hinweist, sollte diesen Anspruch auch im Kommunikationsprozess für die Beteiligten erlebbar werden lassen.

Der hier beschriebene Kommunikationsprozess richtet sich im ersten Schritt an die Gruppe der Führungskräfte, um sie auf ihre Rolle als Multiplikatoren der Vision vorzubereiten, und erst im zweiten Schritt an alle Mitarbeiter (◘ Abb. 1.7).

Die einzelnen Bausteine der Kommunikation werden im Folgenden ausführlich dargestellt. Sie teilen sich in Bausteine auf, die jeweils Führungskräfte, Mitarbeiter oder beide als Zielgruppe haben. Für die einzelnen Bausteine sind unterschiedliche Personen zuständig, das eine Mal liegt die Verantwortung zentral bei den Personen, die die Veränderung begleiten, das andere Mal bei den Führungskräften.

◘ **Abb. 1.7.** Kommunikation der Vision

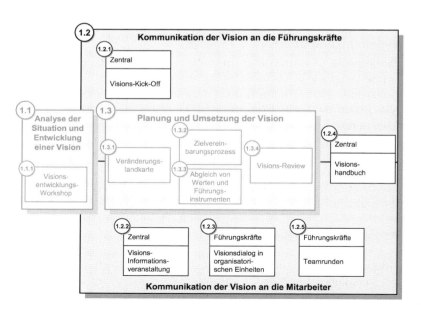

❯ **Kommunikation der Vision an die Führungskräfte**

Im Rahmen der Kommunikation der Vision an die Führungskräfte gilt es, im ersten Schritt eine Plattform zu schaffen, die es ermöglicht, sich intensiv mit der Vision auseinanderzusetzen und sie damit zu verinnerlichen. Besonders bei den Führungskräften, die die Vision gemeinsam mit ihren Teams umsetzen sollen, ist es nötig, ein sehr konkretes Bild der Vision zu erzeugen, das sie lebendig beschreiben und an ihre Mitarbeiter weitergeben können.

Im zweiten Schritt wird das Augenmerk auf die Unterstützung der Führungskräfte gerichtet, die nämlich ihre Mitarbeiter über die Fortschritte der Vision informieren und die Inhalte der Vision in der täglichen Arbeit lebendig halten sollen.

1.2.1 Visions-Kick-Off für Führungskräfte

Definition und Ergebnis des Visions-Kick-Offs für Führungskräfte

Was ist ein Visions-Kick-Off für Führungskräfte?
In einem zweitägigen Visions-Kick-Off für Führungskräfte, zu dem sowohl die von der Vision betroffenen Führungskräfte als auch die Teilnehmer des Visionsentwicklungs-Workshops zusammenkommen, findet ein intensiver Austausch über die Hintergründe und Inhalte der Vision statt. Es ist hilfreich, den nicht an der Entwicklung der Vision beteiligten Führungskräften Raum und Zeit zu geben, Fragen zu stellen und gemeinsam zu diskutieren, aber auch Formen der Auseinandersetzung anzubieten, die eine klare Vorstellung von der Vision entstehen lassen, um sie für sich selbst mit Leben füllen zu können.

Worin besteht das Ergebnis des Visions-Kick-Offs für Führungskräfte?
Die Führungskräfte haben die Inhalte der Vision für sich und ihren Arbeitsalltag übersetzt, sie können diese ihren Mitarbeitern vermitteln und einen Zusammenhang zwischen anstehenden Veränderungen und der Vision herstellen.

Jeder muss die Vision für den eigenen Arbeitsalltag übersetzen.

Darüber hinaus soll die Veranstaltung teamfördernd wirken und über einen intensiven Austausch und die gemeinsame Arbeit eine Aufbruchstimmung erzeugen, die die Umsetzung der Vision fördert.

Beschreibung des Visions-Kick-Offs für Führungskräfte

Wann kann der Visions-Kick-Off für Führungskräfte stattfinden?
Die Veranstaltung sollte möglichst zeitnah zu der Entwicklung der Vision stattfinden.

Wie läuft der Visions-Kick-Off für Führungskräfte ab?
Im ersten Schritt lernen die Führungskräfte die Vision kennen und haben die Gelegenheit, diese mit den Initiatoren der Veränderung und anderen Kollegen zu diskutieren und für sich selbst zu konkretisieren, aber auch Schwerpunkte zu definieren und sie mit Leben zu füllen. Im zweiten Schritt planen

die Führungskräfte die nächsten Etappen, die zur Umsetzung der Vision nötig sind. Der Ablauf ist in ► Schema 1.2 dargestellt.

Wie viel Zeit braucht man für die Durchführung des Visions-Kick-Offs?
Beim Einsatz aller vorgestellten Bausteine und einer Teilnehmerzahl von 30–50 Personen sind zur Durchführung 2 Tage erforderlich.

Wo kann man die Bausteine des Visions-Kick-Offs noch verwenden?
Die nachfolgend vorgestellten Bausteine zum Visions-Kick-Off lassen sich in Situationen einsetzen, in denen es darum geht, einen relativ abstrakten Inhalt zu konkretisieren, wie z. B. bei der Einführung von neuen Werten oder Führungsleitbildern.

Die im Weiteren beschriebenen Kommunikationsmaßnahmen haben das Ziel, die Führungskräfte bei der Information ihrer Mitarbeiter so zu unterstützen, dass ihre Mitarbeiter erkennen, worin die Verbindung zwischen der Vision und ihrer täglichen Arbeit besteht (► Kap. 1.2.3).

Schema 1.2. Ablauf eines Visions-Kick-Offs

Pausen, Einstiegs- und Abschlussrunden sind nicht aufgeführt. Die Zeiten sind für eine Gruppe von 30–50 Teilnehmern ausgelegt. Schema als Word-Datei zum Download: www.springer.com/978-3-540-78854-6

Zeit	Inhalt (Vorgehen/Arbeitsanleitung/Ergebnis)	Material
0:00 45'	**Präsentation der Vision** **Vorgehen** Die Vision wird von den Initiatoren der Veränderung gemeinsam präsentiert. Als Inhalte der Präsentation sind zu nennen: ■ Notwendigkeit und Bedeutung einer Vision überhaupt ■ Ziele der Vision ■ Bezug der aktuellen Vision zu Werten und Strategien der Organisation ■ Konkrete Inhalte der vorzustellenden Vision ■ Absicht und Plan der Initiatoren der Vision ■ Kommunikationsaufgabe der Führungskräfte im Hinblick auf ihre Mitarbeiter Am Ende der Präsentation sollte die Einladung ausgesprochen werden, sich während dieses Workshops intensiv mit der Vision zu befassen, die Diskussion mit den Initiatoren der Vision und den Kollegen zu suchen und die Vision für sich selbst mit Leben zu füllen. **Ergebnis** Die Führungskräfte kennen die grundsätzliche Bedeutung einer Vision, aber auch die Entwicklungsgeschichte, die Inhalte und Ziele ihrer eigenen Vision. ▼	■ Präsentationsmedien ■ Leinwand

	Anmerkungen Wenn im Visionsentwicklungs-Workshop eine Foto- oder Filmdokumentation angefertigt wurde, kann sie an dieser Stelle gezeigt werden. Eine Alternative zur Präsentation der Vision stellt das im nächsten Baustein beschriebene Interview aus der Zukunft dar.	

0:45
30'
	Alternative zur Präsentation der Vision
	Interview aus der Zukunft
	
	Vorgehen
	Alle Teilnehmer begeben sich scheinbar in die Zukunft, um dort ein Interview mitzuerleben, das der Moderator mit den Initiatoren führt. Strukturiert wird das Interview durch die folgenden Leitfragen:
	- Für wen arbeiten Sie aktuell/am TT.MM.JJJJ?
	- Wie und wo arbeiten Sie?
	  (Stichworte: zu Hause, Videokonferenz, Reisen & Arbeiten, Mobilität etc.)
	- Was vermissen Sie am meisten, wenn Sie an früher denken, z. B. an die Zeit, in der Sie Ihre Vision entwickelt haben?
	- Worin besteht für Sie die größte Veränderung der letzten 5 Jahre
	  - global?
	  - national?
	  - gesellschaftlich/kulturell?
	  - für Sie persönlich?
	- Wie sieht unsere Organisation »heute« aus im Vergleich zu früher? Wie ist unsere Organisation »heute« aufgestellt, worin besteht ihr Kerngeschäft und wie wird unsere Organisation geführt? Hat es Quantensprünge in den letzten Jahren gegeben?
	- Was von dem, was Sie »heute« als normal ansehen, hätten Sie noch vor einigen Jahren für völlig unmöglich gehalten?
	- Was sehen Sie persönlich als Ihren größten beruflichen Erfolg an? Worauf sind Sie besonders stolz?
	- Haben Sie noch Kunden?/Haben Sie zu Ihren Kunden noch einen persönlichen Kontakt?
	- Wie sehen Sie »heute«, mit großem zeitlichem Abstand, die Rolle und Funktion unserer Organisation, deren Leiter Sie ja eine Zeit lang waren?
	- Welche Schlüsselthemen beschäftigten Sie damals? Wie sind Sie den Themen und Anforderungen organisatorisch gerecht geworden?
	- Worin besteht rückblickend der größte Erfolg, den Sie mit unserer Organisation erzielt haben?
	- Was ist eigentlich aus Ihren damaligen Mitarbeitern und Kollegen geworden?
	
	Ergebnis
	Für die Teilnehmer wird die Vision durch zusätzliche Informationen fassbarer. Der Aufmerksamkeitsfokus richtet sich verstärkt auf die Frage »Wie könnte die Zukunft aussehen?«
		- Trailer
		- Videoausrüstung
		- Leinwand
		- »Zukunftsbanner«

Anmerkungen

Ein guter Einstieg in die fiktive Situation kann mit Hilfe eines Kurz-films geschaffen werden, z. B. durch einen modifizierten, auf die eigene Organisation zugeschnittenen Trailer der Serie »Raumschiff Enterprise«. Darüber hinaus lässt sich nach der Vorführung des Trailers die Raumdekoration entsprechend ändern: Ein Begrüßungs-banner, das das aktuelle Datum zeigt (»Willkommen zur Führungs-kräfteklausur am TT.MM.JJJJ«), kann plötzlich eine Jahreszahl in der Zukunft zeigen. Zum Abschluss des Interviews treten alle die Rück-reise in die Gegenwart an. Dafür könnte z. B. der Trailer rückwärts abgespielt werden oder nach einem lauten Knall anstelle der fiktiven Jahreszahl wieder das aktuelle Datum auf dem Banner erscheinen.

1:15
75'

Visionslandkarte

Vorgehen

Nach der Vorstellung der Vision folgt die erste Auseinandersetzung mit Hilfe einer Blankolandkarte eines fiktiven Landes. Diese wird assoziativ so mit Elementen gefüllt oder beschriftet, dass eine »Land-karte der Vision« entsteht.

Arbeitsanleitung

»Die Visionslandkarte symbolisiert den Weg, der Sie zur Vision führt. Hier finden Sie Berge, die zu überwinden sind, Treibsand, vor dem Sie sich in Acht nehmen müssen, einen See, an dem Sie rasten kön-nen. Ziel ist es, dass Ihr Team gemeinsam mit einem der Initiatoren der Vision eine eigene Landkarte für den Weg zur Vision erstellt.

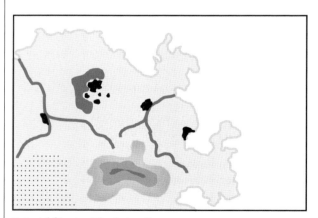

Beispiel für eine Blankolandkarte

- Welche Elemente kennen Sie, die grundsätzlich auf Landkarten abgebildet sein können (Sammlung von 20–30 Elementen per Zurufmoderation)?
- Worauf werden Sie stoßen, wenn Sie sich auf den Weg machen, die Vision umzusetzen (z. B. »Servicewüste XY«, die von der »Straße der Vermeidung« umgangen wird)?

▼

- 3 Blankoland-karten
- Klebezettel
- Stifte

	Nutzen Sie die nächste Stunde, um in Kleingruppen gemeinsam mit den Initiatoren jeweils eine Landkarte zu diskutieren und zu beschriften. Geben Sie den Elementen der Landkarte Namen, die den Weg zur Vision beschreiben, ergänzen Sie Elemente auf der Landkarte, die Ihnen fehlen.«

Ergebnis
Die Teilnehmer verbreitern ihr Verständnis über die Vision.

Zum einen setzen sie sich mit dem Inhalt der Vision auseinander, zum anderen diskutieren sie das Umfeld, in dem sich die Vision befindet. Es entwickelt sich ein Verständnis für Chancen (z. B. Rohstoffvorkommen) und Risiken (z. B. Vulkane), die den Weg zur Vision säumen.

Anmerkungen
Als Anregung für diese Methodik bietet sich ein Blick in den »Atlas der Erlebniswelten« an (Swaanij u. Klare 2000). | |
| 2:30
240' | **Analoge Auseinandersetzung mit der Vision**
Vorgehen
In parallel stattfindenden, analogen Visionsworkshops wird die Vision von jeweils 5–8 Teilnehmern durch unterschiedliche Kunstformen dargestellt. Die Teams werden dabei von Experten der jeweiligen Kunstformen unterstützt.

Arbeitsanleitung Foto-Story
»Ihre Aufgabe ist es, in den nächsten 4 Stunden eine Foto-Story zu entwickeln, die Dritten die Bedeutung Ihrer Vision verdeutlicht:
- Was macht Ihre Vision aus?
- Wie lässt sich dies knapp und treffend formulieren?
- In welche Bilder lassen sich ihre Inhalte übersetzen?
- Welche Botschaft vermittelt sie, und was davon lässt sich in einer Foto-Story darstellen?

Planen Sie zunächst ein Storyboard für Ihre Geschichte. Überlegen Sie sich, welche Materialien Sie benötigen, und realisieren Sie Ihr Projekt.

Bereiten Sie die Präsentation Ihrer Foto-Story zur Vision vor und stellen Sie sie im Anschluss Ihren Kollegen vor. Ihre Darbietung sollte 10 Minuten nicht überschreiten.« | Material »Foto-Story«:
- 3 Pinnwände
- Moderationskarten
- Stifte
- Digitalkamera
- Drucker oder Sofortbildkamera
- Theatermaterialien (Schminke, Perücken...) |

▼

Arbeitsanleitung szenische Darstellung

»Ihre Aufgabe ist es, in den nächsten 4 Stunden eine szenische Darstellung über die Vision zu entwickeln, die Dritten die Bedeutung Ihrer Vision verdeutlicht:

- Was macht Ihre Vision aus?
- Wie lässt sich dies knapp und treffend formulieren?
- In welche Szenen lassen sich ihre Inhalte übersetzen?
- Welche Botschaft vermittelt sie, und was davon lässt sich in einer szenischen Darstellung aufzeigen?

Planen Sie zunächst ein Storyboard für Ihre Geschichte. Überlegen Sie sich, welche Materialien Sie benötigen, und realisieren Sie Ihr Projekt.

Bereiten Sie die Präsentation Ihrer szenischen Darstellung zur Vision vor und stellen Sie sie im Anschluss Ihren Kollegen vor. Ihre Aufführung sollte 10 Minuten nicht überschreiten.«

Material »Szenische Darstellung«:
- 3 Pinnwände
- Moderationskarten
- Stifte
- Theatermaterialien (Schminke, Perücken...)

Arbeitsanleitung Lied

»Ihre Aufgabe ist es, in den nächsten 4 Stunden ein Lied über die Vision zu entwickeln, das Dritten die Bedeutung Ihrer Vision verdeutlicht:

- Was macht Ihre Vision aus?
- Wie lässt sich dies knapp und treffend formulieren?
- In welche Form von Musik lassen sich ihre Inhalte übersetzen?
- Welche Botschaft vermittelt sie, und was davon lässt sich in einem Liedtext darstellen?

Entwickeln Sie Text und Melodie im Team und bereiten Sie die Präsentation Ihres Liedes zur Vision vor. Stellen Sie Ihr Lied im Anschluss Ihren Kollegen vor. Ihre Darbietung sollte 10 Minuten nicht überschreiten.«

Material »Lied«:
- 3 Pinnwände
- Musikanlage und Mikrophone
- Karaoke-CDs oder Instrumente wie Gitarre und Keyboard
- Ausrüstung, um das Lied mitzuschneiden

Arbeitsanleitung Bild

»Ihre Aufgabe ist es, in den nächsten 4 Stunden ein Bild oder auch mehrere Bilder zur Vision zu malen, die Dritten die Bedeutung Ihrer Vision verdeutlicht:

- Was macht Ihre Vision aus?
- Wie lässt sich dies knapp und treffend formulieren?
- In welche Symbole, Formen oder Farben lassen sich ihre Inhalte übersetzen?
- Welche Botschaft vermittelt sie, und was davon lässt sich in einem Bild darstellen?

Gestalten Sie Ihre Bilder als Team und bereiten Sie deren Präsentation vor. Stellen Sie sie im Anschluss Ihren Kollegen vor. Ihr Vortrag sollte 10 Minuten nicht überschreiten.«

Material »Bild«:
- Leinwände (1 × 2 m)
- Staffeleien
- Skizzenpapier
- Farben
- Pinsel
- Kittel
- Folien zum Auslegen

▼

	Anmerkungen Es ist sehr hilfreich, den Kleingruppen einen Experten mit Sachkennt- nis über die jeweilige Darstellungsform an die Seite zu stellen. Er sollte in der Lage sein, z. B. die Foto-Story zu fotografieren oder eine Ein- führung in Maltechniken zu geben, sodass im ersten Teil der Work- shops eine Hinführung im Umgang mit der Technik stattfinden kann. Die Ergebnisse der Workshops können anschließend im Rahmen der Kommunikation wieder Verwendung finden. Die Bilder lassen sich z. B. als Deckblatt einer Informationsbroschüre nutzen oder als Erinnerung an den Bürowänden der Teilnehmer aufhängen. **Ergebnis** Alle Führungskräfte haben sich intensiv mit ihren Kollegen über die Bedeutung sowie die Schwerpunkte der Vision ausgetauscht und ge- stalterisch mit der Vision auseinandergesetzt.	
6:30 90'	**Aufführung und Präsentation der Workshop-Ergebnisse** **Vorgehen** Im Rahmen einer Abendveranstaltung werden die Kunstwerke vor- gestellt oder aufgeführt. **Ergebnis** Die Teilnehmer erleben eine Vielzahl an Impulsen, die die Vision mit Leben füllen. **Anmerkungen** Die Präsentationen erfahren eine besondere Wertschätzung, wenn sie in einem außergewöhnlichen Rahmen stattfinden. Ein Sektempfang, ein festlich geschmückter Ausstellungsraum und die angemessene Kleidung der Teilnehmer können unterstützend dazu beitragen.	
8:00 60' ▼	**2. Tag** **Fishbowl-Befragung** (in Anlehnung an Hargens u. von Schlippe 1998) **Vorgehen** Die Initiatoren der Vision sitzen in einem Innenkreis, die übrigen Teilnehmer in einem großen Kreis außen herum. Nur die Mitglieder des Innenkreises dürfen sich an der Diskussion beteiligen, der Au- ßenkreis beobachtet still. Im Innenkreis werden genauso viele Plätze frei gelassen, wie bereits Plätze belegt sind. (Der Innenkreis sollte nicht mehr als 12 Plätze aufweisen.) Zunächst gibt es ein moderiertes Gespräch im Innenkreis: ▬ Wie hat Ihnen der gestrige Tag gefallen? ▬ Was haben Ihnen die Ergebnisse der Abendveranstaltung ver- mittelt? ▬ Ist die Vision so verstanden worden, wie sie von Ihnen gemeint wurde? ▬ Was hat Sie gefreut? ▬ Was hat Sie irritiert?	

Im nächsten Schritt werden die Teilnehmer des Außenkreises auf-gefordert, sich mit in den Innenkreis zu setzen, wenn sie bestimmte Fragen oder Themen einbringen möchten. Wenn ihr Thema bespro-chen ist, können sie den Innenkreis wieder verlassen. Mehrere Teil-nehmer des Außenkreises können gleichzeitig im Innenkreis auf den freien Stühlen Platz nehmen und mitdiskutieren.

Arbeitsanleitung
»Im nächsten Schritt möchten wir mit Ihnen den gestrigen Tag Revue passieren lassen und die für Sie offenen Fragen diskutieren. Es gibt nur eine einzige Regel: Lediglich die Personen, die im Innenkreis sitzen, dürfen sprechen. Wenn Sie sich an der Diskussion beteiligen möchten, müssen Sie sich also vom Außenkreis in den Innenkreis begeben. Wenn Ihre Fragen geklärt sind, gehen Sie wieder in den Außenkreis zu-rück. Im Innenkreis ist dann für einen neuen Diskussionsteilnehmer Platz.«

Ergebnis
Der Baustein dient dazu, die während der analogen Auseinander-setzung mit der Vision aufkommenden Fragen zu klären und die inhaltliche Beschäftigung mit der Vision abzurunden.

Anmerkungen
Diese Methode eignet sich v. a. dann, wenn aufgrund eines großen Teilnehmerkreises eine intensive Diskussion nicht mehr möglich ist.

9:00
120'
11:00

Planung der nächsten Schritte

Vorgehen
Im Plenum werden Themen gesammelt, die die Führungskräfte zur Umsetzung der Vision bearbeiten müssen. Nach der Priorisierung erarbeiten die Teilnehmer in Kleingruppen einen ersten Vorgehens-plan.

Arbeitsanleitung
»Sammeln Sie im Plenum über Zuruf Antworten auf die folgende Frage:
- Welche Aufgaben ergeben sich für Sie als Führungskräfte, um die Vision erfolgreich umsetzen zu können?

Beantworten Sie in der sich anschließenden Kleingruppenarbeit für Ihr Aufgabengebiet folgende Fragen:
- Wie sieht der Zielzustand für Ihr Aufgabengebiet aus?
- Welche Schritte werden notwendig sein, um dieses Ziel zu er-reichen?
- Von wem benötigen Sie welche Unterstützung, um das Ziel zu erreichen?

▼

<table>
<tr><td></td><td>
Präsentieren Sie im Plenum zusammen mit Ihren Kollegen Ihre Ergebnisse und vereinbaren Sie Maßnahmen mit der Angabe von Zeitrahmen und Verantwortlichkeiten.«

Ergebnis
Das Ergebnis ist ein abgestimmter Plan, der die Aufgaben der Führungskräfte bei der Umsetzung der Vision beschreibt. Er definiert ebenfalls, welche Unterstützung Sie dabei benötigen.

Anmerkungen
Die Umsetzung des Maßnahmenkataloges sollte im Anschluss des Workshops von einem Initiator der Veränderung begleitet und nachgehalten werden.
</td><td></td></tr>
</table>

❯ Kommunikation einer Vision an die Mitarbeiter

Wie schon im Abschnitt »Kommunikation der Vision an die Führungskräfte« dargestellt, kann eine Vision erst vollständig ihre Kraft entfalten, wenn alle betroffenen Personen sie nicht nur kennen, sondern auch verstehen, welche Bedeutung sie für den eigenen Arbeitsalltag hat.

Während im ersten Schritt – der Visions-Informationsveranstaltung (► Kap. 1.2.2) – die Vision bekannt gemacht wird, folgt im zweiten Schritt die Aufgabe, aus einer abstrakten, für eine ganze Organisation geltenden Formulierung eine Bedeutung zu generieren, die die Vision für alle Mitarbeiter greifbar und nachvollziehbar macht. Hierfür eignet sich der Visionsdialog in den organisatorischen Einheiten (► Kap. 1.2.3).

Alle müssen die Vision kennen und verstehen.

Um eine Nachhaltigkeit zu erzielen, ist es in einem dritten Schritt notwendig, den Dialog über die Vision weiter am Leben zu halten. Wenn ihre Bedeutung und ihr Bezug zur eigenen Arbeit nicht stetig herausgestellt und verdeutlicht wird, entwickelt die Vision nicht ihre Sogwirkung, und der nötige Einsatz jedes Einzelnen zur Umsetzung kann nicht geleistet werden. Diese Ziele können v. a. durch das Visionshandbuch (► Kap. 1.2.4), Teamrunden (► Kap. 1.2.5) und eine zentrale Regelkommunikation erreicht werden.

1.2.2 Visions-Informationsveranstaltung für Mitarbeiter

Definition und Ergebnis einer Visions-Informationsveranstaltung für Mitarbeiter

Was ist eine Visions-Informationsveranstaltung?
In einer gemeinsamen Veranstaltung werden alle betroffenen Mitarbeiter zeitgleich über die Inhalte der Vision informiert.

Worin besteht das Ergebnis der Visions-Informationsveranstaltung?
Alle Mitarbeiter kennen die Vision, ihre Hintergründe und die geplanten nächsten Schritte zu ihrer Umsetzung.

Beschreibung der Visions-Informationsveranstaltung für Mitarbeiter

Wann soll die Visions-Informationsveranstaltung stattfinden?
Die Veranstaltung sollte wenige Tage nach der Visions-Kick-Off-Veranstaltung für Führungskräfte stattfinden.

Wie läuft die Visions-Informationsveranstaltung ab?
In der Veranstaltung präsentieren die Initiatoren der Veränderung die Hintergründe, die zu der Entwicklung der Vision geführt haben, die Inhalte der Vision sowie die geplanten nächsten Schritte. Im Anschluss gibt es die Gelegenheit, auf Fragen einzugehen. Der Ablauf ist in ▶ Schema 1.3 dargestellt.

Wie viel Zeit benötigt man für die Visions-Informationsveranstaltung?
Für die Durchführung der Veranstaltung benötigt man ungefähr 3 Stunden.

Wer sollte an der Visions-Informationsveranstaltung teilnehmen?
Neben möglichst allen Mitarbeitern, die von der Vision betroffen sind, nehmen die Initiatoren der Veränderung als Präsentatoren und Diskussionspartner teil. Ein Moderator führt durch die Veranstaltung.

Tipps zur Visions-Informationsveranstaltung

Im Nachgang zur Veranstaltung sollten die gezeigten Präsentationen möglichst zeitnah allen Führungskräften und Mitarbeitern zur Verfügung gestellt werden, um den Teilnehmern die Möglichkeit zu geben, die Inhalte der Veranstaltung noch einmal nachzulesen.

Schema 1.3. Ablauf einer Visions-Informationsveranstaltung

Pausen, Einstiegs- und Abschlussrunden sind nicht aufgeführt. Die Zeiten sind für eine Gruppe von 50–500 Teilnehmern ausgelegt. Schema als Word-Datei zum Download: www.springer.com/978-3-540-78854-6

Zeit	Inhalt (Vorgehen/Arbeitsanleitung/Ergebnis)	Material
0:00 45' ▼	**Präsentation der Vision** **Vorgehen** Die Hintergründe, Entstehung und Inhalte der Vision werden den Teilnehmern präsentiert und die geplanten, nächsten Schritte erläutert. **Ergebnis** Die Mitarbeiter haben die Vision kennen gelernt und sind über den geplanten weiteren Verlauf der Veränderung informiert. **Anmerkungen** Es erweist sich als besonders günstig, die Präsentation sowohl von den Initiatoren der Veränderung als auch von einigen Führungskräften gemeinsam halten zu lassen. So wird den Veranstaltungsteilnehmern deutlich, dass die Vision von der Führungsmannschaft als Ganzes getragen wird.	▬ Präsentationsmedien ▬ Leinwand

0:45 50'	**Fragen zur Vision** **Vorgehen** In 8er-Teams sammeln die Teilnehmer Fragen, die sie an die Initiatoren der Vision stellen möchten. **Arbeitsanleitung** »Finden Sie sich zu 8er-Teams zusammen. Auf Ihrem Stuhl liegt eine farbige Karte. Alle Ihre direkten Nachbarn, die eine Karte in derselben Farbe auf ihrem Stuhl finden, gehören zu Ihrem Team. Beispiel für einen Bestuhlungsplan: 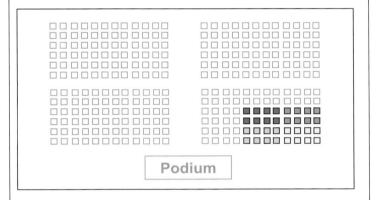	▬ Farbige Karten, die vor Beginn der Veranstaltung auf jedem Stuhl platziert wurden ▬ pro Team 2 Stifte

Nutzen Sie die nächsten 20 Minuten, um in den Teams mit Ihren Kollegen Fragen an die Initiatoren der Veränderung zu formulieren. Halten Sie Ihre Fragen auf den Karten fest, die Sie auf Ihren Stühlen vorgefunden haben.

Wählen Sie am Schluss gemeinsam die für Sie wichtigsten 3–5 Fragen aus.

Benennen Sie in Ihrem Team einen Sprecher, der die ausgewählten Fragen im Anschluss an Ihre Diskussion in einer Runde mit anderen Gruppensprechern erneut verdichten wird. Alle Gruppensprecher, die aus einem Team mit roten Karten kommen, finden sich bei dem roten Sammelpunkt ein, alle Gruppensprecher mit blauen Karten bei dem blauen Sammelpunkt usw.«

▼

Beispiel für eine Visualisierung der Arbeitsanleitung:

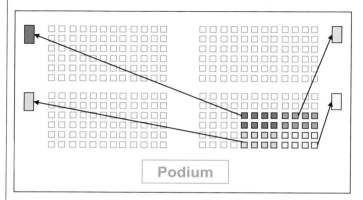

»Die Teams der Gruppensprecher haben jetzt 20 Minuten Zeit, um aus den mitgebrachten Fragen 3–5 auszuwählen und aus ihrer Mitte wiederum einen Sprecher zu benennen. Der neu benannte Sprecher trägt dann diese Fragen im Rahmen einer Podiumsdiskussion vor.

Die übrigen Teilnehmer haben während der Verdichtungsphase eine Pause.«

Ergebnis

Alle Mitarbeiter hatten Gelegenheit, ihre Fragen einzubringen. Über den Einsatz von Gruppensprechern gelingt es, auch eher kritische Fragen zu stellen, weil die Gruppensprecher als Vertreter ihrer Kollegen auftreten und nicht originär ihre eigene Meinung vortragen. Die wichtigsten Fragen werden im Rahmen der Podiumsdiskussion beantwortet.

Anmerkungen

Bei einem Teilnehmerkreis unter 50 Personen kann die zweite Verdichtungsphase entfallen, und die Sprecher der ursprünglichen Teams gehen direkt auf die Bühne zur Podiumsdiskussion. Um sicher zu stellen, dass es pro Gruppe auch einen Sprecher gibt, der sich zutraut, an einer Podiumsdiskussion teilzunehmen, können die Teilnehmer der Podiumsdiskussion auch schon im Vorfeld benannt werden und sich dann von ihrem jeweiligen Team briefen lassen.

1:35	**Podiumsdiskussion**	
60'	**Vorgehen**	
2:35	Im Rahmen einer Podiumsdiskussion stellen die Gruppensprecher ihre Fragen, die dann die Initiatoren der Veränderung beantworten.	
	Ergebnis	
	Die wichtigsten Fragen der Teilnehmer sind beantwortet.	
	Anmerkungen	
■	Alle Fragekarten – auch die, die nicht berücksichtigt wurden – können eingesammelt und im Nachgang schriftlich beantwortet werden. Sie liefern darüber hinaus ein umfassendes Bild der Themenfelder, die die Mitarbeiter besonders interessieren.	

1.2.3 Visionsdialog in den organisatorischen Einheiten

Nachdem die Vision allen Führungskräften und Mitarbeitern bekannt ist, muss für jeden Mitarbeiter herausgestellt werden, welche Bedeutung seiner Person und seiner Arbeit bei der Umsetzung der Vision zukommt. »Marktführer sein zu wollen« mag ein Visionsinhalt sein, der zwar verstanden wird, der jedoch so abstrakt ist, dass z. B. ein Mitarbeiter an der Service-Hotline seinen eigenen Beitrag zu diesem Ziel nicht direkt zu erkennen vermag.

Eine Vision bringt Veränderungen für die eigene Arbeit mit sich.

Definition und Ergebnis des Visionsdialogs
Was ist ein Visionsdialog?
In einem Visionsdialog besprechen die Teams mit ihren Vorgesetzten die Inhalte der Vision und erarbeiten gemeinsam, was die Vision für das Team und seine bestehenden Arbeitsinhalte und Arbeitsabläufe bedeutet.

Worin besteht das Ergebnis eines Visionsdialoges?
Die Teams haben die Inhalte der Vision in ihrer Bedeutung auf ihre eigenen Arbeitsplätze heruntergebrochen und sind für die anstehenden Veränderungen sensibilisiert.

Beschreibung des Visionsdialogs
Wann soll der Visionsdialog stattfinden?
Der Visionsdialog kann direkt im Anschluss an die Visions-Informationsveranstaltung stattfinden, spätestens jedoch im Laufe der sich unmittelbar anschließenden Wochen.

Welcher Vorbereitung bedarf der Visionsdialog?
Es ist hilfreich, im Vorfeld zur Durchführung der Visionsdialoge die Führungskräfte zu einem Briefing zusammenzurufen, um mit ihnen gemeinsam das Vorgehen im Visionsdialog zu besprechen. Hier können die Führungskräfte für sie offene Fragen klären und sich auf ein gemeinsames Vorgehen verständigen.

Plenum		
Präsentation der Ziele und Inhalte sowie des Vorgehens		
Team 1	*Team 2*	*Team 3*
Diskussion der Bedeutung der Vision für die eigene Arbeit anhand der Leitfragen	Diskussion der Bedeutung der Vision für die eigene Arbeit anhand der Leitfragen	Diskussion der Bedeutung der Vision für die eigene Arbeit anhand der Leitfragen
Plenum		
Diskussion der Teamergebnisse		

Wie läuft der Visionsdialog ab?

Im Visionsdialog wird die Bedeutung zum eigenen Arbeitsplatz hergestellt.

Anhand von Leitfragen diskutieren die Mitarbeiter eines Teams gemeinsam mit ihrem Vorgesetzten über die Vision:

- Was bedeuten die einzelnen Aussagen der Vision?
- Was bedeuten ggf. auch einzelne Formulierungen?
- Welche Aussagen betreffen unser Arbeitsumfeld?
- Auf welche Teile unserer Arbeit wird die Vision Einfluss nehmen?
- Was wird sich verändern?
- Was können wir konkret tun, um die Umsetzung der Vision zu unterstützen?

Es ist sinnvoll, diesen Dialog parallel zu anderen Teams mit identischen Aufgabenstrukturen im Rahmen einer gemeinsamen Veranstaltung zu führen. So können sich die Teams im Anschluss an die teaminternen Diskussionen gegenseitig die erarbeiteten Ergebnisse vorstellen, auftretende Unterschiede hinterfragen und gemeinsam mit ihren Vorgesetzten diskutieren (◘ Abb. 1.8).

Wie viel Zeit benötigt man für den Visionsdialog?
Die Veranstaltung dauert ungefähr 3 Stunden.

Wer sollte an dem Visionsdialog teilnehmen?
Der Dialog findet zwischen dem jeweiligen Team und seinem Vorgesetzten statt. Haben mehrere Teams dieselben Aufgaben, sollten sie ihren nächsthöheren Vorgesetzten noch hinzuziehen.

1.2.4 Visionshandbuch für Führungskräfte und Mitarbeiter

Als begleitende Maßnahme bietet es sich an, neben Workshops und intensiven Diskussionen zur Vision auch ein Handbuch herauszugeben, das die Inhalte der Vision detailliert darstellt.

Definition und Ergebnis eines Visionshandbuchs

Was ist ein Visionshandbuch?

Ein Visionshandbuch erklärt die Bedeutung der Vision.

In einem Visionshandbuch wird die Vision detailliert erläutert. Es ist ein Nachschlagewerk zu Inhalt und Bedeutung der Vision und kann z. B. im Intranet veröffentlicht, auf Poster gedruckt oder als Flyer den Mitarbeitern und Führungskräften zur Verfügung gestellt werden.

Was soll mit dem Visionshandbuch erreicht werden?
Oftmals werden bei der Formulierung einer Vision Worte benutzt, die nicht für alle Mitarbeiter verständlich sind (z. B. »wir arbeiten in effizienten Prozessen«) und die dann in einem Handbuch erläutert werden können. Darüber hinaus ist es für viele Menschen hilfreich, wenn sie neue Informationen nochmals in Ruhe nachlesen können.

Beschreibung des Visionshandbuchs

Wann soll das Visionshandbuch veröffentlicht werden?
Ein Visionshandbuch kann im Anschluss an die Veranstaltungen, die zur Vision stattgefunden haben, entwickelt und veröffentlicht werden. So können die Autoren von den gemachten Erfahrungen und Ergebnissen der dort geführten Diskussionen profitieren.

> Das Visionshandbuch adressiert offene Fragen.

Wie viel Zeit benötigt man für die Formulierung des Visionshandbuchs?
Ein Visionshandbuch zu schreiben ist relativ aufwändig, zumal es oftmals eines hohen Abstimmungsaufwands mit den Initiatoren der Vision bedarf.

Wer ist an der Formulierung des Visionshandbuches beteiligt?
Das Handbuch sollte von einem Team aus Mitarbeitern, Führungskräften und einem Initiator der Vision erarbeitet werden, damit es inhaltlich richtig und gleichzeitig für die Zielgruppe verständlich ist.

Anmerkungen
Weitere Möglichkeiten, eine regelmäßige und zentrale Kommunikation über die Inhalte der Vision und die Aktivitäten, die in ihrem Zusammenhang umgesetzt werden, aufzusetzen, finden sich in ▶ Kap. 2.

1.2.5 Teamrunden

Damit die Vision auch im Arbeitsalltag im Gespräch bleibt, sollte sie im Rahmen von Teamrunden durch die Führungskräfte immer wieder aufgegriffen werden. Hier können offene Fragen diskutiert und Bezüge zur aktuellen Situation hergestellt werden, die ein zentrales Medium nicht leisten kann. Der Teamrunde kommt bei der regelmäßigen Kommunikation der Vision somit eine tragende Bedeutung zu, die in ▶ Kap. 2.2.2 detailliert beschrieben ist.

1.3 Planung und Umsetzung der Vision

Einleitung und Überblick
Parallel zur Kommunikation der Vision findet die fachliche Planung und Umsetzung der Vision statt. Auch hier können Instrumente der Veränderungsbegleitung einen fördernden Beitrag leisten. Die in diesem Kapitel beschriebenen Instrumente unterstützen bei der Umsetzungsplanung selbst (▶ Kap. 1.3.1) und helfen, diese wiederum auf Mitarbeiterziele herunterzubrechen (▶ Kap. 1.3.2). In ▶ Kap. 1.3.3 werden die aktuell gelebten Werte und

> Die Umsetzung der Vision erfordert eine detaillierte Planung.

◘ Abb. 1.9. Planung und Umsetzung der Vision

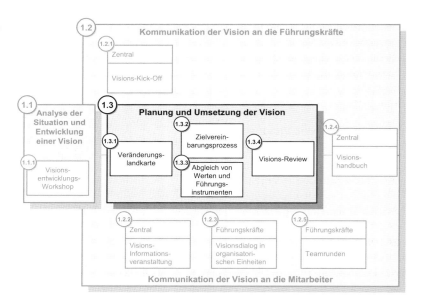

genutzten Führungsinstrumente der Organisation analysiert und abgeglichen mit denen, die für den Erfolg der Vision nötig sind.

Um schließlich den Umsetzungsfortschritt der Vision erfassen zu können, bietet sich ein Visions-Review (▶ Kap. 1.3.4) an, der unabhängig von
Kennzahlen und erreichten Zielen eine Einschätzung über den gesamten Visionsprozess ermöglicht (◘ Abb. 1.9).

1.3.1 Veränderungslandkarte

Definition und Ergebnis einer Veränderungslandkarte

Was ist eine Veränderungslandkarte?

Veränderungslandkarten
brechen die Umsetzungsaktivitäten auf kleine
Schritte herunter.

Eine Veränderungslandkarte bietet eine Struktur für die Konkretisierung einer Vision, also eine Methodik, die Umsetzung in einzelne Schritte herunterzubrechen. Sie schafft damit eine Basis für die Planung eines Veränderungsprozesses und ist so der erste Schritt zwischen der Formulierung der Vision
einerseits und individuellen Zielvereinbarungen andererseits.

Worin besteht das Ergebnis einer Veränderungslandkarte?

Eine vollständige Veränderungslandkarte ist ein detaillierter Plan, der darüber Auskunft gibt, welche Bereiche (»Dimensionen«) durch die Vision betroffen sind und welche Teilschritte (»Themen«) nötig sind, um sie realisieren zu
können. Ausgehend von den Ergebnissen einer Veränderungslandkarte können Planungsprozesse wie die Definition von Umsetzungsmaßnahmen und
Messkriterien sowie die Formulierung von individuellen Zielvereinbarungen
vorgenommen werden.

Beschreibung einer Veränderungslandkarte

Wann kann eine Veränderungslandkarte eingesetzt werden?

Direkt im Anschluss an die Entwicklung der Vision sollte die Veränderungslandkarte erstellt werden.

Wie läuft die Planung mit Hilfe einer Veränderungslandkarte ab?

Ausgehend von der Vision wird chronologisch rückwärts konzipiert, welche Schritte notwendig sind, um die Vision zu erreichen. Dabei plant man vom großen Maßstab hin zum Detail. So können alle notwendigen Arbeitsschritte entworfen und Vernetzungen mit anderen Themen erkannt werden. Der Ablauf ist in ▶ Schema 1.4 dargestellt.

Die Umsetzung wird visualisiert.

Wer ist an der Planung mit einer Veränderungslandkarte beteiligt?

Ihr Einsatz erfolgt moderiert im Team der Initiatoren der Veränderung sowie dem Veränderungsmanager.

Wie viel Zeit braucht man für die Planung mit einer Veränderungslandkarte?

Abhängig von der Größe der Gruppe und vom Stand des Klärungsprozesses bezogen auf die Bedeutung der Vision sind zwischen einem halben und einem ganzen Tag für die Entwicklung der Grobstruktur einer Veränderungslandkarte anzusetzen. Hinzu kommt ungefähr ein Tag für die Detailplanung der einzelnen Themen, die in Einzelarbeit im Nachgang an die gemeinsame Diskussion durchgeführt wird und anschließend noch im Team qualitätsgesichert werden muss.

Welche Materialien benötigt man?

Neben 2–3 Pinnwänden benötigt man eine ausreichende Anzahl an Moderationskarten und Nadeln (oder großen selbstklebenden Notizzetteln), Stifte sowie eine Kamera zur Dokumentation der Ergebnisse.

Wo kann man eine Veränderungslandkarte noch einsetzen?

Die Karte lässt sich bei jeglicher Planung von Projekten einsetzen.

Entwicklung einer Veränderungslandkarte Schritt für Schritt

Die schrittweise Entwicklung einer Veränderungslandkarte zeigt ▶ Schema 1.4.

Tipps zur Entwicklung einer Veränderungslandkarte

Gerade in größeren Gruppen entsteht beim Brainstorming eine Flut an Karten. Es spart Zeit und ermöglicht die Kartenflut zu bewältigen, wenn die Brainstorming-Ergebnisse in kleinen Teams in einer Pause zusammengefasst werden.

Es ist hilfreich, die Ergebnisse der einzelnen Entwicklungsschritte der Veränderungslandkarte mit der Digitalkamera zu dokumentieren, um den Prozess später noch nachvollziehen zu können. Auf diese Weise lassen sich einzelne Karten in jedem Schritt weiter verwenden und müssen nicht neu geschrieben werden. Vertiefende Informationen finden sich bei Gouillart u. Kelly (1995).

Schema 1.4. Entwicklung einer Veränderungslandkarte Schritt für Schritt

Schema als Word-Datei zum Download: www.springer.com/978-3-540-78854-6

1. Schritt   Festlegen von Dimensionen

Alle relevanten Dimensionen, in denen eine Veränderung stattfinden muss, um die Vision zu erreichen, sind festzulegen.

Arbeitsanleitung
»Welche großen Themengebiete oder Handlungsfelder sehen Sie, die angegangen werden müssen, wenn die Vision erfolgreich umgesetzt werden soll?«

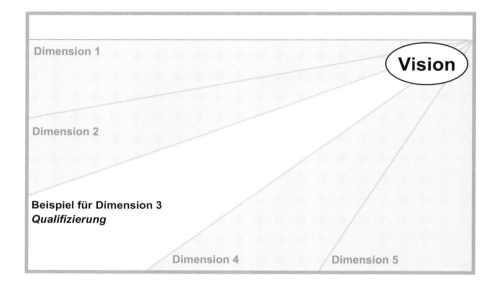

2. Schritt   Zuordnung von Themen

Jede Dimension wird dadurch konkretisiert, dass für das Erreichen der Vision relevante Themen wie Teilschritte, kritische Punkte usw. definiert werden.

Arbeitsanleitung
»Welche Themen, wie z. B. Teilschritte, Ideen, Arbeitsaufträge, Rahmenbedingungen, sind relevante Themen für die erfolgreiche Umsetzung der Vision innerhalb der einzelnen Dimensionen?«

▼

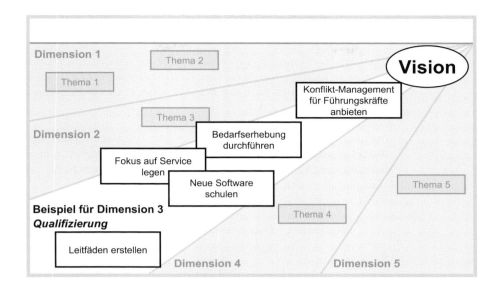

3. Schritt **Zusammenfassen in Kernthemen**

Die Themen werden zu Kernthemen zusammengefasst und innerhalb der Dimension in eine chronologische Reihenfolge gebracht.

Arbeitsanleitung
»Welche Themen gehören inhaltlich zusammen und lassen sich zu Kernthemen zusammenführen? Finden Sie passende Sammelbegriffe und bringen Sie sie innerhalb der jeweiligen Dimension in eine chronologische Reihe.«

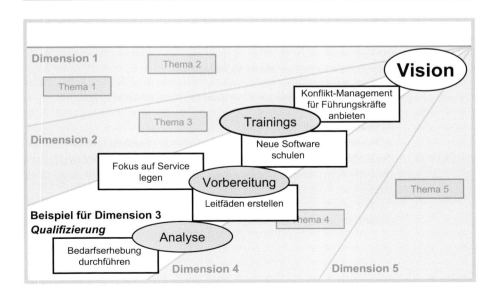

4. Schritt   **Festlegen von Meilensteinen**

Alle Kernthemen werden auf einer gemeinsamen Zeitachse zueinander in Beziehung gesetzt, um anschließend Meilensteine zu definieren, die den Abschluss einzelner Kernthemen festlegen. Je weiter auf der Veränderungslandkarte ein Kernthema von der Vision entfernt liegt, desto eher muss mit seiner Umsetzung begonnen werden.

Arbeitsanleitung
»Definieren Sie Meilensteine und halten Sie diese Zeitpunkte in Form von Linien (◘ Graphik) auf der Veränderungslandkarte fest. Je geringer der Abstand zwischen Meilenstein und Vision ausfällt, desto näher liegt der Zeitpunkt an der tatsächlichen Umsetzung der Vision.«

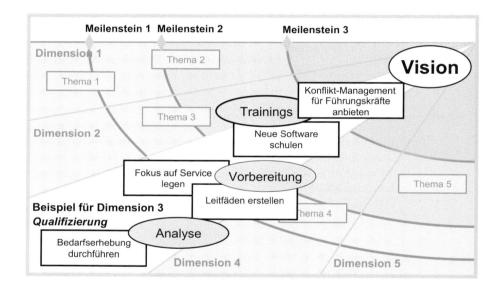

5. Schritt   **Übertragen in einen Maßnahmenplan**

Die Kernthemen werden in einen Maßnahmenplan übertragen.

Arbeitsanleitung
»Übertragen Sie die Kernthemen in eine Tabelle und legen Sie sowohl das genaue Ziel des Kernthemas fest als auch die Priorität, den geschätzten Aufwand und die Interdependenzen zu anderen Themen. Entscheiden Sie auch, wer die Aufgabe verantwortlich übernehmen soll.

   Die jeweiligen Verantwortlichen erhalten im Nachgang die Aufgabe, ihr Thema zu detaillieren, einen Umsetzungsplan aufzustellen und die Umsetzung voranzutreiben.«

▼

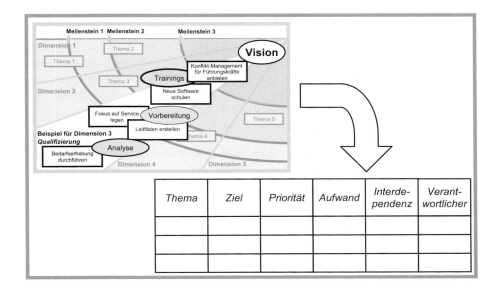

▶ Herunterbrechen der Vision in Mitarbeiterziele

Um die Vision zu verwirklichen, müssen alle Mitarbeiter und Führungskräfte die Vision nicht nur kennengelernt und verstanden haben, sondern auch wissen, welche konkreten Aufgaben von ihnen persönlich umgesetzt werden müssen. Die ersten beiden Voraussetzungen werden durch die Kommunikation der Vision erfüllt. Die letztgenannte durch einen Zielvereinbarungsprozess, dessen inhaltliche Basis die Ergebnisse der Veränderungslandkarte (▶ Kap. 1.3.1) darstellen.

Der Zielvereinbarungsprozess ist ein konsequenter »Übersetzungsprozess«, der den Weg zur Vision beschreibt und zur Steuerung nötige Messgrößen definiert. Dazu ist es sinnvoll, mit jeder Führungskraft und jedem Mitarbeiter eine Zielvereinbarung durchzuführen, in der festgelegt wird, welchen Beitrag jeder Einzelne in seiner speziellen Funktion übernehmen muss.

In Zielvereinbarungen wird der Beitrag jedes Einzelnen zur Umsetzung der Vision festgelegt.

In diesem Abschnitt wird beschrieben, wie ein klassischer Zielvereinbarungsprozess abläuft, wie die Qualität von Zielen über das SMART-Kriterium gesichert wird und wie man den Zielvereinbarungsprozess mit Hilfe von Zielklausuren optimieren kann.

1.3.2 Zielvereinbarungsprozess

Definition und Ergebnis eines Zielvereinbarungsprozesses

Was ist ein Zielvereinbarungsprozess?

In einem Zielvereinbarungsprozess führen alle Führungskräfte und Mitarbeiter mit ihrem jeweiligen Vorgesetzten ein Zielvereinbarungsgespräch, in dem die zu erfüllenden Ziele für das kommende Jahr festgeschrieben werden. Vom zweiten Jahr an kommt zur Zielvereinbarung noch die Beurteilung der Ziele aus dem letzten Jahr hinzu.

Worin besteht das Ergebnis des Zielvereinbarungsprozesses?

Die Summe aller Ziel-vereinbarungen be-schreibt die Umsetzung der Vision.

Jede Führungskraft und jeder Mitarbeiter kennen den eigenen Beitrag zur Umsetzung der Vision. Wenn der Zielvereinbarungsprozess erfolgreich verläuft, gewährt die Summe aller umgesetzten Ziele von Mitarbeitern und Führungskräften das Erreichen der Vision.

Beschreibung des Zielvereinbarungsprozesses

Wann kann ein Zielvereinbarungsprozess gestartet werden?

Wenn die Vision kommuniziert ist und die Planung zur Umsetzung der Vision abgeschlossen ist, sollte damit begonnen werden, mit allen Mitarbeitern und Führungskräften Ziele zu vereinbaren.

Wie läuft der Zielvereinbarungsprozess ab?

Wenn die Planung der Umsetzung der Vision abgeschlossen ist, werden auf der Ebene des Top-Managements die Planungsergebnisse aufgeteilt und in Zielvereinbarungen festgelegt. Das Top-Management bricht dann die eigenen Ziele weiter herunter und vereinbart Ziele mit der nächsten Führungsebene (❏ Abb. 1.10). Dieser Prozess wiederholt sich so lange, bis schließlich alle Mitarbeiter Ziele mit ihren Vorgesetzten vereinbart haben.

Die Umsetzung der Ziele wird regelmäßig über-prüft.

Nachdem die Ziele vereinbart wurden, muss deren Umsetzung regelmäßig überprüft werden. Wiederkehrende Gespräche mit dem eigenen Vorgesetzten helfen, den Status der Zielerreichung zu definieren, mögliche Probleme zu adressieren und damit der Zielvereinbarung eine größere Bedeutung zu geben.

Wer ist am Zielvereinbarungsprozess beteiligt?

Im ersten Schritt ist es das Top-Management, in den nächsten Schritten alle Führungskräfte und Mitarbeiter.

Wie viel Zeit ist für den Zielvereinbarungsprozess vorgesehen?

Die Gesamtdauer sowie die absolut aufgewandte Zeit sind abhängig von der Anzahl der einbezogenen Mitarbeiter und Führungskräfte. Pro Zielvereinbarungsgespräch kann man einschließlich der Vor- und Nachbereitung mit etwa 2–3 Stunden rechnen.

❏ **Abb. 1.10.** Die Zielvereinbarungen werden von der höchsten Führungsebene bis auf Mitarbeiterebene heruntergebrochen

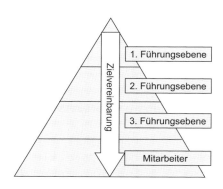

Wie werden qualitativ hochwertige Ziele formuliert?

Damit Ziele erfolgreich umgesetzt werden können, müssen sie **SMART** sein. Dieses Kürzel steht für

S – spezifisch,
M – messbar,
A – akzeptabel,
R – realistisch,
T – terminiert.

Hinter SMART verbirgt sich die Aussage, dass ein Ziel nur dann umgesetzt werden kann, wenn der Inhalt dieses Zieles klar und deutlich ist. Damit geht einher, dass Ziele messbar und somit auch überprüfbar sein müssen. Um auch von den Mitarbeitern angenommen zu werden, sollten die Ziele darüber hinaus akzeptabel und erreichbar sein. Abschließend sollte der Zeitpunkt für das Erreichen eines Ziels definiert werden. Dieser hilft bei der Umsetzungsplanung der eigenen Ziele und ist eine bedeutsame Ergänzung zum Kriterium »M – messbar«.

> Ziele müssen SMART sein.

Fragen, anhand derer die Qualität der formulierten Ziele überprüft werden kann

— **S – Spezifisch:** Welches konkrete Ziel soll der Mitarbeiter erreichen?
Leitfragen
  - Ist das Ziel verständlich und eindeutig formuliert?
  - Ist das Ziel konkret und genau beschrieben?
  - Lässt sich das Ziel aus der Vision herleiten?
  - Welche Personen und Schnittstellen sind von dem Ziel betroffen?

— **M – Messbar:** Wie kann überprüft werden, ob das Ziel erreicht wurde?
Leitfragen
  - Sind Erfolgskriterien formuliert, die die Erfüllung des Zieles überprüfbar machen?
  - Wie sieht das Ergebnis, der Soll-Zustand aus?
  - Welche Veränderung wird sich durch das Erreichen des Ziels ergeben?
  - Welche beobachtbaren Größen zeigen die Zielerreichung an?

— **A – Akzeptabel:** Ist das Ziel sowohl für den Mitarbeiter als auch für das Unternehmen angemessen gewählt?
Leitfragen
  - Ist der Zusammenhang zwischen den Zielen und den Inhalten der Vision bekannt?
  - Sind die Erwartungen an die Ansprüche beider Seiten gerechtfertigt?
  - Ist das Ziel für alle Beteiligten nachvollziehbar und zu akzeptieren?
  - Ist das Ziel relevant und wichtig, und trägt es dazu bei, die Vision zu erreichen?

▼

— **R – Realistisch:** Ist das Ziel für den Mitarbeiter herausfordernd und erreichbar?
  Leitfragen
  - Verfügt der Mitarbeiter über die notwendigen Ressourcen, um dieses Ziel zu erreichen? Wo benötigt er noch Unterstützung?
  - Ist das Ziel in den wesentlichen Faktoren durch den Mitarbeiter selbst zu beeinflussen?
  - Sind Teilschritte notwendig, und sind diese auch für den Mitarbeiter erreichbar?
  - Welche Hindernisse können bis zur Zielerreichung auftauchen?
  - In welcher persönlichen Lage befindet sich der Mitarbeiter? Ist er ausgelastet – bzw. unter- oder überfordert?

— **T – Terminiert:** Wann soll das Ziel erreicht worden sein?
  Leitfragen
  - Bis zu welchem Termin soll das Ziel erreicht sein?
  - Bis wann sollen Zwischenergebnisse vorliegen?
  - Wie soll mit veränderten Rahmenbedingungen umgegangen werden, die auf die Zielerreichung einwirken?

Wie lässt sich die Wirksamkeit von Zielen noch erhöhen?

Die Inhalte von Zielvereinbarungen sollten keine Geheimnisse sein.

Je deutlicher die eigenen Ziele in einem Zusammenhang mit einem großen Ziel (z. B. dem Erreichen einer Vision) einerseits und dem direkten Arbeitsumfeld (z. B. den Zielen des eigenen Vorgesetzten und der Kollegen) andererseits stehen, desto bedeutungsvoller werden sie.

Über die Zielkaskade (❏ Abb. 1.10) wird der Zusammenhang der eigenen Ziele zur Vision hergestellt, über Zielklausuren werden die Ziele mit dem direkten Arbeitsumfeld in Verbindung gebracht.

Was ist eine Zielklausur?

Zielklausuren sind Veranstaltungen, in denen ein Vorgesetzter mit seinen Mitarbeitern seine eigenen Ziele diskutiert und gemeinsam mit seinem Team die Ziele auf jedes einzelne Teammitglied herunterbricht. Im nächsten Schritt findet eine weitere Zielklausur auf der nächst niedrigeren Hierarchiestufe statt. Dieses Vorgehen wiederholt sich so lange, bis die Ziele auch auf die Mitarbeiterebene heruntergebrochen wurden.

Worin besteht das Ergebnis einer Zielklausur?

Aktive Beteiligung fördert das Verantwortungsbewusstsein.

Im Rahmen von Zielklausuren erfahren die Zielvereinbarungen eine Abstimmung zwischen den Hierarchien sowie auf der Kollegenebene. So werden die Ziele des gesamten Teams transparent und lassen sich wie ein Puzzle zu einem großen gemeinsamen Ziel zusammensetzen. Außerdem fördert die gemeinsame Planung ein Verantwortungsbewusstsein für die Erreichung aller Ziele des Teams.

Weitere Informationen zum Thema Zielvereinbarungssysteme finden sich z. B. bei Wildenmann (2001).

Wo lässt sich dieser Prozess noch anwenden?

Grundsätzlich brauchen Mitarbeiter Ziele für ihre Arbeit. Darum sollte ein Zielvereinbarungsverfahren unabhängig vom Erreichen einer Vision in regelmäßigen Abständen zur Mitarbeiterführung genutzt werden.

Abgleich zwischen bestehenden Werten und Führungsinstrumenten einer Organisation und nötigen Werten der Vision

Im vorangegangenen Kapitel wurde deutlich, dass eine Vision nur dann erreicht werden kann, wenn ihre fachliche Umsetzung sorgfältig geplant und engagiert vorangetrieben wird. Entscheidend für den Erfolg ist es jedoch auch, ein Werteumfeld zu schaffen, in dem die angestrebten Veränderungen realisierbar sind. Maßgeblich beteiligt sind hieran die Führungskräfte einer Organisation, die die Werte durch ihre Leitbildfunktion besonders stark prägen.

Bestehende Werte setzen Veränderungsvorhaben einen Rahmen.

Ein Beispiel soll diesen Aspekt verdeutlichen: Eine stark hierarchisch arbeitende Organisation, in der auch die kleinste Entscheidung durch den nächst höheren Vorgesetzten freigegeben werden muss, möchte sich im Markt neu positionieren. Die Vision beschreibt u. a., wie in Zukunft jeder für den Erfolg der Organisation mitverantwortlich ist. Eigenverantwortliches Handeln ist aber in diesem Fallbeispiel kein aktuell erlebter Wert. Die Umsetzung der Vision wird vermutlich scheitern, obwohl für jeden die anzustrebenden Ziele erkennbar sind. Die Vision braucht nämlich ein zu ihr passendes und gelebtes Wertesystem, um erfolgreich umgesetzt zu werden.

Die ◘ Abb. 1.11 verdeutlicht das Zusammenspiel von Vision, Werten, Führung, Instrumenten und Verhaltensweisen.

Meist beschreibt die Vision implizit ein Wertesystem, das ihren Erfolg absichert. Deshalb ist es notwendig, Führungskräften Instrumente zur Führung und Steuerung der Teams an die Hand zu geben, um diese Werte zu fördern. Damit Führungskräfte sowohl die Instrumente handhaben als auch das dahinterliegende Wertesystem vorleben können, benötigen sie bestimm-

Unterschiedliche Werte erfordern verschiedene Kompetenzen und Fähigkeiten.

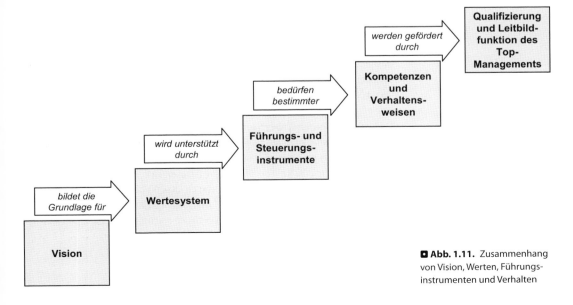

◘ **Abb. 1.11.** Zusammenhang von Vision, Werten, Führungsinstrumenten und Verhalten

te Kompetenzen und Verhaltensweisen, für die sie ggf. noch qualifiziert werden müssen.

Wie stark sich Werte verändern müssen, damit die neue Vision erfolgreich umgesetzt werden kann, lässt sich nur durch einen Vergleich von aktuellen und zukünftigen Werten feststellen.

1.3.3 Abgleich von Werten und Führungsinstrumenten

Definition und Ergebnis des Abgleichs von Werten und Führungsinstrumenten

Was ist ein Abgleich von Werten und Führungsinstrumenten?

Aktuelle Werte werden mit zukünftig gewünschten Werten abgeglichen.

Bestehende Leitlinien oder Führungswerte bilden die Vergleichsbasis für eine zukünftige Wertestruktur. Als nächstes stehen die geltenden Führungsinstrumente auf dem Prüfstand, damit geklärt werden kann, ob diese das neue Wertesystem unterstützen. Gegebenenfalls müssen sie angepasst oder durch neue Instrumente ergänzt werden. Im nächsten Schritt sollte definiert werden, welche Kompetenzen Führungskräfte benötigen, um die neuen Werte vertreten und die aktualisierten Instrumente nutzen zu können. Wenn sie noch nicht über alle Kompetenzen verfügen sollten, müssten der Qualifizierungsbedarf erhoben und gezielt Schulungsmaßnahmen angesetzt werden.

Worin besteht das Ergebnis des Abgleichs?

Der Abgleich zeigt auf, ob und welche Handlungsbedarfe es für die Veränderungsbegleitung gibt und schafft Klarheit darüber, ob und ggf. was über die fachlichen Themen hinaus noch verändert werden muss, um die Vision mit Erfolg zu erreichen.

- Müssen bestehende Wertesysteme an die Vision angepasst werden?
- Müssen Führungskräfte unterstützt werden, die zusätzlichen oder veränderten Werte mitzutragen?

Beschreibung des Abgleichs von Werten und Führungsinstrumenten

Wann kann ein Werteabgleich durchgeführt werden?

Parallel zur Umsetzungsplanung für die Visionsinhalte (▶ Kap. 1.3.1) sollte auch der Abgleich zwischen den aktuellen und den für die Vision nötigen Werten und Führungsinstrumenten erfolgen.

Wie läuft der Abgleich der Werte und Führungsinstrumente ab?

Bereits bestehende und gelebte Werte sowie Führungsinstrumente der Organisation werden zusammengestellt und den für eine erfolgreiche Vision nötigen gegenübergestellt.

Der Werteabgleich kann sowohl durch den Veränderungsmanager mit Hilfe von Interviews erhoben werden, oder er kann im Rahmen eines Workshops gemeinsam mit dem Top-Management erarbeitet werden. Die schrittweise Entwicklung eines Werteabgleichs zeigt ▶ Schema 1.5.

Wer ist an der Durchführung des Werteabgleichs beteiligt?

Je nachdem, welches Vorgehen (Interviews, Workshop) gewählt wird, sind der Veränderungsmanager und Vertreter des Top-Managements, der Führungskräfte und der Mitarbeiter beteiligt.

Wie viel Zeit braucht man für den Abgleich?

Abhängig davon, welche Informationen bereits vorliegen, oder ob diese zunächst noch erarbeitet werden müssen, wird für die Analyse zwischen Soll und Ist des Wertesystems ungefähr ein Tag benötigt.

Der sich anschließende Folgeprozess, in dem Instrumente verändert, Kompetenzen definiert und Qualifizierungsbedarfe sowohl erhoben als auch umgesetzt werden, beansprucht mehrere Monate.

Wo kann man diesen Abgleich noch verwenden?

Wenn Organisationen Leitlinien oder Werte einführen wollen, die auf Verhaltensstrukturen abzielen, kann der hier beschriebene Prozess ebenfalls genutzt werden.

Tipps zum Abgleich von Werten und Führungsinstrumenten

Da oftmals in einem Veränderungsprozess viele Dinge gleichzeitig erledigt werden müssen, kann es leicht passieren, dass man gerade bei den überfachlichen Faktoren im Veränderungsprozess Zeit einzusparen sucht. Natürlich kann z. B. der Abgleich der Führungswerte auch von einer Person vorgenommen und zur Entscheidung an das Top-Management weitergereicht werden. Dabei nimmt man sich allerdings die Chance, ein gemeinsames Verständnis über die Führungswerte zu gewinnen. Gerade wenn man sich auf den Weg zu neuen Ufern macht, ist es notwendig, intensiv über Erwartungen, Ideen oder nächste Schritte zu diskutieren. Fehlt dieser Austausch, werden unterschiedliche Meinungen in die Mannschaft getragen, die dort für Verunsicherung sorgen.

Intensive Diskussionen fördern die Kommunikation einheitlicher Botschaften.

Abhängig von den Ergebnissen des Werteabgleichs müssen ggf. Schritte in Hinblick auf einen Wertewandel eingeleitet werden. Stimmen die aktuellen Werte nicht mit den zukünftigen Werten überein oder liegt die Vermutung nahe, dass im Rahmen der Veränderung einige Werte besonders gefördert und unterstützt werden müssen, schließt sich ein Informations- und Qualifizierungsprozess an, dessen besonderes Augenmerk auf allen Führungskräften der Organisation liegt.

Schema 1.5. Entwicklung eines Werteabgleichs Schritt für Schritt

Schema als Word-Datei zum Download: www.springer.com/978-3-540-78854-6

1. Schritt   **Erhebung der aktuell gelebten Werte**

> Im 1. Schritt erfolgt die Analyse der aktuell gelebten Werte. Sie kann einerseits vom Veränderungsmanager selbst durchgeführt und im Nachhinein mit einigen Vertretern der Führungskräfte und Mitarbeiter abgeglichen, andererseits aber auch über Interviews erhoben werden. Einen Analyseprozess unterstützen die im Folgenden aufgeführten Leitfragen:
> - Welche Werte, Leitbilder, Mission-Statements, Führungsregeln etc. gibt es in der Organisation bereits?
> - Wodurch wird der Umgang miteinander sowohl innerhalb einer Hierarchieebene als auch über Hierarchien hinweg geprägt?
> - Wie würde ein Außenstehender die Organisation wahrnehmen?
> - Welche Führungs- und Steuerungsinstrumente gibt es? Welche Werte repräsentieren sie?
> - Welche ungeschriebenen Gesetze gibt es?
> - Über welche positiven, aber auch negativen Werte sprechen die Mitarbeiter immer wieder?
> - Über welche vorhandenen Werte spricht niemand?
> - Welche Werte werden ignoriert bzw. werden nicht beachtet?

2. Schritt   **Definition des »Ziel-Werte-Umfeldes«**

> Nach der Erhebung der aktuellen Werte gilt es, ein »Ziel-Werte-Umfeld« zu definieren, das die Vision für eine erfolgreiche Umsetzung benötigt.
> Auch hierbei unterstützen einige Leitfragen:
> - Welche Werte prägen das Arbeitsumfeld nach dem Erreichen der Vision?
> - Welche Werte sind erforderlich, um eine erfolgreiche Umsetzung der Vision zu erreichen?
> - Welche Werte wirken kontraproduktiv auf die Vision?

3. Schritt   **Abgleich der Wertesysteme**

> Als Nächstes findet der Abgleich des bestehenden mit dem strategischen Wertesystem statt:
> - Welche gravierenden Unterschiede gibt es zwischen dem bestehenden und dem strategisch notwendigen Wertesystem?
> - Welche der heute gültigen Werte müssen in die veränderte Welt der Vision übernommen werden?
> - Von welchen aktuellen Werten wird man sich trennen müssen?

▼

4. Schritt **Ansatzpunkte zur Unterstützung des Wertewandels**

> Im 4. Schritt werden Ansatzpunkte definiert, die den Wertewandel unterstützen. Neben dem Vorleben der Werte durch das Top-Management können auch Instrumente und Vorgehen identifiziert werden, die den Wertewandel vorantreiben können.
> - Wie müssen die aktuellen Führungsinstrumente verändert bzw. ergänzt werden, um das neue Wertesystem zu unterstützen?
> - Welche Abläufe oder Verfahren (z. B. die Art und Weise, wie Entscheidungen getroffen werden) unterstützen das alte Wertesystem und müssen daher verändert werden?

5. Schritt **Vergleich zwischen bestehenden und benötigten Kompetenzen**

> Anschließend liegt der Fokus auf dem Vergleich zwischen den bestehenden und den benötigten Kompetenzen und Verhaltensweisen.
> - Welche neuen Kompetenzen und Verhaltensweisen werden benötigt, um neue Werte, Führungsinstrumente und Abläufe erfolgreich umzusetzen?
> - Sind die Kompetenzen bereits vorhanden, oder müssen sie noch gefördert werden?
>
> **Anmerkung**
> Zur Definition von benötigten Kompetenzen können Funktionsprofile genutzt werden, die ein strukturiertes Vorgehen beim Kompetenzabgleich unterstützen und im
> ▶ Kap. 4.1.1 detailliert beschrieben sind.

6. Schritt **Analyse eines Qualifizierungsbedarfs**

> Zum Schluss sollten der Qualifizierungsbedarf abgeleitet und Qualifizierungsmaßnahmen aufgesetzt werden.
> - Welche Qualifizierungsmaßnahmen sind nötig, um die definierten Kompetenzen und Verhaltensweisen zu erlernen?
>
> **Anmerkung**
> Die Bedarfsebene sowie unterschiedliche Formen der Qualifizierung werden in ▶ Kap. 4 näher beschrieben.

> ❯ **Bewertung der Visionsumsetzung**

Um die Vision erreichen zu können, wurde sie im Planungsprozess (▶ Kap. 1.3.1) in Ziele, Maßnahmen, Projekte und Kennzahlen übersetzt. Um darüber hinaus ihre Umsetzungsfortschritte messbar zu machen, werden oftmals klassische Controlling-Verfahren und Statusberichte zu Rate gezogen.

Eine Alternative zu diesem Vorgehen stellt ein Visions-Review im Rahmen eines Workshops dar, der eine gemeinsame Diskussion der Initiatoren der Veränderung über den aktuellen Entwicklungsstand der Vision beinhaltet.

Der Umsetzungsfortschritt der Vision muss regelmäßig überprüft werden.

Nachdem die Vision auf Ziele für das Top-Management heruntergebrochen wurde, steht oftmals nur noch das Erreichen dieser Ziele im Vordergrund, eine Bewertung der Visionsumsetzung findet weniger Beachtung. Daher ist es sehr sinnvoll, sich die Zeit zu nehmen, zumindest jährlich in einem Workshop über den Grad der Visionsumsetzung zu diskutieren.

Hierbei kann geklärt werden, ob die angestoßenen Maßnahmen die Umsetzung der Vision wie erwartet unterstützen, oder ob sich Rahmenbedingungen geändert haben und damit ggf. die Inhalte der Vision abgeändert werden müssen. Gleichzeitig kann sich aber auch eine gemeinsame Sicht auf den Visionsfortschritt entwickeln, die dann an die Führungskräfte und Mitarbeiter kommuniziert werden kann.

Es bietet sich an, immer wieder das Augenmerk auf die Inhalte der Vision selbst zu richten, damit ihre Bedeutung im Tagesgeschäft nicht verloren geht, und ebenfalls den gemeinsamen Austausch der Initiatoren der Vision fortzuführen, der im Visionsentwicklungs-Workshop seinen Ursprung hatte.

1.3.4 Visions-Review

Definition und Ergebnis eines Visions-Reviews

Was ist ein Visions-Review?

Im Visions-Review wird der Fortschritt der Vision qualitativ bewertet.

In einem Visions-Review wird der Umsetzungsgrad der Vision im Initiatorenteam unabhängig von konkreten Ergebniszahlen ermittelt, aber es werden auch Veränderungen im bisherigen Umsetzungsvorgehen angestoßen.

Worin besteht das Ergebnis des Visions-Reviews?

Visions-Reviews bringen Erfolge und Handlungsfelder ans Licht.

Das Ergebnis des Visions-Reviews ist ein gemeinsames Verständnis der Initiatoren über die bereits erreichten Ergebnisse, aber auch über die noch offenen Handlungsfelder. Darüber hinaus lassen sich Einflussfaktoren identifizieren, die auf die Vision einwirken und die ihre Umsetzung unterstützen oder hemmen. Die Diskussion dokumentiert die subjektive Einschätzung der Initiatoren, die damit ihre unterschiedlichen Bewertungsmaßstäbe offen legen, aber sie fördert auch Zusammenhänge, die zwischen den einzelnen Maßnahmen, Projekten und der Vision bestehen, zu Tage.

Die Ergebnisse des Visions-Reviews sollten in den Kommunikationsprozess und in den Zielvereinbarungsprozess einfließen.

Beschreibung eines Visions-Reviews

Wann kann ein Visions-Review eingesetzt werden?

Der Zeitpunkt ist abhängig von dem zur Umsetzung der Vision definierten Zeitrahmen. Er sollte zur Halbzeit der Umsetzungsphase liegen, jedoch spätestens nach einem Jahr stattfinden.

Wie läuft ein Visions-Review ab?

Die Vision wird in einzelne inhaltliche Bausteine zerlegt, die anschließend bezüglich ihres Umsetzungsgrads bewertet werden. Hierzu wird für jeden inhaltlichen Baustein eine so genannte »Timeline« aufgezeichnet, eine Kurve, die den Umsetzungserfolg über die Zeit hinweg darstellt.

> Eine Timeline beschreibt Umsetzungserfolge.

Im Nachgang werden die Ergebnisse mit dem Ziel diskutiert, Auffälligkeiten zu identifizieren, Einflussfaktoren auf die Vision herauszufiltern, Maßnahmen abzuleiten und Schwerpunkte für die nächsten Schritte zu vereinbaren. Das Vorgehen des Visions-Reviews ist angelehnt an die »Projektfieberkurve« von Königswieser u. Exner (2004).

Den Ablauf eines Visions-Reviews zeigt ▶ Schema 1.6.

Wer ist an einem Visions-Review beteiligt?

Die Initiatoren der Vision, der Veränderungsmanager und ein Moderator führen den Visions-Review gemeinsam durch.

Wie viel Zeit benötigt man für einen Visions-Review?

Die Dauer des Workshops ist abhängig von der Größe der Gruppe, der Anzahl der inhaltlichen Bausteine der Vision und der bestehenden Einigkeit über die Umsetzungserfolge. 3–5 Stunden sollten eingeplant werden. Hinzu kommen ggf. Nacharbeiten von im Workshop definierten Aufgaben und die Aufbereitung des Ergebnisses für die Kommunikation.

Schema 1.6. Ablauf eines Visions-Reviews

Pausen, Einstiegs- und Abschlussrunden sind nicht aufgeführt. Die Zeiten sind für eine Gruppe von 3–8 Teilnehmern ausgelegt. Schema als Word-Datei zum Download: www.springer.com/978-3-540-78854-6

Zeit	Inhalt (Vorgehen/Arbeitsanleitung/Ergebnis)	Material
0:00 15'	**Die Bausteine der Vision** **Vorgehen** Im Rahmen einer gemeinsamen Diskussion wird die Vision in einzelne inhaltliche Bausteine zerlegt und jedem Baustein eine Stiftfarbe zugeordnet. **Arbeitsanleitung** »Definieren Sie die einzelnen inhaltlichen Abschnitte der Vision und kennzeichnen Sie sie mit unterschiedlichen Farben.« *Beispiel:* Wir bearbeiten mit motivierten und qualifizierten Mitarbeitern die Kundenwünsche für alle Bereiche und halten die Organisation mit neuen Ideen in Schwung. **Ergebnis** Die Basis für die Bewertung der Visionsumsetzung ist gelegt.	▬ Visionstext ▬ Flipchart ▬ farbige Stifte
0:15 60'	**Entwickeln der Timelines** **Vorgehen** Abhängig von der Teilnehmerzahl wird entweder im Plenum oder in Kleingruppen für jeden Baustein der Vision eine eigene Timeline, eine Art »Erfolgsbiorhythmuskurve im Verlauf der Zeit« erstellt und in einem Koordinatenkreuz (Umsetzungsgrad in Prozent/Zeit) eingetragen. **Arbeitsanleitung** »Diskutieren Sie pro Baustein der Vision: ▬ Wie bewerten Sie die Entwicklung der einzelnen Bausteine der Vision? ▬ Wie hoch lag der Grad der Umsetzung (in Prozent) beim Start eines jeweiligen Bausteins der Vision? ▬ Wie hat sich der Grad der Umsetzung im Laufe der Zeit verändert? Gab es Phasen, in denen er stagnierte, sich verbesserte oder auch verschlechtert hat? ▬ Welche markanten Wendepunkte gibt es, und welches waren die Auslöser dieser Wendepunkte? ▬ Wie weit sind die einzelnen Bausteine heute schon umgesetzt? ▬ Worin bestanden die Highlights, worin die Downfalls des jeweiligen Bausteins?	▬ Pinnwand ▬ farbige Stifte ▬ Karten ▬ selbstklebende Zettel

▼

Tragen Sie Ihre Ergebnisse im Koordinatenkreuz ein, wählen Sie die Ihrem Baustein zugeordnete Farbe und erläutern Sie in Schlagworten die Auslöser für die Wendepunkte in Ihren Timelines.«

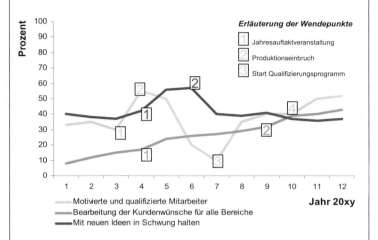

Erläuterung der Wendepunkte

1 Jahresauftaktveranstaltung

2 Produktionseinbruch

3 Start Qualifizierungsprogramm

Motivierte und qualifizierte Mitarbeiter
Bearbeitung der Kundenwünsche für alle Bereiche
Mit neuen Ideen in Schwung halten

Jahr 20xy

Ergebnis
Eine von allen Teilnehmern gemeinsam getragene Einschätzung des aktuellen Erreichungsgrades der Vision liegt vor.

Anmerkung
Wurde der 2. Schritt in Kleingruppen durchgeführt, sollten die Gruppenergebnisse anschließend im Plenum diskutiert und in einer gemeinsamen Fassung gebündelt werden. Dafür muss zusätzlich ein Zeitaufwand von ca. 60 Minuten eingeplant werden.

1:15
(2:15)
90'
___
2:45
(3:45)

Diskussion der Ergebnisse und Vereinbarung von nächsten Schritten

Vorgehen
Im Rahmen einer Diskussion der Timelines werden Ergebnisse abgeleitet und nächste Schritte vereinbart. Die Quintessenz der Diskussion wird protokolliert.

Arbeitsanleitung
»■ Was sagt Ihnen das Bild der Timelines?
 ■ Was ist auffällig, was unverständlich, was überraschend?
 ■ Wie zufrieden sind Sie mit dem aktuellen Status der Vision?
 ■ Welche Schlussfolgerungen für die Zukunft lassen sich aus den definierten Wendepunkten ziehen? Was sollten Sie verstärkt tun, worauf sollten Sie zukünftig verzichten?
 ■ Auf welche Themen sollten Sie in der nächsten Zeit besonders acht geben?

▼

■	— Welche vorhersehbaren Einflussfaktoren (z. B. Start eines Projektes, Veränderungen in der Gesetzeslage etc.) kommen in der nächsten Zeit auf Sie zu? — Wo wollen Sie am Ende des nächsten Bewertungszeitraumes stehen?« **Ergebnis** Ein Bedarf für weitere Maßnahmen hat sich aus der Diskussion ergeben und muss im Nachgang zum Review berücksichtigt werden.	

Visionen umzusetzen gelingt nur mit viel Zeit und stetigem Engagement.

Abschließende Bemerkungen

Visionen sind »en vogue«. Viele Organisationen besitzen schon eine, andere formulieren sie noch. Wie dieses Kapitel verdeutlicht, benötigen Visionen viel Arbeit und Zeit, besonders dann, wenn es nicht nur darum geht, eine Vision zu haben, sondern sie auch effektiv und erfolgreich umzusetzen.

Dieses Kapitel hat eine Vielzahl an Möglichkeiten aufgezeigt, wie eine Vision entwickelt, auf welche Art und Weise sie kommuniziert und wie ihre Umsetzung geplant werden kann. Die aufgezeigten Methoden sollen einerseits beispielhaft eine mögliche Vorgehensweise vorstellen, können aber andererseits auch als Impuls dienen, eigene Ideen zu entwickeln. Gerade weil ein guter Visionspozess sehr aufwändig ist, erscheint es als besonders wichtig, ihn gründlich zu planen und an möglichst viele bestehende Strukturen in der Organisation anzubinden. So sind feststehende Veranstaltungen und existierende Medien zu nutzen, um die Vision zu kommunizieren, und gleichzeitig bestehende Runden von Führungskräften und Mitarbeitern einzubeziehen, um notwendige Absprachen herbeizuführen.

Eine gute Planung wird auch Schnittstellen zwischen den einzelnen Elementen des Prozesses berücksichtigen, um so Ideen dafür zu entwickeln, welche Themen kombiniert angegangen werden können.

Wichtig für den Erfolg einer Vision ist es, Zeit und Mühe in ihre Kommunikation und Umsetzung zu investieren. Nur eine Vision, die bekannt und verstanden, die im Arbeitsalltag erlebbar ist, kann ihre volle Kraft für positive Veränderungen entfalten. Ein Visionsprozess steht unter dem Erfolgsdruck, schon beim ersten Mal greifen zu müssen, weil er zukünftig kaum eine zweite Chance bekommen wird. Einen zweiten Visionsprozess zu starten, nachdem der erste in der Schublade begraben wurde, ist unglaublich schwierig. Aus der Sicht der Führungskräfte und Mitarbeiter wird er als ein »Ach-mal-wieder-ein-Visionsprozess« angesehen und mit »Mal sehen, wie lange es dieser aushält« bereits zu Beginn verabschiedet.

Wenn eine Organisation sich entschließt, eine Vision zu entwickeln und diese aktiv voranzutreiben, dann sollte sie auch die nötige Zeit aufwenden, um den Prozess erfolgreich abzuschließen.

2 Kommunikation

Veränderung

Planung   Umsetzung   Evaluation

1   Vision

2   Kommunikation

3   Beteiligung

4   Qualifizierung

Notwendigkeit von Kommunikation im Veränderungsprozess

Kommunikation begleitet Veränderungsprozesse kontinuierlich.

Die Bedeutung von Kommunikation als zentraler Erfolgsfaktor für das Veränderungsmanagement soll hervorgehoben werden. Sie begleitet ein Veränderungsprojekt in allen Phasen und stellt immer wieder den Kontakt zwischen Projekt und Betroffenen her. Das Verständnis der Beziehung untereinander prägt die Gestaltung der Kommunikation. Grundsätzlich kann Kommunikation als Beziehung zwischen Sender und Empfänger verstanden werden. Dabei ist die Rollenverteilung von Sender und Empfänger nicht statisch zu sehen. In Veränderungsprozessen sollen zwar in erster Linie die Betroffenen durch das Veränderungsprojekt informiert werden und auf dem Laufenden gehalten werden. Hier wäre das Veränderungsprojekt der Sender und die Betroffenen die Empfänger. Dies soll aber nicht ausschließlich so sein. Kommunikation sollte Dialog und Austausch fördern, sodass die Rollen zwischen Veränderungsprojekt und Betroffenen wechselnd verteilt sind.

Wie später noch gezeigt wird, ist es wichtig und für den Veränderungsprozess nützlich, die von der Veränderung Betroffenen mit ihren Beiträgen und Fragen aktiv einzubinden. Das Veränderungsprojekt wäre schlecht beraten, sich in der Kommunikation ausschließlich als Sender zu sehen (Doppler u. Lauterburg 2002).

Das Kapitel bietet ausgewählte Vorgehensweisen und Methoden an, um Kommunikation in Veränderungsprozessen zu gestalten (Abb. 2.1).

Veränderungen erzeugen Fragen.

Veränderungsprojekte stellen die aktuellen Verhältnisse eines Unternehmens grundsätzlich in Frage und ordnen sie neu. Vielfältige Änderungen in Strukturen und Prozessen erzeugen daher bei den betroffenen Mitarbeitern Unsicherheit, Unruhe und eine Vielzahl an Fragen. Dabei können sich diese Fragen auf sehr unterschiedliche Themen beziehen. Einerseits sind es eher grundsätzliche Fragen nach Zielsetzungen und Hintergründen der Veränderung oder nach ihrer strategischen Einordnung. Andererseits sind es Fra-

Abb. 2.1. Kommunikation im Zusammenhang mit den Elementen der Veränderung

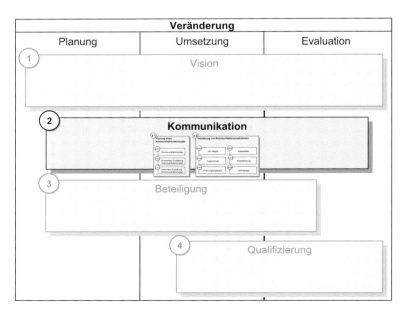

gen, die sich konkret auf die Auswirkungen auf den eigenen Arbeitsplatz beziehen:

- Wie sicher ist mein Arbeitsplatz?
- Wird die neue Software funktionieren?
- Wie verändern sich meine Aufgaben? Was wird aus den Aufgaben, die ich gut beherrsche und gerne übernehme?
- Wer sind meine neuen Kollegen? Mit wem teile ich mir in Zukunft ein Büro?
- Wer wird mein neuer Vorgesetzter? Lässt mir der neue die gleichen Handlungsspielräume wie der bisherige Vorgesetzte?

Vor dem Hintergrund der unterschiedlichen Fragestellungen sollte sich die Kommunikation nicht nur auf die rein sachliche Beantwortung beschränken, sondern es auch ermöglichen, auf die emotionale Situation der Betroffenen einzugehen. Die Auseinandersetzung mit diesen Fragen fördert eine Vielzahl von Emotionen zu Tage (◘ Abb. 2.2). Menschen reagieren in Zeiten der Veränderung emotionaler als in ruhigen Zeiten. Veränderungen bewegen die Mitarbeiter, sie beschäftigen sich mit ihrer Situation in der Organisation und machen sich Gedanken über ihre zukünftige Rolle. Sie sorgen sich um ihre Zukunft, sie ärgern sich über die neue Struktur oder sind traurig, ihr altes Team verlassen zu müssen. Oft gibt es Betroffene, die sich als Verlierer oder aber als Gewinner sehen und die Veränderung als Degradierung bzw. als Aufwertung erleben.

Eingehen auf die emotionale Situation der Betroffenen.

Da Gefühle in Organisationen selten thematisiert werden, liegt eine wesentliche Aufgabe des Veränderungsmanagers darin, in der Kommunikation Raum und Zeit für die Beschäftigung mit Gefühlen und Stimmungen einzuplanen.

Denn gerade durch die emotionale Auseinandersetzung mit der Veränderung treten die Widerstände zu Tage, die die Umsetzung im weiteren Verlauf behindern können. Solche Widerstände sind wichtige Informationen für

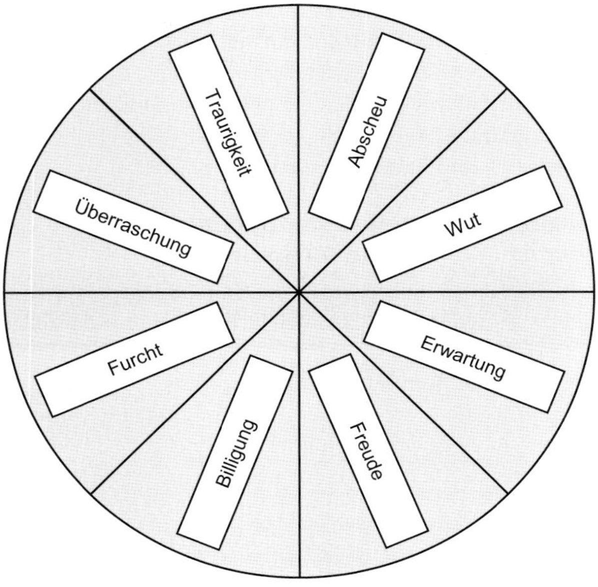

Kommunikation ermöglicht Auseinandersetzung mit der Veränderung.

◘ **Abb. 2.2.** Typische Emotionen in Veränderungen. (Mit freundlicher Genehmigung von Synnecta, Karlsruhe)

diejenigen, die eine Veränderung planen und einführen. Die Rückmeldungen der Betroffenen können als wichtige Hinweise in den Einführungsprozess mit einfließen.

Von daher unterstützt eine zielgerichtete und geplante Kommunikation den Veränderungsprozess nicht nur durch die zeitnahe Lieferung von Informationen. Sie kann darüber hinaus weitere Funktionen übernehmen:

- auf Gefühle und Stimmungen der Betroffenen eingehen,
- Feedback von den Betroffenen einholen.

Je umfangreicher der Veränderungsprozess und je größer die Anzahl der hiervon betroffenen Personen ist, desto größer ist der Bedarf nach einer geplanten Kommunikation. Deren Gestaltung hängt aber v. a. von den Zielsetzungen und Inhalten der jeweiligen Veränderung ab. So kann zwar ein Rundbrief im Rahmen eines personellen Wechsels im Management den Informationsbedarf für die Belegschaft abdecken, jedoch ist ein solches Vorgehen nicht angemessen, wenn beispielsweise eine Abteilung ausgegliedert werden soll. Hier muss mit den Mitarbeitern persönlich sowohl in Einzelgesprächen als auch in Teamrunden oder ähnlichen Veranstaltungen gesprochen werden. Kommunikation kann eine übersetzende oder auch vermittelnde Rolle übernehmen, da sie den Betroffenen Inhalte und Themen der Veränderung verständlich vermittelt und deren Feedback wieder an das Veränderungsprojekt zurückleitet.

Schritte in der Kommunikation können in eine ähnliche Richtung wirken wie Beteiligungsmaßnahmen, da beide auf eine aktivere Rolle der Betroffenen zielen und somit eine höhere Akzeptanz für die Veränderung bewirken wollen (▶ Kap. 3).

Einstieg in den Dialog.   Gerade um Rückmeldungen von den betroffenen Personen einzuholen und um einen Dialog einerseits zwischen Initiatoren und Umsetzern und andererseits zwischen den Betroffenen untereinander zu fördern, können gezielt Maßnahmen sowohl zur Kommunikation als auch zur Beteiligung eingeleitet werden.

Immer dann, wenn die Kommunikation über die Information hinaus den Austausch und die Diskussion mit den jeweiligen Zielgruppen sucht, können methodische Ansätze genutzt werden, um eine aktive Beteiligung zu ermöglichen. Bereits bei der Planung von Kommunikationsmaßnahmen sollten Führungskräfte und Mitarbeiter in Workshops als Teilnehmer eines Beratungsteams eingebunden werden (▶ Kap. 3.3.2).

Inhalte des Kapitels: Erster Überblick über den Kommunikationsprozess

Wie Kommunikationsprozesse in Veränderungsprozessen geplant und umgesetzt werden können, lässt sich in zwei Schritten darstellen (◗ Abb. 2.3).

Planung eines Kommunikationskonzeptes

Kommunikation ist planbar.   Kommunikationsmaßnahmen müssen sorgfältig vorbereitet und geplant sein, um ihren gewünschten Effekt zu erzielen. Die Wirkung ist nicht zu unterschätzen, werden doch meist große Gruppen von Personen angesprochen. Wenn Informationen erst einmal veröffentlicht sind und bei den Mitarbeitern angekommen sind, lassen sich unklare Inhalte und unpassende Äußerungen nur mit viel Aufwand wieder korrigieren.

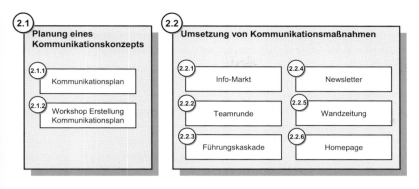

Abb. 2.3. Prozessschritte zur Gestaltung eines Kommunikationsprozesses

Umsetzung eines Kommunikationskonzeptes

Das Konzept beschreibt, wie das Veränderungsprojekt kommunikativ unterstützt wird. Die dazu vorgeschlagenen Maßnahmen und Medien müssen allerdings oftmals erst noch entwickelt und ausgearbeitet werden, bis sie danach zur Umsetzung kommen. Was Maßnahmen im Kontext einer Kommunikation bedeuten, wird im weiteren Verlauf des Kapitels anhand einiger Beispiele ausgeführt.

Der Kommunikationsprozess im Detail

Bei der Darstellung der Werkzeuge liegt der Schwerpunkt auf den Kommunikationsmedien, die in einem Veränderungsprozess eingesetzt werden. Viele dieser Instrumente fördern eine aktive Einbindung der betroffenen Personen bzw. Personenkreise und bieten somit die Möglichkeit zum Dialog. Daher lassen sich einige der im Folgenden aufgeführten Werkzeuge wie z. B. der Workshop zur Erstellung des Kommunikationsplans auch mit dem Ziel anwenden, die Beteiligung von Betroffenen zu erhöhen (▶ Kap. 3). Sie wurden so ausgewählt, dass mit diesen Medien Kriterien, die für eine erfolgreiche Kommunikation wichtig sind, umgesetzt werden. So sind Medien beschrieben, mit denen Informationen auch kurzfristig an bestimmte Zielgruppen geliefert werden können (z. B. Newsletter und Homepage). Andere Werkzeuge fördern die Interaktion von betroffenen Personen und dem Veränderungsprojekt und ihren Initiatoren (z. B. Info-Markt und Teamrunde).

Werkzeuge zur Gestaltung des Kommunikationsprozesses.

2.1   Planung eines Kommunikationskonzeptes

Einleitung und Überblick

In diesem Kapitel wird beschrieben, in welchen Schritten ein Konzept für einen Kommunikationsprozess aufgesetzt werden kann und mit welchen Instrumenten die Planung und die Entwicklung unterstützt werden können (❏ Abb. 2.4).

Um Maßnahmen zur Kommunikation im Rahmen eines Veränderungsprojektes gezielt einsetzen zu können, wird im Vorfeld ein Konzept erstellt. Ohne eine solide Planung kann eine Kommunikation schnell ins Leere laufen, da Informationen und Botschaften nicht empfängergerecht vermittelt oder wichtige Personenkreise nicht ausreichend bedacht wur-

Das Kommunikationskonzept wird schrittweise erstellt.

◻ Abb. 2.4. Planung eines
Kommunikationskonzeptes

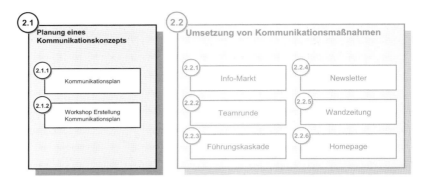

den. Für ein Kommunikationskonzept sollten folgende Fragen beantwortet werden:

- Wer sind die für den Veränderungsprozess relevanten Zielgruppen?
- Was soll durch die Kommunikation bei der jeweiligen Zielgruppe erreicht werden?
- Mit welchen Medien können die Kommunikationsbedarfe erfüllt werden?
- Welche Zeitpunkte sind für die Kommunikation relevant?

Wer sind die für den Veränderungsprozess relevanten Zielgruppen?

Die Zielgruppen werden als erstes benannt. Um die Zielgruppen zu bestimmen, sollte der Veränderungsprozess zunächst sehr umfassend betrachtet werden:

- Welche Personen bzw. Personenkreise sind durch die Veränderung betroffen?
- Wie stark sind diese durch die Veränderung betroffen?
- Wie bewerten sie die Veränderung?
- Wie relevant sind die jeweiligen Personen bzw. Personenkreise für die erfolgreiche Umsetzung einer Veränderung?

Bei erster Betrachtung steht v. a. die Vollständigkeit im Vordergrund. Jedoch geht bei größeren Veränderungsprojekten mit vielen Betroffenen die Übersicht schnell verloren. Je nachdem, wie stark sie von der Veränderung betroffen sind und wie sie diese für sich bewerten, werden die jeweiligen Zielgruppen sehr unterschiedliche Standpunkte einnehmen. Auch innerhalb einer Zielgruppe kann es durchaus unterschiedliche Sichtweisen und Bewertungen geben, auf die im Rahmen der Kommunikation eingegangen werden sollte. Erfahrungsgemäß sind in Bezug auf ein und dieselbe Veränderung von hoher Akzeptanz bis zur völligen Ablehnung sämtliche Bewertungsmuster vertreten.

Normalerweise unterstützt ein kleiner Teil der Betroffenen die Veränderung aktiv und ist von ihrer Richtigkeit überzeugt oder erlebt sie für die persönlichen Belange als positiv. Eine andere Gruppe trägt sachliche Bedenken vor und ist skeptisch, ob die erhofften Vorteile und Nutzen sich wirklich realisieren lassen. Diese Personen sehen aber in der Veränderung keine persönlichen Nachteile. Im Gegensatz dazu jedoch steht ein Personenkreis, der die Veränderung ablehnt, weil er z. B. den Verlust seiner Funktion oder seines Status fürchtet. Diese Personen werden versuchen, die Umsetzung einer Veränderung so weit wie möglich zu verzögern. Besonders diejenigen, die sowohl persönliche Nachteile fürchten als auch sachlich und inhaltlich Bedenken hegen, sind durch die Kommunikation nur sehr schwer zu erreichen.

Oftmals ist der Grad an Betroffenheit auch ein Indikator für die Wichtigkeit einer Zielgruppe in Bezug auf den Umsetzungserfolg einer Veränderung. Dennoch ist die zusätzliche Einschätzung wichtig, wie relevant eine Zielgruppe für den Erfolg des Veränderungsprozesses ist, um effektiv auf die Empfänger einzugehen. Wichtige Zielgruppen müssen auch verstärkt in die Kommunikation eingebunden werden.

Um aber alle, zumindest die relevanten Zielgruppen, trotz ihrer Unterschiedlichkeit für die Umsetzung der Veränderung zu gewinnen, ist es nötig, die Betroffenen aktiv zu beteiligen (▶ Kap. 3).

Was soll durch die Kommunikation bei der jeweiligen Zielgruppe erreicht werden?

Die Kommunikation kann v. a. zwei wichtige Funktionen übernehmen. Sie stellt einerseits sicher, dass aktuelle Informationen über den Verlauf des Veränderungsprojektes in die Organisation gespielt und damit Klarheit und Sicherheit bei den Zielgruppen erzeugt werden. Dafür reicht oft eine Darstellung des Sachverhaltes aus, die für den Empfänger verständlich und in einem angemessenen Umfang aufbereitet ist.

Informationen vermitteln und Klarheit schaffen.

Wenn andererseits die Zielgruppen die Veränderungen skeptisch und für sich als nachteilig betrachten, muss über die Kommunikation Akzeptanz für die Veränderungen aufgebaut werden. Dies zu erreichen erfordert eine andere Form der Kommunikation, bei der es eher um einen Dialog und einen persönlichen Austausch geht.

In der Praxis vermischen sich diese Bedarfe oft, sodass sich die Kommunikation auf beide Aspekte ausrichten muss.

Mit welchen Medien können die Kommunikationsbedarfe erfüllt werden?

Medien, die in der Kommunikation eingesetzt werden können, sind vielfältig und in verschiedenen Varianten einsetzbar. So kann ein Newsletter in Papierform oder elektronisch erstellt werden, aufwändig mit Fotos und graphischen Elementen oder aber einfach und schlicht. Alle Medien sollen helfen, die Kommunikationsbedarfe der Zielgruppen zu erfüllen und müssen deshalb der Form entsprechen, in der die Betroffenen mit Kommunikationsmedien umzugehen gewohnt sind. Ein Intranetauftritt kann deshalb nur dann Sinn machen, wenn die betroffenen Mitarbeiter dieses Medium auch nutzen können und wollen.

Medien müssen zu den Kommunikationsbedarfen passen.

Medien unterscheiden sich auch darin, inwieweit sie Interaktionen zwischen Veränderungsprojekt und den Betroffenen ermöglichen. Dies ist für die Auswahl geeigneter Methoden ein wichtiger Aspekt. Jedes Medium hat Stärken, aber natürlich auch Grenzen in seiner Wirkung. Die Qualität eines Kommunikationsprozesses hängt daher nicht allein von der Vielfalt und Anzahl der verwendeten Medien ab, sondern auch von deren Wirkung.

> **Kriterien und Fragen, die deutlich machen, worauf es bei der Qualität der Kommunikation ankommt**
>
> - Geschwindigkeit der Kommunikation:
>   - Wie schnell können Informationen geliefert werden?
>   - Gibt es Medien, mit denen auch kurzfristig informiert werden kann?
> - Turnus der Kommunikation:
>   - In welchen zeitlichen Abständen wird kommuniziert?
>   - Gibt es Medien, die regelmäßig in Erscheinung treten?
> - Tiefe der Kommunikation:
>   - Wie ausführlich ist die Kommunikation, wie tief wird inhaltlich berichtet?
>   - Gibt es Medien, die eher überblickartig informieren?
>   - Gibt es Medien, die detaillierte und ausführliche Informationen darstellen?
>   - Werden Informationen auch dauerhaft zur Verfügung gestellt?
> - Grad der Interaktion:
>   - Wie stark können sich die Empfänger in die Kommunikation einbringen?
>   - Gibt es Medien, die Dialog und Diskussion ermöglichen?

Jedes Medium hat seine spezifische Wirkung.

Kaum ein Kommunikationsmedium wird allen Anforderungen gleichzeitig gerecht; daher kommt es auf den methodischen Mix an. Gute Kommunikation bedeutet nicht zwangsläufig eine hohe Beteiligung oder Ausführlichkeit. Wenn die Belegschaft eines Ressorts z. B. über einen Führungswechsel informiert werden muss, ist es wichtig, hierfür einen Kommunikationskanal nutzen zu können, über den auch eine große Zielgruppe kurzfristig und zeitgleich angesprochen werden kann. Komplexe Sachverhalte dagegen benötigen ausreichend Zeit, um verständlich vermittelt zu werden. Die Medien im Kommunikationsplan sollten so ausgewählt sein, dass möglichst alle der folgenden vier Kriterien abgedeckt sind:

Kurzfristig, regelmäßig, interaktiv, dauerhaft verfügbar.

- Kurzfristig

  In Veränderungsprozessen geschehen trotz aller Planung unvorhergesehene Ereignisse, wie z. B. das Ausscheiden eines hochrangigen Managers, der Initiator der Veränderung war, oder der Ausfall eines gerade eingeführten EDV-Systems. Die Mitarbeiter werden hierzu möglichst schnell eine Stellungnahme bzw. eine Information erwarten. Daher muss zumindest ein Kommunikationskanal verfügbar sein, über den die Zielgruppen kurzfristig informiert werden können.

- Regelmäßig

  Die meisten Veränderungsprojekte sind auf einen längeren Zeitraum hin angelegt. In diesem Zeitraum wird die Veränderung geplant, entwickelt und für die Umsetzung vorbereitet. Mit der Kommunikation zu warten, bis ein endgültiges Ergebnis vorliegt, würde nur Gerüchte und Spekulationen fördern. Die Kommunikation sollte daher nicht als einmaliges Ereignis gedacht sein, sondern als kontinuierlicher Prozess. Medien, die regelmäßig erscheinen und genutzt werden können, sind daher von großem Wert.

Medien	kurzfristig	regelmäßig	interaktiv	ständig verfügbar
Info-Markt			■	
Teamrunde		■		
Newsletter		■		
Wandzeitung	■	■		
Homepage	■			■

Abb. 2.5. Vier Kriterien zur qualitativen Bewertung der Medienauswahl

- Interaktiv

  Neben der Vermittlung von Inhalten und Informationen kann durch Kommunikation auch Austausch gefördert werden, der es den betroffenen Zielgruppen ermöglicht, ihre Fragen, Bedenken und Anregungen einzubringen und an das Veränderungsprojekt zu adressieren. Einige Kommunikationsmedien ermöglichen bestimmte Formen von Interaktionen bzw. können so gestaltet werden, dass sie interaktiv eingesetzt werden können.

- Ständig verfügbar

  Veränderungen sind oft sehr umfassend und komplex in ihren Auswirkungen für die Betroffenen. Viele Zusammenhänge und Sachverhalte werden nach einmaligem Anhören wieder vergessen oder können nicht mehr richtig eingeordnet werden. Für die betroffenen Mitarbeiter sollte es eine Möglichkeit geben, dauerhaft an wichtige Informationen rund um das Veränderungsprojekt zu gelangen. Bei der Medienauswahl sollte dies berücksichtigt werden.

Die Übersicht in ◘ Abb. 2.5 veranschaulicht, durch welche Kommunikationsmedien welche Kriterien abgedeckt werden.

Welche Zeitpunkte sind für die Kommunikation relevant?

In der Planung des Veränderungsprojektes finden sich die Meilensteine, aus denen sich die für die Kommunikation bedeutsamen Termine ableiten lassen. Solche Meilensteine sind z. B. die Einführung einer neuen Struktur, der Start einer Schulungswelle oder der Abschluss eines Projektes. Das Kommunikationskonzept sollte diese Ereignisse berücksichtigen. Da sich in Veränderungsprojekten auch immer Änderungen ergeben, die nicht langfristig vorhersehbar sind, muss die Konzeption so aufgebaut sein, dass auch kurzfristig reagiert werden kann.

Die Beantwortung der gerade vorgestellten Fragen setzt eine solide Planung voraus. Daher beginnt die Vorstellung der Werkzeuge auch mit dem Kommunikationsplan.

Meilensteine im Projekt sind wichtige Zeitpunkte der Kommunikation.

2.1.1 Kommunikationsplan

Definition und Ergebnisse eines Kommunikationsplans

Was ist ein Kommunikationsplan?

Im Kommunikationsplan werden die geplanten Maßnahmen und Medien beschrieben, mit denen die wichtigsten Zielgruppen über die Veränderung informiert werden. Dazu wird festgelegt, welche Zielsetzungen durch die Kommunikation erreicht werden sollen. Ein Kommunikationsplan beinhaltet Medien und ordnet sie den verschiedenen Zielgruppen zu. Für den Einsatz der Medien werden Zeitpunkte definiert. Die Teilnehmer überlegen, welche Bedenken und Fragen die Zielgruppen beschäftigen. Die Ausgestaltung der Medien, wie z. B. das Layout eines Flyers, wird jedoch nicht im Kommunikationsplan festgelegt.

Worin besteht das Ergebnis des Kommunikationsplans?

Der Veränderungsmanager erhält durch den Kommunikationsplan einen vollständigen Überblick auf die geplanten Aktivitäten zur Kommunikation. Leicht lässt sich erkennen, ob z. B. wichtige Zielgruppen außer Acht gelassen werden, oder ob die Medien zu sehr auf sachliche Information ausgerichtet sind und deshalb für Diskussionen und Gespräche zu selten Gelegenheiten bieten. Die Qualität des Kommunikationsprozesses kann mit Hilfe des Plans geprüft werden.

Beschreibung eines Kommunikationsplans

Wann kann der Kommunikationsplan eingesetzt werden?

Rahmenbedingungen der Veränderung sollten klar sein.

Ein geeigneter Zeitpunkt für die Erstellung ist dann gekommen, wenn einige der für den gesamten Veränderungsprozess wesentlichen Rahmenbedingungen geklärt sind. So muss Klarheit darüber bestehen, was mit der Veränderung in der Organisation erreicht werden soll und wann welche Meilensteine umgesetzt sein sollen. Unklare Rahmenbedingungen für das Veränderungsprojekt erschweren die Erstellung eines Kommunikationsplans, da wesentliche Fragen wie z. B. die nach der zeitlichen Taktung oder nach den Auswirkungen auf die Zielgruppen nicht beantwortet werden können.

Wie wird ein Kommunikationsplan erstellt?

Der Kommunikationsplan kann in einem Workshop erstellt oder durch Interviews entwickelt werden. Im Workshop lassen sich die Zielgruppen gemeinsam bestimmen und deren Kommunikationsbedarfe sammeln. Die einzelnen Ergebnisse der Interviews werden später zusammengefasst und abgestimmt. Beide Wege werden später beschrieben.

Wie ist ein Kommunikationsplan aufgebaut?

Leitfragen helfen bei der Erstellung.

Um für ein Veränderungsprojekt einen Kommunikationsplan aufzusetzen, müssen Schritt für Schritt mehrere Fragen geklärt werden. Im Kommunikationsplan werden die Antworten auf die Fragen dokumentiert. Diese sind dann die wesentlichen Bestandteile, um später daraus konkrete Maßnahmen abzuleiten. ❏ Abb. 2.6 zeigt ein Raster zur Erstellung eines Kommunikationsplans.

In den Spalten finden sich die wesentlichen Grundinformationen, die für jeden Kommunikationsplan im Rahmen einer Veränderung neu erhoben

Zielgruppen	Kommunikationsbedarfe		Ziele der Kommunikation	Medien	Zeitpunkte
	Bedenken	Fragen			

◘ Abb. 2.6. Raster zur Erstellung eines Kommunikationsplans

werden müssen. Für die konkrete Erstellung sind die in der Übersicht genannten Fragen zu beantworten.

Leitfragen zur Festlegung von Zielgruppen
- Wer sind die für den Veränderungsprozess relevanten Zielgruppen?
- Welche Personenkreise sind hierdurch betroffen?
- Wie relevant sind die jeweiligen Personen bzw. Personenkreise für die erfolgreiche Umsetzung einer Veränderung?

Eine Zielgruppe beschreibt in der Regel eine Gruppe von Personen, auf die sich die Veränderung in einem oder mehreren Aspekten auswirkt. Dies können die Mitarbeiter eines Standortes sein, der aufgrund einer Fusion geschlossen wird.

Die Schwierigkeit, Zielgruppen zu definieren, liegt in der ausreichenden und angemessenen Differenzierung. Nach einzelnen Mitarbeitern namentlich zu unterscheiden wäre zu fein. Hier liegt vielmehr die Aufgabe der Führungskraft darin, sich zu überlegen, wie sie persönlich auf jeden ihrer Mitarbeiter eingehen kann. Auf der anderen Seite stellt sich eine Zielgruppe als zu allgemein beschrieben heraus, wenn die Kommunikationsbedarfe in einer Zielgruppe zu heterogen sind und wenig gemeinsame Fragen und Bedenken identifiziert werden. Dies erschwert das Eingehen auf die Zielgruppe. In einer Informationsveranstaltung für eine solche Zielgruppe könnte man kaum alle Informationsbedürfnisse berücksichtigen.

Leitfragen zur Beschreibung der Kommunikationsbedarfe
- Welche Fragen sind für die jeweilige Zielgruppe wesentlich?
- Welche offenen Punkte müssen dringend geklärt werden?
- Welche Bedenken hegen die jeweiligen Zielgruppen? Welche Aspekte der Veränderung bereiten Sorgen? Was wird als nachteilig und negativ bewertet?
- Welche Chancen und Vorteile können sich für die jeweilige Zielgruppe ergeben? Was wird positiv bewertet?
- Was soll durch die Kommunikation bei der Zielgruppe erreicht werden? Welche Botschaften sollen (oder müssen) ankommen?

Zielgruppe kann unterschiedliche Kommunikationsbedarfe haben.

Die Kommunikationsbedarfe werden jeweils für eine Zielgruppe erhoben. Auf der einen Seite geht es um die Bedarfe und Erwartungen, die die Zielgruppe selbst an die Kommunikation richtet. Dies sind z. B. Fragen, offene Punkte und Bedenken in Bezug auf das Veränderungsprojekt. Es stellt sich dann die Frage, was die Kommunikation liefern muss, um bei der Zielgruppe die Bedarfe abzudecken bzw. die Erwartungen zu erfüllen.

Auf der anderen Seite gibt es jedoch auch Ziele bzw. Erwartungen, die das Veränderungsprojekt an die Kommunikation stellt. So wird es Kernbotschaften geben, die bei den jeweiligen Zielgruppen auf jeden Fall ankommen sollen, weil sie von zentraler Bedeutung für das Veränderungsprojekt sind. Weitere Ziele können beispielsweise darin bestehen, über die Kommunikation Ruhe bei den Betroffenen zu erreichen oder die Sensibilität für eine Fragestellung zu erhöhen.

Leitfragen zur Auswahl geeigneter Medien
- Welche Kommunikationskanäle stehen zur Verfügung?
- Welches Medium eignet sich für einen konkreten Bedarf?
- Welche Akzeptanz hat ein Medium bei einer Zielgruppe?

Die Begriffe Medien oder Kommunikationskanäle sollten nicht zu eng verstanden werden, da auch Personen wie der Vorstand oder der direkte Vorgesetzte als Medium anzusehen sind, wenn sie z. B. als Übermittler von Informationen oder als Moderator von Diskussionen auftreten. Auch ist es nicht nötig, eigens aufgrund des Veränderungsprojekts Medien zu entwickeln. Geeignet sind auch bereits bestehende Teamrunden oder Tagungen, Internet-Auftritte oder Mitarbeiterzeitungen. Auf diese zurück zu greifen spart nicht nur den Aufwand bei der Entwicklung und Abstimmung. Es ist auch leichter einzuschätzen, wie die Zielgruppen mit diesen Medien umgehen und wie sie diese nutzen werden.

Leitfragen zur Bestimmung der Zeitpunkte
- Wann soll etwas kommuniziert werden?
- Welche Meilensteine sind für das Veränderungsprojekt geplant?
- In welchen Abständen soll informiert werden?
- Welcher Turnus bietet sich für die Kommunikation an?

Die zeitliche Abfolge wird stark von der Projektplanung beeinflusst. Wenn also die Produktion zum Jahresanfang zu reorganisieren ist, muss über diese Veränderung frühzeitig z. B. im letzten Quartal des Vorjahres informiert werden. Erst nach der betriebsrätlichen Zustimmung informiert die Geschäftsleitung über die personellen Versetzungen. Dann, wenn die Meilensteine des Veränderungsprojektes feststehen, kann auch die Kommunikation geplant werden. Zur Klärung der zeitlichen Planung gehört ggf. neben der Festlegung von Zeitpunkten auch eine Entscheidung über den Turnus. Wie eingangs schon beschrieben, sollte ein Kommunikationsplan nicht nur über anlassbezogene Medien wie einen Kick-Off-Workshop zur Visionsentwicklung verfügen (▶ Kap. 1 Vision), sondern auch über regelmäßig erscheinende Kommunikationsmedien.

Wie wird der Kommunikationsplan eingesetzt?

Der Kommunikationsplan lässt sich gut in den übergeordneten Projektplan integrieren. Somit lassen sich auch Abhängigkeiten zu den Meilensteinen im Projektverlauf und Zusammenhänge zu anderen Projektaktivitäten verdeutlichen. Der Veränderungsmanager kann deshalb die Kommunikation genauso wie andere Prozesse im Projekt steuern und kontrollieren.

Wie kann der Kommunikationsplan dargestellt werden?

Der Kommunikationsplan lässt sich flexibel nach verschiedenen Kriterien sortieren und umstellen. Je nach Fragestellung gewinnt der Veränderungsmanager einen Überblick über die geplanten Maßnahmen je Zielgruppe. Der Kommunikationsplan kann auch zu einem Zeitplan umgebaut werden, aus dem erkennbar ist, welche Maßnahmen wann zur Umsetzung anstehen.

Als Zeitplan oder Medienübersicht.

◘ Abb. 2.7 und 2.8 veranschaulichen beispielhaft die verschiedenen Darstellungsformen von Kommunikationsplänen.

Gut erkennbar ist die Dichte, mit der zu bestimmten Zeitpunkten kommuniziert wird. Möglich wäre zusätzlich, die Planung nach Zielgruppen zu unterscheiden und so die Intensität für diese im Einzelnen abzuschätzen. In diesem Zeitplan sind nur die Durchführungszeiten berücksichtigt worden. Natürlich ist es sinnvoll, die Vorbereitung genauso zu planen, um die Arbeit im Vorfeld nicht zu unterschätzen.

Anmerkungen

Wie vielen anderen Planungshilfen droht auch dem Kommunikationsplan das Schicksal, dass er nach seiner ersten Erstellung nicht mehr aktualisiert und so auch nicht mehr zur Steuerung des Prozesses herangezogen wird. Um

Steuerung des laufenden Kommunikationsprozesses.

Zielgruppen	Kommunikationsbedarfe		Ziele der Kommunikation	Medien	Zeitpunkte
	Bedenken	Fragen			
Alle Mitarbeiter des Konzerns	Schon wieder eine Veränderung!	Was passiert? Welche Ziele?	Überblick	Artikel in Mitarbeiter-Zeitung	Quartalsweise
Führungskräfte	Führungsstellen werden eingespart.	Wie stehe ich nachher da? Welche Vorteile gibt es für die Mitarbeiter?	Überzeugen	Info-Markt	Jahresanfang/-mitte
Mitarbeiter	Belastung nimmt weiter zu.	Wie wirkt sich die Änderung aus?	Abbau von Sorgen	Teamrunde	Alle vier Wochen
Veränderungs-projekt-Team	Zeitplan ist zu eng.	Wie sieht der Auftrag aus? Welches Budget steht zur Verfügung?	Einführung in das Thema	Kick-Off-Workshop	Vor Projektstart

◘ **Abb. 2.7.** Kommunikationsplan nach Zielgruppen sortiert

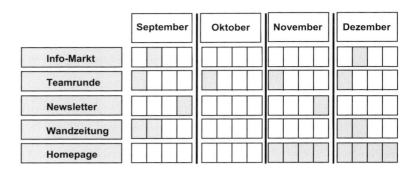

◨ **Abb. 2.8.** Darstellung des Kommunikationsplans als Zeitplan

dem entgegenzuwirken, kann der Veränderungsmanager in seinen Besprechungsrunden den Kommunikationsplan als Punkt auf die Agenda setzen. Damit der Kommunikationsplan nicht getrennt von der übrigen Projektplanung läuft und so zusätzlichen Pflegeaufwand produziert, sollte er direkt im Gesamtplan eingebunden sein.

Mit dem Kommunikationsplan als Werkzeug können Kommunikationsprozesse gestaltet werden. Die konkrete Erstellung kann z. B. im Rahmen eines Workshops oder von Interviews erfolgen. Beides wird im Folgenden vorgestellt.

2.1.2 Workshop zur Erstellung eines Kommunikationsplans

Definition und Ergebnis eines Workshops zur Erstellung eines Kommunikationsplans

Was ist unter einem Workshop zur Erstellung eines Kommunikationsplans zu verstehen?

Der Kommunikationsplan wird in einem Workshop erstellt.

In diesem Workshop wird das Vorgehen in der Kommunikation für einen bestimmten Veränderungsprozess festgelegt. Entweder der Workshop wird genutzt, um einen Kommunikationsplan zu erstellen, oder er baut auf einem ersten Entwurf auf und dient dazu, den Plan Schritt für Schritt zu konkretisieren.

Worin besteht das Ergebnis des Workshops?

Unter aktiver Einbindung mehrerer Beteiligter entsteht ein abgestimmter Kommunikationsplan. Durch diese frühzeitige Beteiligung lassen sich die darin festgelegten Schritte mit höherer Akzeptanz umsetzen.

Beschreibung eines Workshops zur Erstellung des Kommunikationsplans

Wie verläuft der Workshop zur Erstellung eines Kommunikationsplans?

Der Kommunikationsplan gibt mit seinen Elementen die Struktur für den Ablauf vor. Im Workshop werden Schritt für Schritt die Fragen aus dem Kommunikationsplan bearbeitet (◘ Abb. 2.6). Wenn zu wenig Zeit für den Workshop zur Verfügung stehen sollte, können einzelne Arbeitsschritte auch bereits im Vorfeld erledigt werden. Beispielsweise kann der Veränderungsmanager die Zielgruppen für den Kommunikationsprozess vorab festlegen und zur Diskussion stellen. Denkbar ist auch, vor dem Workshop Gespräche mit den Teilnehmern zu führen, in denen sie bereits die möglichen Zielgruppen mit ihren Bedenken und Fragen einschätzen sollen. Ein wesentlicher Vorteil des Workshops liegt allerdings in dem hohen Maß an Einbindung, sodass für die gemeinsame Arbeit und Diskussion ausreichend viel Zeit eingeräumt werden sollte.

Ablauf eines Workshops zur Erstellung eines Kommunikationsplans

In ► Schema 2.1 ist dargestellt, wie dieser Workshop ablaufen kann.

Für den Workshop kann bereits ein erster Entwurf vorbereitet sein.

Einsatz eines Aktionsplans im Rahmen eines Workshops

Der Moderator achtet darauf, dass die Teilnehmer in konkreten Vereinbarungen festhalten, welche Aktionen und Maßnahmen noch zu erledigen sind oder angestoßen werden müssen. Sowohl die Maßnahmen als auch der für deren Umsetzung Verantwortliche werden in einem Aktionsplan festgehalten (◘ Abb. 2.9; ► Schema 2.1). Der Aktionsplan ist deshalb so wichtig, weil er verhindern soll, dass gute Ideen im betrieblichen Alltag versanden.

Erzielen konkreter Maßnahmen.

Wer nimmt an dem Workshop teil?

Der Veränderungsmanager bereitet den Workshop vor und moderiert ihn. Er kann die Gelegenheit nutzen, neben Mitarbeitern aus dem Projektteam auch Führungskräfte aus dem Top-Management und aus den betroffenen Bereichen einzuladen. So können auch der Veränderung gegenüber kritisch eingestellte Personen eingebunden werden. Der Personalleiter oder die Führungskräfte aus Bereichen, die eine wichtige Schnittstelle zu den betroffenen organisatorischen Einheiten haben, sehen die Veränderung aus größerer Distanz und können somit neue Perspektiven einbringen. Dies könnte sie zu interessanten Teilnehmern machen.

Im Workshop lassen sich auch kritische Personen einbinden.

Wie viel Zeit wird für den Workshop benötigt?

Für den beschriebenen Ablauf wird ein ganzer Tag benötigt. Der Workshop kann u. U. verkürzt werden, wenn entweder bestimmte Aspekte wie die Fest-

Was?	Wer?	Bis wann?
Ausarbeitung eines Info-Marktes mit Vorlage auf Projektrunde zur Abstimmung	Herr Müller	31.10.05
...		
...		

◘ **Abb. 2.9.** Der Aktionsplan zur Fixierung getroffener Maßnahmen und Entscheidungen

legung der Zielgruppen stärker vorgegeben sind und weniger erarbeitet werden müssen, oder aber in Einzelgesprächen vorab erhoben wurden und im Workshop lediglich vorgestellt werden. Kritisch ist anzumerken, dass der erste Weg die aktive Einbindung der Teilnehmer einschränkt und sich so negativ auf ihre Zustimmung zum Kommunikationsplan auswirken könnte. Die zweite Variante dagegen spart nicht wirklich Zeit ein, da der Aufwand aus dem Workshop lediglich verschoben wird. Dennoch können beide Varianten durchaus angemessen und pragmatisch erscheinen.

Worauf ist bei der Durchführung zu achten?

Die Funktion der Kommunikation sollte klar definiert sein.

Wenn im Rahmen des Workshops von Kommunikation die Rede ist, sollte deren Bedeutung für die Teilnehmer klar sein. Kommunikation bezieht sich in diesem Kontext auf die Maßnahmen, die aus dem Projekt initiiert und gesteuert werden. Sie richtet sich an die definierten Zielgruppen und ist nicht persönlich auf einzelne Mitarbeiter zugeschnitten. Der Kommunikationsplan steuert nicht die persönliche und informelle Kommunikation im Tagesgeschäft. Hierfür tragen weiterhin die Führungskräfte die Verantwortung.

Die Maßnahmen, die im Kommunikationsplan beschrieben sind und die durch das Veränderungsprojekt gesteuert werden, sollen die Führungskraft in ihrer Funktion als Kommunikations- und Informationsmanager nicht etwa ersetzen, sondern unterstützen. So kommt den Führungskräften im Kommunikationsplan in der Regel eine zentrale Rolle zu, da sie auf Abteilungsrunden oder anderen Veranstaltungen Informationen vermitteln und Sachverhalte erklären. Der Veränderungsmanager sorgt dafür, dass die Abgrenzung in Rollen und Aufgaben für die Kommunikation zwischen Projekt und den Führungskräften transparent und akzeptiert ist. Dadurch wird vermieden, dass Führungskräfte den Kommunikationsplan als Eingriff in ihren Verantwortungsbereich erleben und sich mit den Inhalten der Kommunikation nicht ausreichend auseinandersetzen.

Für den Veränderungsmanager bedeutet dies bei der Moderation:

- direkt zu Beginn den Rahmen des Kommunikationsplans zu verdeutlichen und die Rollen und Aufgaben zu klären,
- am Ende des Workshops abzustimmen, wie die Führungskräfte der betroffenen Einheiten über den Kommunikationsplan und ihre Rolle in der Kommunikation informiert werden und
- im Verlauf des Workshops mit den Teilnehmern zu prüfen, ob und inwieweit die Führungskräfte auf ihre Aufgabe in der Kommunikation vorbereitet werden müssen.

Der Workshop ist sicherlich zu empfehlen, da er eine konzentrierte Entwicklung und Abstimmung ermöglicht. Wenn ein Workshop jedoch nicht mehr in einem bestimmten Zeitfenster realisierbar ist, können die wichtigen Elemente des Kommunikationsplans auch in Einzelgesprächen erhoben werden.

Schema 2.1. Ablauf eines Workshops zur Erstellung eines Kommunikationsplans

Pausen, Einstiegs- und Abschlussrunden sind nicht aufgeführt. Schema als Word-Datei zum Download: www.springer.com/978-3-540-78854-6

Zeit	Inhalt (Vorgehen/Arbeitsanleitung/Ergebnis)	Material
0:00 30'	**Einführung** **Vorgehen** Ziele und Vorgehen im Workshop werden vorgestellt. Gegebenenfalls sollten sich die Teilnehmer zuerst kennenlernen. Zielsetzung und Aufbau des Kommunikationsplans werden präsentiert (Präsentation durch Moderator). **Ergebnis** Die Teilnehmer kennen das Ziel des Workshops und ihre eigene Rolle dabei.	▬ Flipchart ▬ Blankoraster für Kommunikationsplan (auf Pinnwand)
0:30 30'	**Vorstellung Veränderungsprojekt** **Vorgehen** Das Veränderungsprojekt wird in Grundzügen vorgestellt (Präsentation durch einen Fachmann). **Ergebnis** Die Teilnehmer sind über den aktuellen Projektstand informiert.	▬ Präsentationsunterlagen ▬ ggf. Handout für Teilnehmer
0:60 60'	**Festlegung von Zielgruppen in der Kommunikation** **Vorgehen** Die Teilnehmer sammeln mögliche Zielgruppen und halten die Ergebnisse auf Karten fest. Je nach Anzahl der Teilnehmer können auch mehrere Gruppen gebildet werden. Die Zielgruppen werden danach gewichtet, wie wichtig sie für die Umsetzung des Veränderungsprojektes sind (Zuruffrage im Plenum; ggf. Kleingruppen). **Arbeitsanleitung** »Bitte beantworten Sie folgende Fragen in Ihrer Gruppe: ▬ Bei welchen Zielgruppen besteht Informationsbedarf? ▬ Welche Zielgruppen sind besonders wichtig? Halten Sie die Ergebnisse schriftlich fest.« **Ergebnis** Die Zielgruppen stehen für die Kommunikation fest. In der Diskussion hat sich geklärt, welche Personengruppen für den Erfolg die höchste Relevanz haben.	▬ Blankoraster für Kommunikationsplan (Pinnwand) ▬ Karten
▼		

2:00 90'	**Analyse der Kommunikationsbedarfe** **Vorgehen** Das Plenum wird in kleinere Gruppen aufgeteilt. Jede Gruppe bearbeitet einige Leitfragen für einen Teil der Zielgruppen. Durch das Arbeiten in mehreren Gruppen sollen für jede Zielgruppe die Kommunikationsbedarfe analysiert werden. Die Ergebnisse werden auf Karten festgehalten (Kleingruppenarbeit; Diskussion im Plenum). **Arbeitsanleitung** »Bitte beantworten Sie folgende Fragen in Ihrer Gruppe: ▬ Welchen Kommunikationsbedarf haben die Zielgruppen? ▬ Welche Fragen haben sie? ▬ Welche Bedenken und Sorgen haben sie? ▬ Was soll durch die Kommunikation bei der Zielgruppe erreicht werden? Halten Sie die Ergebnisse schriftlich fest.« **Ergebnis** Für jede Zielgruppe sind die dringlichsten Fragen, Sorgen und Bedenken beschrieben. Die Ziele, also was mit der Kommunikation erreicht werden soll, sind spezifisch für die jeweiligen Zielgruppen festgelegt.	▬ Blankoraster für Kommunikationsplan (Pinnwand) ▬ Karten
3:30 60'	**Auswahl der Kommunikationsmedien** **Vorgehen** Die Teilnehmer verständigen sich auf geeignete Kommunikationskanäle. Sie werden je Zielgruppe festgelegt und erneut auf Karten dokumentiert (Sammlung im Plenum). **Arbeitsanleitung** »Bitte beantworten Sie folgende Fragen: ▬ Über welches Medium soll die Kommunikation laufen? ▬ Welche Kommunikationskanäle eignen sich?« **Ergebnis** Für die Kommunikation sind Medien ausgewählt. Vor- und Nachteile der einzelnen Medien sind bekannt. ▼	▬ Blankoraster für Kommunikationsplan (Pinnwand) ▬ Karten

4:30 60'	**Zeitliche Planung der Kommunikation** **Vorgehen** Die Teilnehmer entscheiden über die zeitliche Abfolge, in der die Kommunikation erfolgen soll (Sammlung im Plenum). **Arbeitsanleitung** »Bitte beantworten Sie folgende Fragen: ■ Zu welchen Zeitpunkten werden Zielgruppen informiert? ■ Wann startet welche Kommunikation? ■ Welche Meilensteine aus dem Projektplan müssen beachtet werden?« **Ergebnis** Die Kommunikation ist zeitlich geplant. Die Schritte, in welcher Abfolge kommuniziert wird, stehen fest.	■ Blankoraster für Kommunikationsplan (Pinnwand) ■ Karten
5:30 30' **6:00** ■	**Ausblick** **Vorgehen** Im Teilnehmerkreis werden die Aktivitäten besprochen, welche noch zu erledigen sind, um die Kommunikationsmaßnahmen umsetzen zu können. Dabei darf nicht vergessen werden, wie über den Kommunikationsplan selbst zu informieren ist (moderierte Diskussion im Plenum). **Arbeitsanleitung** »Bitte beantworten Sie folgende Frage: ■ Welche Schritte sind als nächstes für die Umsetzung des Kommunikationsplans wichtig?« **Ergebnis** Den Teilnehmern sind die nächsten Vorgehensschritte klar. Es ist geregelt, wie über den Kommunikationsplan informiert wird.	Aktionsplan

2.1.3 Interviews zur Erstellung eines Kommunikationsplans

Definition und Ergebnis von Interviews zur Erstellung eines Kommunikationsplans

Wozu werden die Interviews angewendet?

Der Kommunikationsplan muss nicht in einem Workshop erstellt werden. Alternativ können zu seiner Konzeption auch mehrere Interviews geführt werden. In persönlichen Gesprächen lassen sich Meinungen unterschiedlicher Personen dazu erheben, welche Zielgruppen berücksichtigt und welche Botschaften vermittelt werden sollten. Durch die Interviews werden die Zielgruppen und deren Kommunikationsbedarfe definiert sowie geeignete Medien ausgewählt. Die Gespräche bieten gute Anlässe, mit den für den Erfolg der Veränderung relevanten Personen wie Führungskräften betroffener Bereiche oder Betriebsräten persönlich Kontakt aufzunehmen.

Worin liegt das Ergebnis der Interviews?

Über Interviews lassen sich die wesentlichen Informationen ermitteln, mit denen ein Kommunikationsplan aufgebaut werden kann.

Beschreibung der Interviews

Wie verlaufen die Interviews und die weitere Erstellung des Kommunikationsplans?

Die Leitfragen für das Gespräch ergeben sich aus den Kategorien des Kommunikationsplans (Zielgruppe/Bedarfe/Medien/Zeitpunkte). Die Interviews werden dokumentiert. Nach Abschluss aller Gespräche werden die Ergebnisse zusammengeführt und in den Plan eingearbeitet. Dieser Entwurf muss dann noch mit allen Gesprächspartnern abgestimmt werden.

Wie viel Zeit wird für ein Interview benötigt?

Das Gespräch wird etwa 1 Stunde in Anspruch nehmen, um die Fragen intensiv durchzugehen. Für die Nachbereitung des Interviews und die Darstellung der Ergebnisse ist je Interview mit ungefähr 30 Minuten zu rechnen.

Wenn die Planung mit Hilfe des Kommunikationsplans steht und die Medien ausgewählt sind, kann nun die Umsetzung Schritt für Schritt angegangen werden.

2.2   Umsetzung von Kommunikationsmaßnahmen

Einleitung und Überblick

Impulse für den Veränderungsprozess.

Aus dem Kommunikationsplan leiten sich die Schritte zur Umsetzung der einzelnen Maßnahmen ab. Jedoch werden nicht alle Maßnahmen vorab geplant sein, sondern es können sich im laufenden Veränderungsprozess Ideen für weitere Maßnahmen ergeben. Denn bereits während der Umsetzungsphase kann der Veränderungsmanager z. B. durch die Stimmung und Fragen auf einer Veranstaltung neue Einsichten bekommen, was die Mitarbeiter bewegt, was ihnen wichtig ist und worüber sie sich sorgen. Dies kann neue Impulse für die weiteren Schritte im Veränderungsprozess geben und auch zu einer Anpassung im Kommunikationskonzept führen, indem z. B. zu einem bisher noch nicht bedachten Thema eine Informationsveranstaltung angeboten wird.

Wirkung von Kommunikationsmedien überprüfen.

Um ein Gefühl dafür zu bekommen, ob sich die eingesetzten Medien eignen, überprüft der Veränderungsmanager regelmäßig in Interviews oder durch Befragungen deren Wirkung. Nach Veranstaltungen sind auch Feedbackbögen oder Stimmungsbarometer ein geeignetes Mittel, um die Reaktion der Beteiligten zu erfassen (◘ Abb. 3.16).

Mit Hilfe der folgenden Fragen lässt sich die Qualität der Kommunikationsmedien abschätzen. Je nach Beurteilung können dann Änderungen im Kommunikationsprozess vorgenommen werden.

- ➦ Wie hat Ihnen die Maßnahme (Newsletter, Info-Veranstaltung etc.) gefallen?
- ➦ Kamen die Informationen zur richtigen Zeit?

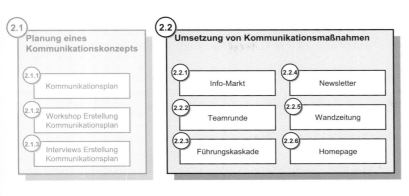

Abb. 2.10. Umsetzung von Kommunikationsmaßnahmen

- Sind Ihre wichtigsten Fragen geklärt?
- Was ist offen oder unklar geblieben?

Im Folgenden werden Instrumente vorgestellt, die im Rahmen des Kommunikationsprozesses als Medien eingesetzt werden können (**○** Abb. 2.10).

Zunächst werden die Kommunikationsmedien vorgestellt, die Interaktion und eine aktivere Beteiligung derjenigen ermöglichen, die als Zielgruppen im Kommunikationsplan festgelegt wurden. Dazu gehören hier der Info-Markt, die Teamrunde und die Kommunikation in der Führungskaskade. Danach sind die Medien an der Reihe, mit denen sehr kurzfristig Informationen vermittelt werden können und die es erlauben, Informationen dauerhaft zur Verfügung zu stellen. Darunter fallen der Newsletter, die Wandzeitung und die Homepage.

Veranstaltungen bilden oft den Auftakt in einem Kommunikationsprozess, um weite Teile der betroffenen Mitarbeiter über anstehende Veränderungen zu informieren. Bekannte Veranstaltungsformen in Organisationen sind z. B. Belegschaftsversammlungen oder Betriebsversammlungen. Mit dem Info-Markt wird eine Veranstaltungsform gezeigt, mit der es gelingt, auch große Teilnehmerzahlen in Bewegung zu bringen und zu mehr Diskussion anzuregen.

2.2.1 Info-Markt

Definition und Ergebnisse eines Info-Marktes

Was ist ein Info-Markt?
Auf einem Info-Markt wird ein an sich umfangreiches, vielschichtiges Thema in der Weise vorgestellt, dass man es in verschiedene Aspekte aufteilt und an so genannten Info-Ständen präsentiert. Die Teilnehmer teilen sich in kleinere Gruppen auf, die dann von Stand zu Stand gehen und sich somit einen Gesamtüberblick verschaffen.

Geeignet auch zur Darstellung komplexer Themen.

Worin besteht das Ergebnis des Info-Marktes?
Die Teilnehmer sind über wichtige Themen der Veränderung informiert und haben alle zum gleichen Zeitpunkt einen vergleichbaren Kenntnisstand. Ein Info-Markt eignet sich insbesondere dafür, auch große Teilnehmergruppen zu informieren. Dabei gibt es verschiedene Varianten, einen Info-Markt zu gestalten. Neben der reinen Informationsvermittlung können auch Elemente

Große Teilnehmergruppen auf einen Kenntnisstand bringen.

eingebaut werden, die Feedback und Interaktion ermöglichen. Damit bietet der Info-Markt stärkere Einbindungsmöglichkeiten als die klassische Versammlung. Der Teilnehmer kann sich entweder ein Thema sehr detailliert anschauen oder aber sich zu mehreren Themen einen guten Überblick verschaffen. Einsetzbar ist der Info-Markt auch als einzelner Baustein für Mitarbeiterversammlungen, Workshops und Tagungen.

Beschreibung eines Info-Marktes

Wer nimmt an der Durchführung eines Info-Marktes teil?

Zur Durchführung werden die Fachleute und das Veränderungsprojektteam benötigt, die den Info-Markt inhaltlich gestalten und vorbereiten. Für den Info-Markt selbst ist ein Moderator notwendig, der in das Vorgehen einführt und ggf. am Ende des Info-Marktes eine Diskussion leitet.

Der Moderator sollte die Methode kennen und Erfahrungen in der Steuerung großer Gruppen haben. Der Veränderungsmanager z. B. könnte ein geeigneter Moderator sein. Es bietet sich an, die von den Veränderungen betroffenen Mitarbeiter als Teilnehmer einzuladen.

Wann wird ein Info-Markt durchgeführt?

Ein Info-Markt kann zu verschiedenen Zeitpunkten des Veränderungsprojektes durchgeführt werden. Besonders empfehlenswert ist der Zeitpunkt nach Erreichen eines wichtigen Meilensteins. Das kann z. B. dann sein, wenn mehrere Projektteams ihre Arbeiten abgeschlossen haben und deren Ergebnisse relevant und interessant für alle Betroffenen sind.

Info-Märkte können aber auch in einem regelmäßigen Abstand genutzt werden, um über den Stand und die Fortschritte des Veränderungsprozesses bzw. den aktuellen Status zu informieren.

Wie läuft ein Info-Markt ab?

Zunächst soll der grundlegende Aufbau eines Info-Marktes näher erklärt werden. Ein grundlegendes Gestaltungselement ist die Art der Strukturierung oder Aufteilung, die mit Blick auf die Inhalte, die Teilnehmer und die Zeit in dreifacher Hinsicht erfolgt.

Ein Thema wird in sinnvolle Untereinheiten aufgeteilt.

- **Inhaltliche Strukturierung**

  Das wichtigste Prinzip besteht in der speziellen Strukturierung eines Themas in einzelne sinnvolle Untereinheiten. Ein Thema, wie z. B. die Einführung einer neuen Software, wird so in Einheiten aufgeteilt, dass es an den so genannten Marktständen präsentiert werden kann. Ein solcher Stand kann aus 2 Pinnwänden bestehen, die mit Postern bestückt sind oder auch zusätzlich mit einer Leinwand, auf der eine Simulation oder ein Film gezeigt wird. Das Wesentliche zu einem Thema lässt sich dort für die Teilnehmer verständlich und interessant vermitteln. Experten bereiten die Stände vor und betreuen diese auf dem Info-Markt.

- **Aufteilung der Teilnehmer**

  Oft ist zu beobachten, dass mit zunehmender Größe der Teilnehmergruppen die Bereitschaft zur Diskussion und zu einem gegenseitigen Austausch abnimmt. Daher werden nach einer gemeinsamen Eröffnung die Teilnehmer in kleinere Gruppen aufgeteilt. Diese Gruppen rotieren von Stand zu Stand und informieren sich so über die jeweiligen Themen. Sie sind entweder zufällig zusammengesetzt oder werden nach bestimmten Kriterien gebildet (z. B. nach Abteilungen oder Bereichen).

— **Aufteilung der Zeit**

Eine gemeinsame Einführung und eine Abschlussrunde, in der während des Marktes aufgetretene Fragen bearbeitet werden, rahmen den Info-Markt ein. Für den eigentlichen Kern – die Information und Diskussion an den Info-Ständen – muss eine einheitliche Zeitdauer bestimmt werden, die eine Gruppe von Teilnehmern an einem Stand verbringen kann. Jede Teilnehmergruppe dreht so viele Runden, wie es Info-Stände gibt. Ohne Zeitvorgabe ließen sich die große Anzahl an Teilnehmern bzw. Gruppen nicht mehr koordinieren.

Nach der inhaltlichen Gliederung und der Aufteilung von Teilnehmern und Zeiten ergibt sich hieraus eine grundsätzliche Darstellung eines Info-Marktes (▶ Übersicht).

Grundsätzlicher Aufbau und Ablauf eines Info-Marktes

— Begrüßung im Plenum
— Einführung in die Thematik
— Rotation von Stand zu Stand
— Mehrere Stände
— ca. 15 Minuten pro Stand
— Experten erläutern den Inhalt
— Möglichkeit, Fragen zu stellen und Feedback einzuholen
— Abschluss im Plenum

In der Praxis kommen Info-Märkte in verschiedenen Varianten vor, von denen zwei hier vorgestellt werden. Der Info-Markt kann als »geführter« oder »ungeführter« Markt organisiert werden (▶ Übersicht). Bei der »geführten« Variante werden die Teilnehmer in gleich große Gruppen aufgeteilt. In einer festgelegten Abfolge wandert jede Gruppe von Stand zu Stand. Die Standbetreuer präsentieren ihr Thema, diskutieren mit den Teilnehmern und klären offene Fragen.

Der »geführte« und der »ungeführte« Info-Markt.

Zwei Varianten zur Gestaltung von Info-Märkten

— »Geführter« Info-Markt
  - Der »geführte« Info-Markt gewährleistet, dass alle Mitarbeiter nahe zu gleichzeitig auf den gleichen Informationsstand gebracht werden.
  - Teilnehmerzahl: Pro Gruppe bis zu 20 Personen/Gesamtteilnehmerzahl: ohne Begrenzung.
  - Der »geführte« Info-Markt empfiehlt sich z. B. im Rahmen der Projektkommunikation.
  - Durchführung:
    Projektmitglieder führen durch den Info-Markt.

▼

- »Ungeführter« Info-Markt
  - Der »ungeführte« Info-Markt gewährleistet, dass die Mitarbeiter sich individuell nach Kenntnisstand und Bedarf informieren können.
  - Teilnehmerzahl: 350–400 Personen.
  - Der »ungeführte« Info-Markt empfiehlt sich z. B. im Rahmen einer Management-Tagung.
  - Durchführung:
    Experten stehen für Fragen und Diskussionen an den Ständen bereit.

Nachdem die Gruppen ihren Rundgang beendet haben, kommen sie zum Abschluss im Plenum zusammen. Um eine wirkliche Interaktion in den Gruppen zu ermöglichen und nicht eine Reihe von parallel laufenden Frontalvorträgen zu inszenieren, sollte mit ausreichender Zeit und einer Gruppenstärke von nicht mehr als 20 Personen geplant werden.

Der »ungeführte« Info-Markt verzichtet auf die Einteilung in Gruppen und auf die Festlegung einer Reihenfolge, in welcher die Stände zu besuchen sind. Der Teilnehmer kann so selbst entscheiden, mit welchen Themen er sich beschäftigen möchte, und in welcher Intensität er dies tun will. Es können auch kleine Gruppen von 2–5 Personen gebildet werden, die sich zusammen an den Ständen informieren und die Themen gemeinsam diskutieren. Die Stände werden wiederum von Fachleuten betreut, die für Fragen und Gespräche mit den Teilnehmern zur Verfügung stehen. Auch bei dieser Variante treffen sich die Teilnehmer zu einer Abschlussrunde im Plenum wieder.

Info-Markt als Baustein in größere Veranstaltungen integrieren.

Ein Info-Markt lässt sich auch gut als Baustein in größere Veranstaltungen integrieren und mit anderen Gestaltungselementen verbinden. So führt ein Info-Markt in die neuen Aufgaben eines Bereiches ein, indem an den Ständen die unterschiedlichen Aufgabenschwerpunkte erläutert und unter dem Aspekt diskutiert werden, welche Qualifizierungsmaßnahmen zur Bewältigung der neuen Aufgaben angegangen werden sollten. Im Anschluss an den Info-Markt könnten die Teilnehmer in Workshops die ersten Ansätze für Qualifizierungsmaßnahmen ausarbeiten.

Welche Möglichkeiten gibt es, einen Info-Markt interaktiv zu gestalten?

Teilnehmer werden aktiv eingebunden.

Nachdem ein Thema an einem Info-Stand vorgestellt wurde, kann es mit den Teilnehmern vertiefend diskutiert werden. Dazu lassen sich im Rahmen eines Info-Marktes unterschiedliche Formen des Austauschs und der Diskussion fördern. An den Ständen werden nicht nur Informationen vermittelt, sondern auch vielfältige Rückmeldungen von Seiten der Teilnehmer aufgenommen:

- **Fragen/offene Punkte**
  Wer zum Fragen auffordert und ermuntert, wird sich mit sehr unterschiedlichen Fragestellungen auseinandersetzen müssen. Konkrete Fragen zu unklaren Begriffen und neuen Abkürzungen werden ebenso gestellt wie grundsätzlichere Fragen nach den Auswirkungen auf den eigenen Arbeitsplatz oder nach den Hintergründen und Motiven für die Verän-

derung. Wenn auch nicht alle Fragen auf dem Info-Markt beantwortet werden, so erwarten die Teilnehmer doch, zu erfahren, wie mit ihren Fragen umgegangen wird und wann sie mit einer Antwort auf ihre Fragen rechnen können.

Fragen sind für alle Varianten des Info-Marktes eine denkbare Form der Interaktion. Wie gut und umfassend die Darstellungen an den Info-Ständen auch sein mögen, es werden sich immer Fragen aus Sicht der Teilnehmer ergeben. So kann man mit folgenden Fragen in die Diskussion einsteigen:

- Welche Fragen zur Veränderung beschäftigen Sie?
- Welche Informationen fehlen Ihnen?

- **Bedenken/Sorgen**

Hinter vielen Fragen verbergen sich natürlich auch Sorgen und Bedenken. Dennoch erleichtert die explizite Aufforderung es dem Teilnehmer, sich mit diesem Aspekt zu beschäftigen und vermutete Nachteile klarer zu äußern. Bedenken und Sorgen lassen sich nicht so einfach aus der Welt räumen. Es kommt daher im Wesentlichen darauf an, diese zu berücksichtigen und alle Bedenken ernst zu nehmen. Manchmal können Bedenken direkt ausgeräumt oder gemildert werden. Um auch die positiven Seiten zu beleuchten, könnte die Abfrage zusätzlich auf mögliche Chancen und Vorteile abheben. Der Veränderungsmanager erhält so ein umfassendes Stimmungsbild und kann diese Eindrücke für die Gestaltung des weiteren Veränderungsprozesses nutzen.

Teilnehmer äußern, was sie sorgt.

Um ins Gespräch zu kommen, helfen folgende Fragestellungen:

- Welche Bedenken haben Sie angesichts der anstehenden Veränderung?
- Was sehen Sie kritisch?

- **Anregungen/Verbesserungsvorschläge**

Wenn es einen Gestaltungsspielraum gibt, so können die Teilnehmer nach ihren Anregungen oder Ideen befragt werden. Oft haben sie einen anderen Blickwinkel auf die Veränderungsvorhaben und können dadurch auf Verbesserungen hinweisen. Voraussetzung dafür ist die ernsthafte Chance und Möglichkeit, Vorschläge in den bereits laufenden Veränderungsprozess noch aufnehmen zu können. Auch wenn nicht jede Idee einen Anspruch auf Realisierung erwirbt, sollte den Teilnehmern zurückgespielt werden, was mit ihren Ideen und Anregungen geschieht. Werden von den Teilnehmern eingebrachte Vorschläge umgesetzt, könnten diese gut über einen Newsletter oder auf einem nächsten Info-Markt veröffentlicht werden.

Teilnehmer bringen Ideen und Anregungen ein.

Diese Fragen eröffnen das Gespräch über Ideen und Anregungen:

- Was könnte man besser machen?
- Worauf sollte bei der Umsetzung geachtet werden?

- **Chancen und Risiken**

Jede Veränderung wird von Risiken und Chancen begleitet, die es zu bewerten gilt. Je nach Zeitpunkt kann es sehr hilfreich sein, den Info-Markt dafür zu nutzen. Auch hier wird es sich zeigen, dass aus Sicht der Mitarbeiter vielleicht ganz andere Aspekte kritisch oder vorteilhaft sind. Während die Projektleitung die Kostenersparnis besonders gewichtet, werden die Mitarbeiter eher Qualitätsverluste befürchten. Die Teilnehmer können aus ihrer Sicht Risiken und Chancen benennen oder eine vorgegebene Aufstellung von Risikofaktoren danach bewerten, ob und inwieweit sie die Umsetzung gefährden.

Zum Einstieg können solche Fragen gestellt werden:

- Wo sehen Sie für das Unternehmen und für sich selbst Chancen?
- Welche Risiken sehen Sie?

Bewertungen/Zufriedenheit/Entscheidungen

Teilnehmer tragen zur Entscheidungsfindung bei.

Die Teilnehmer sollten ihre Bewertung zu einem Veränderungsprojekt auf Skalen eintragen oder die von ihnen bevorzugte Entscheidung mit einem Punkt kennzeichnen können. So entsteht über die individuellen Einschätzungen ein visualisiertes Gesamtbild zu den konkreten Fragestellungen. Insbesondere bei der Entscheidungsfindung sollte vorab klargestellt und den Teilnehmern mitgeteilt werden, wie ihr Votum verwendet wird und welche Rolle es im Entscheidungsprozess spielen wird. Das Votum kann als zusätzliche Information oder auch als verbindliche Entscheidungsgrundlage gesehen werden. Bewertungen und Stimmungsbilder – gerade wenn sie negativ ausfallen – dürfen nicht unkommentiert bleiben. Die Hinweise sollten ernst genommen werden und sich in weiteren Maßnahmen des Veränderungsmanagements wiederfinden.

- Wie zufrieden sind Sie mit der Veränderung?
- Welche Vorgehensweise bevorzugen Sie?

Klarheit über Umgang mit den Teilnehmerbeiträgen schaffen.

Welche Interaktionsform eingesetzt wird, wird vorab am besten mit den Standbetreuern ausgemacht. Jeder Stand kann durchaus für sich entscheiden, mit welchen Fragen er in die Diskussion einsteigen will. Noch auf dem Info-Markt sollten die Veranstalter auf die Ergebnisse und Rückmeldungen eingehen und das weitere Vorgehen in Aussicht stellen. Zumindest müsste für die Teilnehmer deutlich werden, was mit den Ergebnissen im weiteren Veränderungsprozess geschieht.

Unabhängig davon, welche Form der Einbindung gewählt wird, macht schon allein die Nähe zum Tagesgeschäft die betroffenen Mitarbeiter zu einer wertvollen Informationsquelle. Auf dem Info-Markt selber sollten die Rückmeldungen direkt am Stand entweder auf einem dafür vorgesehenen Feld notiert oder dem Standbetreuer mitgeteilt werden.

Wie sieht ein möglicher Ablauf für einen Info-Markt aus?

Nach der eher grundsätzlichen Beschreibung bleibt die Frage offen, wie ein Info-Markt konkret aussehen kann. Dazu wird im nächsten Beispiel ein geführter Info-Markt dargestellt. An 5 Ständen soll der Belegschaft ein umfassendes Projekt zur Restrukturierung einer Geschäftseinheit näher gebracht werden.

Folgende Informationsthemen werden den Mitarbeitern angeboten:

- Gründe und Anlass der Umstrukturierung (Stand A).
- Neue Abteilungsstrukturen: Änderungen in der Aufbauorganisation (Stand B).
- Neue Arbeitsabläufe: Änderungen in der Ablauforganisation (Stand C).
- Neue Techniken: Arbeitsmittel und Systeme (Stand D).
- Vorbereitung für Mitarbeiter: Schulungsangebote u. Ä. (Stand E).

An den Ständen werden die Mitarbeiter nicht nur informiert, sondern nach ihren Bedenken zur neuen Organisation befragt. Die Zeit je Gruppe an einem Stand ist auf 30 Minuten festgelegt worden. Dann stehen 10 Minuten für das Sammeln von Chancen und Risiken zur Verfügung.

Ablauf eines Info-Marktes
Den Ablauf eines Info-Marktes zeigt ▶ Schema 2.2.

Worauf ist bei der Organisation des Info-Marktes zu achten?
Die Ansprüche an die Durchführung eines Info-Marktes sind hoch. Große Teilnehmergruppen sind während eines Info-Marktes zu steuern. Gleichzeitig wollen sich die Teilnehmer ihren Belangen entsprechend informieren und aktiv eingebunden sein. Deshalb ist der organisatorische und administrative Aufwand nicht unerheblich. Unter den vielen zu berücksichtigenden Aspekten sind zwei von besonderer Bedeutung. Dies sind zum einen die Anforderungen an die Räumlichkeiten und die Vorbereitung der Stände.

Die Organisation im Vorfeld ist sehr umfangreich.

— **Anforderungen an die Räumlichkeiten**
  Ausschlaggebend für die Anforderungen an die Räumlichkeiten sind zwei Faktoren, nämlich die Anzahl der Stände und die der Teilnehmer.

  Meist werden für einen Info-Markt mehrere Räume in unterschiedlicher Größe benötigt. Mindestens ein Raum muss so groß sein, dass sich in ihm alle Teilnehmer treffen können. Der Info-Markt wird hier eröffnet und hier kommen auch die Teilnehmer zum Abschluss wieder zusammen. Die übrigen Räume beherbergen die Stände und müssen jeweils einer Gruppe ausreichend Platz bieten. Kurze Wege zwischen den Räumen erleichtern zudem die Durchführung. Dazu sollten sich die Räume möglichst auf einer Ebene befinden.

  Der Marktplatz mit den Info-Ständen könnte allerdings auch in einem einzigen Raum untergebracht sein (◻ Abb. 2.11). Die Eröffnung

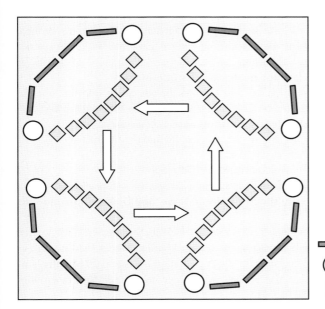

◻ **Abb. 2.11.** Möglicher Aufbau eines Info-Marktes

	Infostand
	Tisch
	Stuhl

würde mit allen Teilnehmern in einem anderen Raum stattfinden. Die Stände müssten dann aber in einer solchen Entfernung voneinander stehen, dass an ihnen Diskussionen und Präsentationen stattfinden können, ohne die benachbarten Teilnehmer zu stören. Oftmals werden Info-Märkte kritisiert, weil der Lautstärkepegel durch benachbarte Stände als störend empfunden wird. Der Raum sollte so groß sein, dass für jede Person etwa 2–3 m² zur Verfügung stehen.

■ **Vorbereitung der Stände**

Alle Themen werden an Info-Ständen präsentiert.

Die Vorbereitung beginnt mit der Auswahl der Themen, die vorgestellt werden sollen. Dies können laufende Projekte sein, die in einem Unternehmen gestartet wurden, um Veränderungen voranzutreiben. Jeder Stand stellt dann ein Projekt vor. Es lässt sich aber auch ein Thema wählen, das in unterschiedliche Aspekte aufgeteilt werden kann. Wenn den Mitarbeitern z. B. eine Strategie näher gebracht werden soll, kann ein Stand eben diese Strategie aus Sicht der Kunden und des Marktes vorstellen. Am nächsten Info-Stand werden die Auswirkungen auf die Arbeitsabläufe und die Arbeitsorganisation erläutert und diskutiert.

Was muss getan werden, um einen Info-Stand zu organisieren?

Die Gestaltung richtet sich nach den Bedarfen der Teilnehmer.

Nachdem die Themen ausgewählt und den einzelnen Ständen zugeordnet wurden, müssen Experten gefunden werden, die sich um die Gestaltung eines Standes vor und um seine Betreuung während des Info-Marktes selbst kümmern. Mit den Experten zusammen sollte ein klarer Auftrag vereinbart werden, indem eine Reihe von Fragen geklärt werden:

■ **Welche Inhalte müssen auf jeden Fall vermittelt werden?**

Hier geht es v. a. darum, einen Themenkreis einzugrenzen, die relevanten Schwerpunkte zu benennen und die inhaltliche Tiefe zu beschreiben. Die Experten müssen wissen, welche Aspekte eines Themas relevant sind und wo die Schwerpunkte gesetzt werden müssen. Um die Funktionsweise einer neuen Software für künftige Anwender zu veranschaulichen, muss sich der Teilnehmer nicht mit der Programmiersprache auseinandersetzen. Er muss auch nicht alle Funktionalitäten des Programms kennen. Stattdessen würde die Vorführung einiger markanter Beispiele aus der neuen Software ausreichen.

■ **An welche Zielgruppe richtet sich der Info-Markt?**

Um den Teilnehmern des Info-Marktes die relevanten Informationen in kurzer Zeit präsentieren zu können, sollte sich die Planung mit der Zielgruppe und ihren Bedarfen intensiv auseinandersetzen:
- In welcher Beziehung stehen die Teilnehmer zum Thema?
- Wie bewerten sie das Thema?
- Wie sind die Vorkenntnisse der Zielgruppe?
- Was ist der Zielgruppe bei diesem Thema besonders wichtig?

■ **Wie viel Zeit steht für eine Präsentations- und Diskussionsrunde zur Verfügung?**

Über die vorhandene Zeitspanne lässt sich abschätzen, wie umfangreich Inhalte und Fakten vermittelt werden können. Wenn 30 Minuten zur Verfügung stehen, sollte für die Präsentation höchstens 20 Minuten eingeplant werden, um anschließend noch genügend Zeit für Fragen oder Bewertungen zu haben.

▬ **Sollen alle Info-Stände eines Info-Marktes ähnlich aufgebaut sein?**
Der Teilnehmer nimmt über die Stände in einem relativ kurzen Zeitraum
sehr viele Informationen auf, die er dann noch in einen Gesamtzusam-
menhang einordnen und für sich bewerten muss. Um ihn dabei zu unterstützen, ist es besser, die Stände in ihrem Aufbau gleich zu strukturieren.
Stellt sich also ein Projekt vor, indem es die Projektziele, den Plan mit den
wichtigsten Meilensteinen und das Team präsentiert, wären alle anderen
Projekte analog hierzu darzustellen.

Auf einem Info-Markt können auch große Gruppen von Betroffenen zusam-
mengebracht werden und sich mit der Veränderung auseinandersetzen. Dies
bringt viele Vorteile mit sich, die den Info-Markt zu einem wirkungsvollen
Kommunikationsmedium machen. Der Aufwand in Vorbereitung und Umsetzung ist jedoch nicht zu unterschätzen, sodass eine regelmäßige Durchführung in kürzeren Zeitintervallen schwer vorstellbar ist.

**Info-Markt rückt
die Veränderung
in die Öffentlichkeit.**

Schema 2.2. Ablauf eines Info-Marktes

Pausen, Einstiegs- und Abschlussrunden sind nicht aufgeführt. Schema als Word-Datei zum Download:
www.springer.com/978-3-540-78854-6

Zeit	**Inhalt** (Vorgehen/Methode/Ergebnis)	**Material**
0:00 10'	**Eröffnung** **Vorgehen** Die Teilnehmer werden durch Initiatoren der Veränderung oder durch den Veränderungsmanager begrüßt und über Anlass und Ziele des Info-Marktes informiert. Darüber hinaus wird der Info-Markt als Methode vorgestellt (Begrüßung im Plenum). **Ergebnis** Die Teilnehmer kennen das Ziel des Info-Marktes. Sie sind über den aktuellen Projektstand informiert.	▬ Bei großen Teil-nehmerzahlen ein Mikrophon ▬ Präsentation der Methode am Flipchart/ Pinnwand ▬ Raumgestaltung (▶ Organisato-risches)
0:10 30'	**Einführung in das Thema des Info-Marktes** **Vorgehen** Die Teilnehmer werden in das Thema des Info-Marktes durch den Veränderungsmanager oder Initiator der Veränderung eingeführt und können erste Verständnisfragen klären (kurzer Vortrag im Plenum). **Ergebnis** Die Teilnehmer kennen das Thema des Info-Marktes. Sie sind über den aktuellen Projektstand informiert und konnten erste Fragen stellen.	▬ Bei großen Teil-nehmerzahlen: Mikrophon ▬ Präsentations-unterlagen
▼		

0:40 10'	**Einstieg in den Info-Markt**	▬ Klebepunkte in 5 Farben und entsprechender Anzahl
	Vorgehen Der Moderator erläutert den Info-Markt und erklärt die Stände. Danach werden die Teilnehmer in Gruppen aufgeteilt (Moderation im Plenum).	
	Arbeitsanleitung »Sie finden auf Ihrem Namensschild einen farbigen Punkt. Bitte bilden Sie mit den Kollegen, die die gleiche Farbe wie Sie tragen, eine Gruppe für den Verlauf des Info-Marktes. Die Zeit je Stand ist auf 30 Minuten begrenzt. Die blaue Gruppe startet bei Stand A…«	
	Ergebnis Die Teilnehmer haben Gruppen gebildet. Der Ablauf des Info-Marktes ist bekannt. Jede Gruppe kennt den Stand, an dem sie zuerst informiert wird.	
0:50 90'	**Info-Markt: Runde 1 bis 3**	▬ 5 Stände ▬ Gong, um Wechsel anzukündigen
	Vorgehen Die Gruppen wandern von Stand zu Stand. Standthemen: ▬ Gründe und Anlass der Umstrukturierung (Stand A/Blau) ▬ Neue Abteilungsstrukturen: Änderungen in der Aufbauorganisation (Stand B/Grün) ▬ Neue Arbeitsabläufe: Änderungen in der Ablauforganisation (Stand C/Rot) ▬ Neue Techniken: Arbeitsmittel und Systeme (Stand D/Weiß) ▬ Vorbereitung für Mitarbeiter: Schulungsangebote u. Ä. (Stand E/Gelb) Nach jeder Präsentation fragen die Standbetreuer die Teilnehmer nach ihren Bedenken. Nach 30 Minuten wechseln die Gruppen den Stand. Nach drei Runden sollte eine Pause eingebaut werden.	
	Ergebnis Jede Gruppe hat drei Stände durchlaufen und ist zu diesen Themen auf dem aktuellen Kenntnisstand.	
2:20 60'	**Info-Markt: Runde 4 bis 5**	▬ ▶ oben
	Vorgehen Die Gruppen wandern von Stand zu Stand. Nach 30 Minuten wechseln die Gruppen den Stand.	
	Ergebnis Jede Gruppe hat nun alle Stände durchlaufen und ist auf dem aktuellen Kenntnisstand.	
▼		

3:20 45'	**Zusammenfassung** **Vorgehen** Alle Teilnehmer kommen zusammen. Die Standbetreuer berichten von ihren Erfahrungen und benennen die wichtigsten Bedenken und Sorgen, die von den Teilnehmern genannt wurden (moderierte Präsentation im Plenum). **Arbeitsanleitung** »Bitte nennen Sie für Ihren Stand die Bedenken und Sorgen, die am häufigsten genannt wurden. Wie, denken Sie, könnte man damit umgehen? Was könnte man für das weitere Projekt daraus lernen?« **Ergebnis** Mit den Teilnehmern wurden die Bedenken besprochen und analysiert.	▬ Bei großen Teilnehmerzahlen: Mikrophon
4:05 15' **4:20**	**Ausblick** **Vorgehen** Der Veränderungsmanager oder einer der Initiatoren stellt die nächsten Schritte der Umstrukturierung vor und berichtet, wie mit den Bedenken und Sorgen umgegangen wird. Den Teilnehmern wird für ihr Interesse gedankt. Die Veranstaltung wird beendet (Abschluss im Plenum). Beispiel: Es könnte vorgeschlagen werden, dass nach einer genaueren Auswertung der Bedenken die Standbetreuer Maßnahmen und Aktionen entwickeln, die dann auf einem nächsten Info-Markt oder in einem Newsletter vorzustellen wären. **Ergebnis** Den Teilnehmern sind die nächsten Schritte im Veränderungsprojekt klar. Sie wissen, wie ihre Beiträge ausgewertet werden. Der Info-Markt ist beendet.	▬ Bei großen Teilnehmerzahlen: Mikrophon

Nach dem Info-Markt muss die Kommunikation weitergehen.

Dennoch ist es notwendig, mit den Zielgruppen über die Veränderung im Gespräch zu bleiben. Hier eignet es sich, die Führungskräfte der betroffenen Teams für die Kommunikation zu gewinnen. Sie haben den Kontakt zu ihren Mitarbeitern und sind ohnehin dafür verantwortlich, dass ihre Teams gut informiert sind und sich mit der Veränderung auseinandersetzen. Zwei Kommunikationswerkzeuge, die über die Führungskräfte gesteuert werden, werden im Weiteren ausgeführt. Zunächst geht es um die Nutzung von Teamrunden, die das Team auch unabhängig von Veränderungen regelmäßig durchführt. Es soll auch deutlich werden, dass es nicht immer zusätzlicher und aufwändiger Veranstaltungen bedarf, um in Veränderungsprozessen zu kommunizieren.

2.2.2 Teamrunde

Definition und Ergebnis von Teamrunden in Veränderungsprozessen

Was ist unter Teamrunden in Veränderungsprozessen zu verstehen?

Regelmäßige Runden im Team für die Kommunikation nutzen.

Jedes Team hält regelmäßig Runden ab, in denen der Teamleiter über Neuigkeiten informiert oder die Kollegen fachliche Probleme austauschen können. Solche Treffen sind fester Bestandteil in der Regelkommunikation und werden unabhängig von Veränderungsprozessen durchgeführt. In Veränderungsprozessen kann diesen Runden allerdings eine bedeutende Rolle in der Kommunikation zukommen. Bei der zunehmenden Arbeitsbelastung müssen die Mitarbeiter nicht noch an zusätzlichen Treffen teilnehmen. Die Teamrunde bietet den Mitarbeitern einen vertrauten Rahmen, um offener zu diskutieren und Kritik anzubringen. Hier ergibt sich für die Führungskraft die Möglichkeit, über anstehende Neuerungen zu informieren und auf Stimmungen einzugehen.

Die gemeinsame Runde übernimmt verschiedene Funktionen und kann als Informationsplattform, Diskussionsforum und zum Austausch von Erfahrungen dienen. Ihre Nutzung zur zeitnahen Information ist dabei sicherlich am meisten vertraut. Daher wird im Weiteren näher auf Methoden eingegangen, die sowohl Diskussion und Austausch fördern als auch hilfreich sind, emotionale Themen zur Sprache zu bringen.

Worin liegt das Ergebnis einer Teamrunde?

Die Teammitglieder sollen sich informiert und mit ihren Fragen ernst genommen fühlen. Sie werden innerhalb des Teams zeitgleich und mit gleichen Botschaften informiert und können in Diskussionen eine gemeinsame Meinung entwickeln. Durch die regelmäßige Beschäftigung mit der anstehenden Veränderung bildet sich eine differenzierte Einstellung aus, die für die Umsetzung der Veränderung förderlich ist.

Beschreibung einer Teamrunde in Veränderungsprozessen

Wie verlaufen Teamrunden in Veränderungsprozessen?

Teamrunden sind so verschieden wie die Teams selbst, die sich in diesen Runden treffen. Es gibt daher keinen standardisierten Ablauf. Und so, wie sich Teamrunden schon in den Rahmenbedingungen (Dauer und Turnus) unterscheiden, so verschieden verlaufen sie auch inhaltlich. Dies hängt u. a. von den Themen ab, die aktuell zu bearbeiten sind, und vom Bedürfnis des Teams nach Information und Austausch.

Um die Teamrunde systematisch zur Kommunikation von Veränderungen zu nutzen, ist vorab einmal sicherzustellen, dass auch in allen Gruppen oder Abteilungen solche Runden durchgeführt werden und dass sie in ihrem Turnus nicht zu sehr von einander abweichen. Wenn manche Teams sich wöchentlich, aber andere nur einmal im Monat treffen, würden aktuelle Informationen die Mitarbeiter zeitlich stark versetzt erreichen. Dies kann dazu führen, dass Mitarbeiter ihre Kollegen z. B. in der Kantine auf dem Laufenden halten und so der Information durch die Führungskraft zuvorkommen. Günstig wäre daher, wenn die Teamrunden zeitlich nah beieinander liegen.

Zuerst ist herauszufinden, ob es regelmäßige Runden überall gibt.

Eine weitere wichtige Voraussetzung, um Teamrunden für die Kommunikation von Veränderung systematisch zu nutzen, besteht darin, dass die Veränderung als Thema in die Agenda aufgenommen wird. So gerät das Veränderungsprojekt nicht aus den Augen des Teams. Wenn es keine Neuigkeiten zu berichten gibt oder keine Fragestellung zu klären ist, fällt die Beschäftigung mit diesem Tagungsordnungspunkt entsprechend kürzer aus. Ansonsten gibt es verschiedene Möglichkeiten, in Teamrunden über die Veränderung zu informieren.

Teamrunden lassen sich verschieden für die Kommunikation einsetzen.

> **Möglichkeiten, in Teamrunden über die Veränderung zu informieren**
>
> — Informationsplattform:
>   Aktuelle Informationen zum Veränderungsprojekt
> — Diskussionsforum:
>   Fragen, Anregungen und Bedenken der Mitarbeiter
> — Erfahrungsberichte:
>   Erfahrungen und Erlebnisse mit der ersten Umsetzung

— Informationsplattform

Während eines Veränderungsprozesses wird es mehrfach Anlässe dafür geben, aktuelle Informationen an die Mitarbeiter weiterzuleiten. Damit sind weniger die grundsätzlichen Veränderungen gemeint, die häufig zum Auftakt in Informationsveranstaltungen allen betroffenen Mitarbeitern erklärt werden, sondern vielmehr die Informationen, die sich aus dem laufenden Prozess ergeben. Die Teamrunde kann ein geeignetes Forum sein, um über Aktuelles, Fortschritte und Themen, die das Team selbst betreffen, zu informieren.

Teamrunde ist nicht für alle Anlässe geeignet.

Ob sich die Teamrunde als Informationsplattform eignet, hängt einerseits davon ab, wie komplex und kritisch die zu kommunizierenden Inhalte sind, andererseits davon, wie qualifiziert die Führungskräfte sind, solche Themen zu transportieren, und mit welcher Einstellung sie die Veränderung sehen. Denn wenn auch das Veränderungsprojekt zentral die inhaltlichen Botschaften festlegt und den Führungskräften einheitliche Unterlagen zur Verfügung stellt, können die Informationen bei den Mitarbeitern sehr unterschiedlich ankommen und verstanden werden. Bei besonders kritischen Themen, die v. a. die Mitarbeiter negativ bewerten könnten, empfiehlt sich dann ein anderes Vorgehen in der Kommunikation, indem eine Informationsveranstaltung mit allen Mitarbeitern gleichzeitig durchgeführt wird.

Die Belegschaft z. B. erstmalig über die Zusammenlegung zweier Geschäftsbereiche in Teamrunden zu informieren und dies dem Gruppenleiter zu überlassen, wäre nicht unbedingt der geeignete Weg. In diesem Fall werden die Mitarbeiter vermutlich erwarten, über die Geschäftsleitung informiert zu werden. Denkbar ist die Nutzung der Teamrunde dagegen, wenn die Fusionierung angestoßen wird und technische und organisatorische Änderungen wie ein Umzug oder neue Arbeitsanweisungen anstehen.

Das Veränderungsprojekt startet die Kommunikation.

Aus dem Veränderungsprojekt erfolgen die Initiative und der Auftrag an die Führungskräfte, in den Teamrunden ihre Mitarbeiter zu informieren. Dazu legt das Veränderungsprojekt auch die Inhalte fest, über die zu berichten ist. Andererseits kann aus den Teams der Wunsch nach Information geäußert und über die Führung an das Projekt adressiert werden.

▬ Diskussionsforum

In Teamrunden können Mitarbeiter die Veränderungen und ihre Auswirkungen in einem vertrauten Kreis diskutieren. Anregungen und Bedenken werden offener geäußert als auf größeren Versammlungen wie z. B. auf einer Betriebsversammlung. Die Beiträge geben möglicherweise wichtige Hinweise zur Umsetzung des Veränderungsprozesses, sodass es sinnvoll ist, solche Diskussionen in Teamrunden systematisch zu initiieren. Nach Betriebsversammlungen oder Schulungen, die im Rahmen des Veränderungsprozesses stattfinden, kann die Führungskraft von ihrem Team Rückmeldungen einholen oder noch offene Fragen besprechen bzw. diese an das Veränderungsprojekt weiterleiten. Wenn das Team es wünscht, kann auch ein Mitglied des Veränderungsprojektteams zur Diskussion eingeladen werden. Wesentlich ist jedoch, dass die Führungskraft mit ihrem Team die Veränderung diskutiert und damit einerseits mögliche Widerstände und Bedenken bearbeitet und andererseits Chancen und Vorteile der Veränderung in die Gesamtbetrachtung mit einbezieht.

Themen, die sich für eine Diskussion anbieten, können durch das Veränderungsprojekt an die Teams herangetragen werden. Es könnte z. B. interessant sein, nach einem Info-Markt die Auswirkungen der Veränderung auf das Team durch die Mitarbeiter einschätzen zu lassen. Ebenso ist es möglich, dass das Team selbst einen Anlass findet, das Veränderungsprojekt zu besprechen. Dies könnte sein, wenn die Teammitglieder an einer Schulung teilgenommen haben und die Umsetzung der Schulungsinhalte im Team diskutieren wollen.

Über Erfahrungen mit der Veränderung glaubhaft berichten.

▬ Erfahrungsberichte

Um eine zukünftige Veränderung erlebbar oder zumindest nachvollziehbar zu machen, können auf Teamrunden diejenigen Mitarbeiter berichten, die bereits praktische Erfahrungen gesammelt haben. Oftmals werden Veränderungen in einem Unternehmensbereich pilotiert und getestet. Solche Erfahrungen, z. B. mit einer neuen Software oder mit neuen Arbeitsabläufen, lassen sich den Teams, die erst in nächster Zeit damit zu tun haben werden, persönlich und praxisnah schildern. Das ist besonders dann bedeutsam, wenn bislang eher allgemein und nur durch das Management informiert wurde. Die Glaubwürdigkeit solcher Erfahrungsberichte erhöht sich zudem, wenn es sich bei den Referenten um Kollegen aus dem gleichen Aufgabenbereich handelt und ihre Schilderungen wirklichkeitsnah sind. Kritische und unangenehme Themen sollten auf keinen Fall vermieden werden. Einseitige Darstellungen rufen von vorn herein Skepsis hervor und schaden nur der Akzeptanz der Veränderung. Das Veränderungsprojekt sollte solche Erlebnisberichte initiieren und geeignete Themenstellungen und Referenten aussuchen.

Wie bereits dargestellt wurde, muss für den Ablauf der Teamrunden nicht festgelegt werden, wann und unter welcher Fragestellung die Veränderung thematisiert wird. Wünschenswert ist aber grundsätzlich ihre Aufnahme in die Agenda der Teamrunden. Auch wenn nichts Konkretes vorliegt, kann immer noch nachgefragt werden, ob es von Seiten der Mitarbeiter Fragen oder Besprechungsbedarfe gibt. Das Beispiel in ◘ Abb. 2.12 zeigt die Einbettung der Veränderung in den Ablauf einer Teamrunde.

Veränderung erhält festen Platz in den Teamrunden.

Wer ist an der Vorbereitung und Durchführung einer Teamrunde beteiligt?
Direkt sind die Führungskraft und ihre Mitarbeiter beteiligt. Jemand sollte die Agenda planen und die Runde moderieren. Die Verantwortung liegt in der Regel bei der Führungskraft. Aber auch Mitarbeiter können diese Funktion übernehmen. Es empfiehlt sich sogar, die Moderation zu verteilen und die Mitarbeiter ihre Runde aktiver mitgestalten zu lassen.

Zumindest wenn es um die Einbindung der Veränderung in die Teamrunde geht, ist der Veränderungsmanager oder auch das Veränderungsprojekt beteiligt. Zu seinen Aufgaben gehört es, Themen oder Diskussionsanlässe für die Teamrunden vorzugeben und Feedback aus den Runden einzuholen.

Wann können Teamrunden für die Kommunikation genutzt werden?
Sobald das Veränderungsprojekt gestartet ist, kann auch die Teamrunde im Rahmen eines Veränderungsprojektes zur Kommunikation genutzt werden. Spätestens dann werden sich die Mitarbeiter, so weit sie sich von der Verän-

Führungskräfte müssen unterstützt werden.

TOP 1	Protokoll des letzten Meetings	Alle	5'
TOP 2	Fachliche Themen und Fragestellungen	Alle	15'
TOP 3	**Die Veränderung** Aktuelles Fragen und Anmerkungen Erfahrungsberichte	Alle	20'
TOP 4	Sonderthemen von Mitarbeitern		…'
TOP 6	Teaminternes		…'

◘ **Abb. 2.12.** Einbettung der Veränderung in den Ablauf einer Teamrunde

derung betroffen fühlen, unterhalten und darüber spekulieren, was sich in Zukunft für sie ergibt. Dabei ist besonders wichtig, dass die Führungskräfte auf ihre Rolle vorbereitet sind und als Informationsgrundlage einheitliche Unterlagen besitzen.

Nun wird ein Kommunikationskanal, der ähnlich der Teamrunde funktioniert, beschrieben: die Kommunikation über die Führungskaskade. Gemeinsam ist beiden, dass die Führungskraft die Kommunikation steuert und die Inhalte an ihre Mitarbeiter persönlich vermittelt. Bei der Teamrunde geht es aber neben der Informationsvermittlung auch um das Aufnehmen von Fragen der Mitarbeiter oder das Diskutieren von kritischen Punkten. Dies kann von Team zu Team anders aussehen. Manchmal ist es jedoch erforderlich, Informationen von den höheren Hierarchiestufen zu den nächsten Stufen bis in alle Teams hinein einheitlich und in kurzer Zeit zu transportieren. Worauf dabei zu achten ist, wird hier behandelt.

2.2.3 Kommunikation in der Führungskaskade

Definition und Ergebnis der Kommunikation in der Führungskaskade

Was ist unter der Kommunikation in der Führungskaskade zu verstehen?

Gerüchten und Unruhen entgegen wirken.

Insbesondere große Veränderungsprojekte entwickeln Ergebnisse mit einer hohen Relevanz für viele Mitarbeiter. Hierüber entstehen rasch Gerüchte und Unsicherheiten, denen mit einer schnellen Kommunikation über die Führungskaskade entgegengewirkt werden kann. Kommunikation in der Führungskaskade bedeutet dabei, dass die Führungskräfte einer Organisation Informationen top-down bis zu den Mitarbeitern weitergeben. Der Informationsfluss verläuft von einer Hierarchiestufe zur nächst tieferen (◘ Abb. 2.13).

◘ Abb. 2.13. Kommunikation top-down über die Führungskaskade

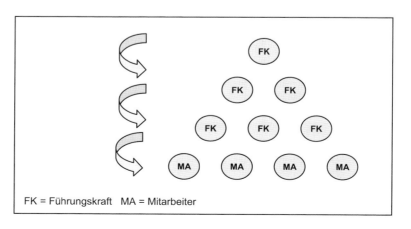

FK = Führungskraft   MA = Mitarbeiter

Die Führungskräfte haben die Aufgabe, ihre Mitarbeiter über aktuelle Themen zu informieren und diese zu besprechen. Eine gut funktionierende Führungskaskade sichert daher einen umfassenden und schnellen Kommunikationsprozess. In relativ kurzer Zeit können so große Teile der Belegschaft auf einen gemeinsamen Kenntnisstand gebracht werden. Bevor die Führungskräfte mit ihren Teams ins Gespräch kommen, haben sie selbst die Möglichkeit, all ihre Fragen und Argumente mit ihren Vorgesetzten und Kollegen auszutauschen und sich dadurch auf die folgenden Diskussionen vorzubereiten. Die Qualität, mit der die Führungskräfte diese Rolle als Kommunikatoren ausfüllen, entscheidet maßgeblich über die Güte und Wirksamkeit der Kommunikation über die Führungskanäle.

In kurzer Zeit werden viele Personen erreicht.

Worin liegt das Ergebnis einer Kommunikation in der Führungskaskade?
Selbst komplexere Themen und Sachverhalte lassen sich auf diesem Weg über die Führungsmannschaft schnell im Unternehmen verbreiten, sodass alle Mitarbeiter zügig in einen Informations- und Diskussionsprozess eingebunden werden. Die Führungskräfte übernehmen Verantwortung für die Kommunikation und entwickeln so eine höhere Identifikation mit den zu vermittelnden Zielen und Inhalten der Veränderung.

Beschreibung einer Kommunikation in der Führungskaskade
Wie verläuft die Kommunikation in der Führungskaskade?
Unabhängig von der konkreten Themenstellung als Gegenstand der Kommunikation werden zwei Prinzipien eingehalten:
- Die Information wird top-down vermittelt.
- Der direkte Vorgesetzte informiert seine Mitarbeiter und steuert den Kommunikationsprozess in seinem Team.

Führungskräfte steuern in ihren Bereichen die Kommunikation.

Das Top-Management wird zuerst informiert und stellt danach die Information seinen Managern vor. Diese informieren dann wiederum ihre Teams. Dafür werden entweder die regelmäßig stattfindenden Besprechungen oder Teamrunden (► Kap. 2.2.2) genutzt oder aber kurzfristig Termine angesetzt. Die Informationsrunden selber sind auf allen Hierarchieebenen ähnlich strukturiert. Grundlage ist der Sachverhalt bzw. das Thema, das durch die Führungskraft präsentiert und dann mit den Mitarbeitern diskutiert wird. Der Umfang der an die Präsentation anknüpfenden Diskussion hängt davon ab, wie komplex sich das Thema darstellt und wie sehr der jeweilige Empfängerkreis davon betroffen ist.

Wichtige Elemente sind die Einheitlichkeit in den Botschaften und ein definierter Zeitraum, in dem das Thema, z. B. eine neue Organisationsstruktur oder die neue Vertriebsstrategie, den Mitarbeitern vermittelt wird. Um dies zu gewährleisten, sollte auf Folgendes geachtet werden:

Informationen sollten möglichst einheitlich verteilt werden.

- **Einheitliche Unterlagen zur Information**
  Diese müssen gut strukturiert und verständlich aufbereitet sein. Was sich deshalb als aufwändig erweist, da die Empfängerkreise sehr unterschiedliche Erwartungen an die Inhalte und deren Präsentation haben. Auf der oberen Führungsebene könnten strategische Aspekte der neuen Produktlinie von Interesse sein, während die Mitarbeiter eher an den konkreten Auswirkungen auf ihre Arbeitsplätze interessiert sind. Möglicherweise

können für die jeweiligen Zielgruppen zusätzlich zu einer Basispräsentation weiterführende Informationen ergänzt werden, die den Kommunikationsbedarfen der Zielgruppe entsprechen.

▬ Leitfragen für die anschließende Diskussion

Fragen erleichtern das Gespräch über die Veränderung.

Die Kommunikation sollte sich nicht nur auf die Vermittlung von Informationen beschränken. Da eine Diskussion oder die Besprechung von Fragen oft nur sehr stockend in Gang kommt, sollten den Führungskräften Leitfragen an die Hand gegeben werden, mit denen sich gezielt eine Diskussion anstoßen lässt:

- ▬ Welche Bedenken gehen Ihnen durch den Kopf?
- ▬ Welche Chancen sehen Sie in der Veränderung?
- ▬ Worauf muss bei der Umsetzung geachtet werden?

▬ Feedbackschleife aus den Kommunikationsrunden in das Veränderungsprojektteam zurück

Die Kommunikation verläuft über mehrere hierarchische Ebenen, ehe sie bei den Mitarbeitern ankommt. Für den Veränderungsmanager sind v. a. die Meinungen und Stimmungen aus den Mitarbeiterrunden wertvoll. Über eine Feedbackschleife lassen sich systematisch Rückmeldungen sammeln, um sie an das Veränderungsprojekt zu leiten. Dazu benötigen die Führungskräfte einen Auftrag, der sie darüber informiert, welche Art von Rückmeldungen (Fragen der Mitarbeiter, Einschätzung zu Erfolgsaussichten) sie zusammentragen sollen. Und sie müssen wissen, an wen sie die Informationen weiterleiten müssen. Auch die Mitarbeiter müssen darüber unterrichtet werden, was mit ihrem Feedback geschieht.

▬ Gemeinsamer Zeitplan mit verbindlichem Abschlusstermin für die Kommunikation

In bestimmten zeitlichen Intervallen werden nach und nach die verschiedenen Ebenen informiert. Damit die Mitarbeiter unterschiedlicher Bereiche dennoch zeitnah in die Kommunikation eingebunden werden, hält ein verbindlicher Fahrplan die wichtigsten Termine fest, bis zu denen die Kommunikation abgeschlossen sein muss.

Wer ist an der Durchführung einer Führungskaskade beteiligt?

Die gesamte Führungsmannschaft ist in den Prozess eingebunden.

In der Vorbereitung sind v. a. das Veränderungsprojektteam und der Veränderungsmanager gefordert. Das Veränderungsprojektteam erstellt die Unterlagen als Grundlage für die Kommunikation in der Führungskaskade und stellt die inhaltliche und fachliche Richtigkeit der Materialien sicher. Der Veränderungsmanager achtet auf die Verständlichkeit und die Empfängerorientierung bei der inhaltlichen Darstellung. Er konzipiert auch einen Plan, in dem die Termine für die zeitliche Abfolge der Kommunikation festgelegt sind.

Bei der Umsetzung dieses Plans hängt es von den Führungskräften – vom Top-Management bis zum Gruppenleiter – ab, inwieweit es ihnen gelingt, ihren Mitarbeitern bestimmte Themen und Sachverhalte zu vermitteln.

Wann kann die Kommunikation in der Führungskaskade genutzt werden?

Die Informationen, die auf diesem Weg kommuniziert werden, sollten für große Zielgruppen relevant sein und weite Teile der Belegschaft betreffen. Die

Kommunikation über die Führungskaskade eignet sich dann, wenn Neuigkeiten schnell weitergeleitet werden sollen und diese schriftlich nicht gut zu vermitteln sind. Dies kann z. B. die Erreichung wichtiger Meilensteine oder eine Änderung im Projektverlauf sein.

Anmerkungen

Auch wenn ein gleicher Sachverhalt mit einheitlichen Botschaften vermittelt werden soll, sind für die verschiedenen Empfängergruppen unterschiedliche Aspekte von Bedeutung. Während das Management die Fusion unter wirtschaftlichen Kosten-Nutzen-Aspekten sieht und die Zusammensetzung des neuen Leitungsteams diskutiert, beschäftigen sich die Mitarbeiter in den betroffenen Abteilungen mit Fragen darüber, wie sich die Teams verändern werden, ob ein Umzug ansteht oder welche Aufgaben bestehen bleiben.

Strategisch abgeleitete Veränderungen haben immer operativ spürbare Auswirkungen. Die Führungskraft muss also neben den Informationen und den Kernbotschaften aus Sicht des Managements die Bedarfe ihrer Mitarbeiter im Auge behalten und darauf eingehen. Der Veränderungsmanager kann dies unterstützen, indem er für bestimmte Empfängerkreise angepasste Varianten einer Basisinformation erstellt und darauf abgestimmte Möglichkeiten der Einbindung entwickelt.

Besonders zu Beginn eines Veränderungsprozesses wird die Forderung nach einer zeitgleichen und einheitlichen Information aller Betroffenen laut. Nur wenn bei allen Betroffenen die gleichen Botschaften ankommen, kann von einem gleichen Kenntnisstand ausgegangen werden. Je brisanter das Thema ist und je kritischer die Führungskräfte selbst der Veränderung gegenüberstehen, desto schwieriger ist es, gerade über diese Führungskräfte einheitliche Inhalte zu vermitteln. In einer solchen Situation zu viele Multiplikatoren zu nutzen, ist riskant, da eine Steuerung nur eingeschränkt möglich ist. Für das Veränderungsprojektteam und seinen Veränderungsmanager ist nämlich nicht erkennbar, welche Inhalte platziert und in welcher Tonalität Sachverhalte vermittelt werden. In diesem Fall empfiehlt es sich, mit einem Referenten oder einem kleinen Team aus dem Veränderungsprojekt die Kommunikation zu starten. Alternativ könnte ein Team aus Multiplikatoren gebildet und für die Vermittlung wichtiger Inhalte vorbereitet werden (▶ Kap. 3.4.4).

Interaktion und persönliche Kommunikation mit den Empfängern sind ganz zentrale Elemente für die Kommunikation in Veränderungsprozessen. Nicht jede Änderung lohnt den Aufwand der Planung von größeren Veranstaltungen, der sowohl für das Veränderungsprojektteam als auch die eingeladenen Teilnehmer entsteht. Viele Themen müssen nicht immer über Gespräche und Diskussionen den Zielgruppen näher gebracht werden, sondern können auch über einen schriftlichen Weg präsentiert werden.

Inhalte bei verschiedenen Kommunikationsbedarfen einheitlich vermitteln.

Persönliche Kommunikation ist wichtig, aber nicht immer erforderlich.

Zwischenstände in Veränderungsprojekten lassen sich gut über Medien wie einen Newsletter oder eine Wandzeitung vermitteln. Mit schriftlichen Kommunikationsmedien können Informationen sehr kurzfristig versendet werden. Sie können als Nachschlagewerke dienen und stellen Informationen dauerhaft zur Verfügung. Um ihre Einsatzmöglichkeiten zu schildern, werden im Folgenden der Newsletter, die Wandzeitung und die Homepage im Firmen-Intranet vorgestellt.

2.2.4 Newsletter

Definition und Ergebnis eines Newsletters

Was ist ein Newsletter?

Ein Newsletter lässt sich gut für regelmäßige Kommunikation verwenden.

Ein Newsletter ist ein Rundschreiben, das in regelmäßigen Abständen über Neuigkeiten in einem Veränderungsprozess informiert. Selbst große Zielgruppen können auf diese Weise zeitgleich erreicht werden. Häufig wird der Newsletter elektronisch verschickt und ist deshalb besonders für eine schnelle und zeitnahe Kommunikation geeignet. Auf diese Weise entfallen Kosten für Druck und Versand.

Worin besteht das Ergebnis eines Newsletters?

In erster Linie erhalten die Empfänger des Newsletters einen aktuellen Informationsstand. Damit wird das Veränderungsprojekt einem breitem Publikum präsent. Je nach Gestaltung – z. B. durch Verwendung eines Logos – kann darüber hinaus für das Veränderungsprojekt ein eigenes Gesicht mit hohem Wiedererkennungswert kreiert werden.

Beschreibung eines Newsletters

Wann kann ein Newsletter genutzt werden?

Der Newsletter kann bereits dann eingesetzt werden, wenn sich das Veränderungsprojektteam aufgestellt hat und die ersten konzeptionellen und planerischen Arbeiten beginnen. Nach der Erstausgabe können weitere Ausgaben entweder in einem regelmäßigen Turnus erscheinen oder aber anlassbezogen nach dem Erreichen wichtiger Meilensteine im Veränderungsprojekt.

Wie kann ein Newsletter aufgebaut werden?

In der Konzeption eines Newsletters sind die Inhalte für die jeweilige Ausgabe festzulegen, grundsätzliche Fragen zu Gestaltung und Layout zu klären und die organisatorische Umsetzung zu planen. Im Vorfeld gilt es, eine Reihe von Fragen zu klären.

Newsletter – Fragen im Vorfeld

- Inhaltliche Gestaltung des Newsletters
  - Wer soll informiert werden?
  - Wer ist der Empfängerkreis? Gibt es verschiedene Empfänger-kreise?
  - Welche Inhalte sind für alle Betroffenen wichtig? Worüber muss informiert werden?
  - Welche Inhalte können schriftlich vermittelt werden und sind deshalb für den Newsletter geeignet?
- Strukturelle Gestaltung des Newsletters
  - Über welches Medium wird der Newsletter verschickt, per E-Mail oder Hauspost?
  - Welche Logos, Graphiken, Fotos werden verwendet?
  - In welche Rubriken soll der Newsletter gegliedert werden?
- Organisatorische Planung des Newsletters
  - Wie ist die Redaktion organisiert? Wer übernimmt die Koordination?
  - Wer legt die Inhalte für den Newsletter fest und wer erstellt sie?
  - In welchem Turnus soll der Newsletter erscheinen, regelmäßig oder anlassbezogen?
  - In welcher Auflagenhöhe soll er erscheinen?
  - Wie wird die Verteilung an die Leser sichergestellt?

Tipp

Wenn der Newsletter per Mail bzw. automatisch verschickt wird, kann er mit einer persönlichen Anrede beginnen. Dies ist technisch einfach zu realisieren (Nossek u. Hieber 2002).

In welche Rubriken kann ein Newsletter eingeteilt werden?

Besondere Bedeutung kommt der Frage nach den Rubriken zu, die dem News-letter erst seine Struktur geben. Bestimmt diese Frage doch auch die Inhalte und den Umfang des Newsletters und somit auch den Aufwand für die Er-stellung. In der ► Übersicht werden beispielhaft die Rubriken für einen Newsletter vorgeschlagen, der die Mitarbeiter eines großen Bereiches regel-mäßig über einen umfassenden Reorganisationsprozess informieren soll.

> Ein Newsletter besteht wie eine Tageszeitung aus mehreren Rubriken.

Newsletter – beispielhafte Rubriken

- Titelstory
  Hier wird über ein aktuelles Thema berichtet, das zzt. für den Verände-rungsprozess von zentraler Bedeutung ist. Bei einer Fusion wird z. B. sehr ausführlich über die neue Struktur informiert und das künftige Organigramm vorgestellt.
- Aus dem Veränderungsprojekt
  Oft sind Veränderungsprojekte, die Veränderungen planen und vor-bereiten, sehr umfangreich und über mehrere Unterprojekte organi-

▼

siert. Die Erstausgabe sollte daher eine kurze Übersicht über alle Arbeitspakete beinhalten. In jeder weiteren Ausgabe könnte ein Teil des Veränderungsprojektteams vorgestellt und gleichzeitig über Neuigkeiten oder den aktuellen Stand seiner Arbeit berichtet werden. Auch der Veränderungsmanager kann hier seine Funktion und seine Aufgaben aufzeigen.

— Neuigkeiten
In dieser Rubrik finden Meldungen ihren Platz, die zwar von Interesse sind, die sich aber keiner anderen Rubrik zuordnen lassen. Hierzu gehören alle aktuellen Ereignisse, wie z. B. eine wichtige Mitarbeiterversammlung oder personelle Veränderungen in den Projekten.

— Glossar und häufigste Fragen
Mit beinahe jeder Veränderung treten im Unternehmen neue Begriffe, Schlagwörter und Abkürzungen auf, die dem Großteil der Mitarbeiter fremd sind. Im Newsletter können regelmäßig solche Begriffe aufgenommen und erklärt werden. So entsteht mit jeder Ausgabe allmählich eine Art Glossar, in dem wichtige Elemente der Veränderung definiert und in ihren Zusammenhängen verdeutlicht werden. Des Weiteren gibt es Fragen, die immer wieder gestellt werden. Diese häufigsten Fragen (auch bekannt als »frequently asked questions«; FAQs) können einmal richtig und verständlich beantwortet werden und im Newsletter erscheinen. Diese Liste an Fragen kann sich über die verschiedenen Ausgaben ständig erweitern.
Eine gute Gelegenheit, an wichtige Fragestellungen zu gelangen, ergibt sich auf Info-Märkten (▶ Kap. 2.2.1) und in Teamrunden (▶ Kap. 2.2.2).

— Ihre Meinung
Mitarbeiter kommen hier mit Fragen und kritischen Anmerkungen zu Wort, die sie direkt an die Redaktion schicken. Auf die Resonanzen wird dann im Newsletter ebenfalls eingegangen.

— Ausblick
Der Leser kann sich hier über die nächsten Schritte im Veränderungsprozess informieren. In dieser Rubrik findet man auch Hinweise auf wichtige Termine wie z. B. Workshops oder Schulungen.

Wer ist bei der Erstellung eines Newsletters beteiligt?
Um einen Newsletter zu erstellen, werden sowohl Koordinatoren gebraucht, die die Themen auswählen und den Redaktionsschluss überwachen, als auch Autoren, die als Experten ein Thema aufbereiten. Die Rolle des Koordinators könnte ein Mitglied aus dem Veränderungsprojektteam übernehmen, das sich um die Aufgaben der Projektkommunikation kümmert. Die Artikel selbst werden von den Experten aus dem Veränderungsprojektteam oder den betroffenen Bereichen verfasst.

Zum Auftrag der Redaktion gehört es, die ersten Entwürfe sprachlich zu überarbeiten und dabei v. a. auf die Verständlichkeit für den Leser zu achten. Da gerade die Verständlichkeit für die Akzeptanz des Newsletters äußerst

wichtig ist, kann es helfen, die Abteilung einzubinden, die für Unternehmens-
kommunikation verantwortlich ist.

Anmerkungen

Ein Newsletter hat für die Kommunikation nur dann Bedeutung, wenn er
langfristig und regelmäßig publiziert wird. Sein Erscheinen ist deshalb für die
redaktionell Verantwortlichen wie auch für die Autoren mit großem Arbeits-
aufwand verbunden. Die Arbeit sollte daher auf mehrere Personen verteilt
werden, abhängig vom Umfang und dem Erscheinungsturnus. Des Weiteren
ist darauf zu achten, dass Texte und Artikel den Leser nicht überfordern.
Damit der Leser den Newsletter auch akzeptiert, sollte dieser die jeweiligen
Themen eher kurz und prägnant darstellen und eher quartalsweise als wöchentlich erscheinen. Ansonsten besteht die Gefahr, dass der Newsletter nicht
mehr gelesen wird. Weiterführende und umfassende Informationen werden
durch den Leser oftmals nicht mehr als informativ wahrgenommen. Im
Kommunikationskonzept muss deshalb ein Weg vorgesehen werden, der an
anderer Stelle tiefer gehende Informationen und Hintergründe, sofern sie für
eine Zielgruppe relevant sind, vermittelt.

> Vermeiden, dass der Newsletter nach den ersten Ausgaben wieder einschläft.

Hier könnte die Aufgabe der Führungskraft liegen, nämlich vertiefende
Diskussionen und Gespräche mit den Mitarbeitern zu führen oder aber für
die Teamrunde einen Experten aus dem Projekt als Informant zu gewinnen.
Auch über einen Info-Markt oder ähnliche Veranstaltungen könnten detaillierte Inhalte transportiert werden (▶ Kap. 2.2.1).

2.2.5 Wandzeitung

Definition und Ergebnis einer Wandzeitung

Was ist unter einer Wandzeitung zu verstehen?

Sie ist ein Informationsmedium, mit dem v. a. auch große Zielgruppen erreicht werden können. Hierbei wird die Wandzeitung an einer zentralen Stelle
im Unternehmen platziert, an der regelmäßig alle Mitarbeiter vorbei kommen
und sich auf diesem Wege informieren können. Ein Betreuer kann zumindest
für bestimmte Zeiten an der Wandzeitung als Ansprechpartner zur Verfügung stehen.

> Die Wandzeitung steht an prominenten Plätzen im Unternehmen.

Welchen Zweck erfüllt eine Wandzeitung?

Eine Wandzeitung vermittelt – ähnlich wie die erste Seite einer Tageszeitung
– in übersichtlicher Form Informationen und Hintergründe. Dadurch können sich viele Personen in kurzer Zeit ein Bild machen. Die Wandzeitung
sollte so aufgestellt sein, dass eine große Personenzahl sie ohne wesentlichen
Aufwand lesen kann. Ein zusätzlicher Nutzen besteht darin, dass jede Person
mehrfach im Laufe einer Arbeitswoche an der Wandzeitung vorübergeht und
das über die Wandzeitung vermittelte Thema so eine hohe Präsenz erreicht.

> Mit einem Blick erhalten die Leser wichtige Infor-mationen.

Worin besteht das Ergebnis einer Wandzeitung?

Die Mitarbeiter sind für ein wichtiges Thema des Veränderungsprozesses
sensibilisiert und in den Grundzügen informiert. Die Wandzeitung kommt
dem Bedürfnis nach, sich sozusagen »im Vorübergehen« zu informieren. Ein

Vorzug liegt darin, dass sie mit vergleichsweise geringem Aufwand erstellt und eingesetzt werden kann.

Beschreibung einer Wandzeitung

Wie ist die Wandzeitung aufgebaut?

Dieses Medium besteht aus einer oder auch mehreren Pinnwänden, auf der in Schaubildern ein Thema veranschaulicht wird, z. B. die neuen Produkte und die Vorteile für die Kunden. Die Darstellung sollte eher einen Überblick als zu viele Details vermitteln. Um dies zu fördern helfen Graphiken, Bilder, Tabellen etc. Viel Text wirkt eher abschreckend, da die Leser nur kurze Zeit vor der Wandzeitung verbringen werden und sich mit ihrer Hilfe einen Überblick verschaffen wollen. Die konkrete inhaltliche und optische Gestaltung hängt vom Thema selbst und vom Bedarf der Zielgruppe ab.

Entscheidend ist der Ort, an dem sie aufgebaut werden soll. Dies sollte eine Stelle im Unternehmen sein, die von den zu informierenden Personen häufig frequentiert wird. Es eignen sich z. B. Eingangshallen und Besprechungsräume.

Wichtig ist es, im Vorfeld darüber zu informieren, welches Thema vorgestellt wird, aus welchem Grund gerade dieses ausgewählt wurde und an welchem Ort und in welchem Zeitrahmen die Wandzeitung einzusehen ist. Ihr Erscheinen kann auf der Homepage oder in einem Newsletter angekündigt werden. Ein Experte zum Thema könnte für eine gewisse Zeit an der Wandzeitung als Ansprechpartner zur Verfügung stehen.

Anmerkungen

Eine Wandzeitung ist mit einem Info-Stand vergleichbar.

Ähnlich zu den Ständen eines Info-Marktes können auch hier Elemente aufgenommen werden, die eine Interaktion mit dem Leser einer Wandzeitung erlauben. So könnten die Leser dazu aufgefordert werden, Fragen zum Thema aufzuschreiben oder auf einer Skala eine Einschätzung z. B. der aktuellen Stimmung zu geben. Dazu müsste eine Rubrik in der Zeitung bzw. ein eigenes Feld auf der Wand eingerichtet werden. Auch wenn die Intensität der Interaktion begrenzter möglich ist als im Rahmen eines Info-Marktes, kann hiermit ein weiterer Kanal geöffnet werden, über den Mitarbeiter Feedback und Fragen äußern können.

Wie kann eine Wandzeitung eingesetzt werden?

Sie eignet sich als ein ergänzendes Medium, das z. B. nach einer Versammlung oder einem Info-Markt eingesetzt werden kann. Dort besprochene Inhalte könnten über die Wandzeitung präsent gehalten werden. In einem solchen Falle könnten die Info-Stände gleich wieder als Wandzeitung verwendet werden. Eine andere Einsatzmöglichkeit besteht darin, dass die Wandzeitung nach einer ersten Kommunikation über das weitere Geschehen im Veränderungsprozess informiert. Wenn z. B. auf einer Informationsveranstaltung ein neu einzuführendes betriebliches Vorschlagswesen erklärt wird, könnte die Wandzeitung über die eingereichten Ideen und die damit erzielten Verbesserungen informieren.

Wer ist an der Erstellung einer Wandzeitung beteiligt?

Die Wandzeitung müsste durch Experten, die zum jeweiligen Thema etwas sagen können, konzipiert werden. Damit die Gestaltung auch den Bedarf der Zielgruppe trifft, sollte der Veränderungsmanager die Experten in ihrer Arbeit unterstützen.

2.2.6 Homepage im Firmen-Intranet

Definition und Ergebnis einer Homepage im Firmen-Intranet

Was ist unter einer Homepage im Intranet zu verstehen?

Viele Firmen verfügen bereits über vernetzte EDV-Systeme und haben ein eigenes Intranet installiert. Die meisten Unternehmen nutzen ihr Intranet als Informationsforum und stellen dort z. B. ihre Strukturen, Organisation und Produkte vor. Diese Funktionalität kann nun auch genutzt werden, um über ein Veränderungsprojekt zu informieren. Hierfür wird eine Homepage im Intranet aufgebaut.

Worin besteht das Ergebnis einer Homepage im Intranet?

Mit einer Homepage kann eine Plattform für das Veränderungsprojekt eingerichtet werden, auf der dauerhaft und umfassend Unterlagen und Materialien für Interessenten einsehbar sind. Ein weiterer Vorteil liegt darin, aktuelle Vorkommnisse einer breiten Öffentlichkeit zeitnah zur Verfügung stellen zu können. Das Intranet bietet auch die Möglichkeit, Feedback und Fragen von Mitarbeitern einzuholen.

Beschreibung einer Homepage im Intranet

Wann kann eine Homepage im Intranet genutzt werden?

Die Homepage kann bereits zu Beginn eines Veränderungsprojektes eingesetzt werden und über das Veränderungsprojektteam und die ersten konzeptionellen und planerischen Arbeiten berichten. Nach der Freischaltung sollte die Homepage mit neuen Informationen regelmäßig aktualisiert und erweitert werden. Das Erreichen wichtiger Meilensteine im Veränderungsprojekt sollte z. B. als Anlass genommen werden, darüber auf der Homepage zu berichten.

Die Homepage entwickelt sich im Verlauf des Veränderungsprojekts.

Was muss für den Aufbau einer Homepage vorbereitet und gemacht werden?

In der Konzeption einer Homepage sind inhaltliche Themenschwerpunkte festzulegen, grundsätzliche Fragen zu Gestaltung und Layout zu klären und die organisatorische Umsetzung zu planen. Im Vorfeld gilt es eine Reihe von Fragen zu klären.

Homepage im Intranet – Fragen im Vorfeld

- Inhaltliche Gestaltung der Homepage
  - Wer ist die Zielgruppe für den Intranet-Auftritt?
  - Welche Inhalte sind für alle Betroffenen wichtig? Worüber muss informiert werden?
  - Was motiviert die Zielgruppe, auf die Homepage zuzugreifen?
  - Welche Inhalte können auf einer Homepage dargestellt werden?
- Strukturelle Gestaltung der Homepage
  - Aus welchen Kapiteln soll die Homepage bestehen?
  - Welche Verlinkungen sollen zu anderen Homepages im Intranet eingebaut werden?
  - Welche Logos, Graphiken, Fotos werden verwendet?
- Organisatorische Planung der Homepage
  - Wie ist die Redaktion organisiert? Wer sorgt für die Aktualisierung und Pflege des Auftritts?
  - Wer legt die Inhalte für die Homepage fest, und wer erstellt sie?
  - Wie soll über Neuigkeiten auf der Homepage informiert werden?

In welche Kapitel kann eine Homepage im Intranet aufgeteilt werden?

Die Homepage erlaubt auch umfassende Darstellungen.

Besondere Bedeutung kommt der Frage nach der Struktur der Homepage zu, bestimmt diese Frage doch auch den Aufbau des Auftritts und die inhaltlichen Schwerpunkte, über die im Intranet zu lesen ist.

Vorschläge für mögliche Kapitel werden in der Übersicht beschrieben.

Homepage im Intranet – beispielhafte Kapitel

- Auftrag und Ziele des Veränderungsprojektes
  Wichtig ist es, den Hintergrund und die Bedeutung des Veränderungsprojektes zu erläutern und zu verdeutlichen, was man sich hiervon verspricht. Die Veränderung wird in ihren entscheidenden Vorhaben skizziert und beschrieben.
  Dies kann z. B. in Form eines persönlichen Briefes dargestellt werden, den der Veränderungsmanager oder einer der Initiatoren aus dem Top-Management verfasst.
- Who is who: die Beteiligten
  Hier werden die Mitglieder des Veränderungsprojektes vorgestellt. Für die Betroffenen ist es interessant zu erfahren, welche Mitarbeiter die Veränderung planen und welche Aufgaben und Funktionen sie dabei übernehmen. Fotos von Mitglieder oder vom gesamten Team lockern die Vorstellung auf.
- Das Veränderungsprojekt
  Oft sind Veränderungsprojekte sehr umfangreich und in Teilprojekte oder Aufgabengebiete organisiert. In diesem Kapitel sollte eine Über-

▼

sicht der Aufgabengebiete bzw. Teilprojekte dargelegt werden. Jedes Teilprojekt bzw. Aufgabengebiet stellt sich anhand eines Steckbriefes vor. Hier werden Punkte nachgefragt wie:

- – Was soll erreicht werden?
- – Welche Aufgaben werden bearbeitet?
- – Wer arbeitet in diesem Teilprojekt oder an diesem Aufgabengebiet?
- – Welches sind wichtige Meilensteine?
- – Wie sieht der aktuelle Stand aus?

Der Stand muss in regelmäßigen Abständen aktualisiert werden.

- Neuigkeiten
  In diesem Kapitel finden Meldungen ihren Platz, die die Zielgruppe interessieren und die wichtig aus Sicht des Veränderungsprojektes sind. Hierzu gehören alle aktuellen Ereignisse, wie z. B. eine wichtige Mitarbeiterversammlung oder personelle Veränderungen in den Projekten, oder Präsentationen, die in Versammlungen oder Entscheidungsgremien verwendet wurden.

- Infopool
  Ein Infopool soll v. a. Nützliches für die Zielgruppe beinhalten. Nützlich kann z. B. der Zugriff auf Schulungsunterlagen oder Fachbücher sein, in denen der Umgang mit neuen Arbeitsanweisungen erklärt wird. Hier lassen sich auch Links auf andere wichtige Seiten innerhalb des Intranets platzieren.

- Glossar und häufigste Fragen
  Begriffe, Schlagwörter und Abkürzungen, die dem Großteil der Mitarbeiter fremd sind, könnten verständlich erklärt werden. Sobald neue Begriffe auftauchen, kann das Glossar erweitert werden. Das Gleiche gilt für Fragen, die immer wieder gestellt werden. Diese häufigsten Fragen (auch bekannt als »frequently asked questions«; FAQs) können einmal richtig und verständlich beantwortet als Liste im Intranet erscheinen.

- Feedback
  Die Leser der Homepage können hier ihre Fragen und kritischen Anmerkungen per E-Mail an die Redaktion schicken. Wichtig für die Glaubwürdigkeit ist die schnelle Reaktion auf die Anliegen der Mitarbeiter. Auch wenn die Resonanz eher gering ist, sollte dieser Kommunikationskanal angeboten werden.

- Archiv
  Im Archiv werden im Laufe des Veränderungsprojektes Präsentationen, Unterlagen, die zuerst unter Neuigkeiten erschienen sind, oder aber auch andere elektronische Kommunikationsmedien wie z. B. der Newsletter gesammelt und aufbewahrt.

- Termine
  Der Leser kann sich über die nächsten Schritte im Veränderungsprozess informieren und findet hier Hinweise zu Terminen wie z. B. von Workshops oder Schulungen, Ausgabe einer Wandzeitung.

◘ Abb. 2.14. Kapitelstruktur
einer Homepage

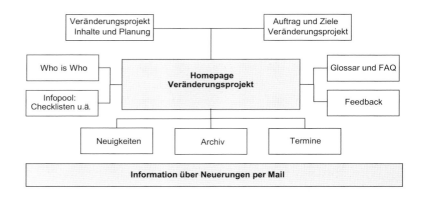

Alle Kapitel sind über die Einstiegsseite der Homepage erreichbar. Sie können auch untereinander verbunden sein (◘ Abb. 2.14). So kann es z. B. sinnvoll sein, die Feedbackfunktion auch von der Seite mit den häufig gestellten Fragen aus zu erreichen oder vom Archiv aus auf die News-Seite zu gelangen.

Anmerkungen

In ihrem Aufbau ähnelt die Homepage dem Newsletter.

Weitere Ideen zur Gestaltung einer Homepage sind in ▶ Kap. 2.2.4 zu finden.

Wer ist an der Erstellung einer Homepage beteiligt?

Um eine Homepage zu erstellen, wird jemand benötigt, der Seiten im Intranet programmieren und dort Inhalte einstellen kann. Ebenso übernimmt ein Koordinator die Aufgabe, die Inhalte für die Kapitel zu besorgen und sie auf einem aktuellen Stand zu halten. Die Inhalte kommen von den fachlichen Experten und von den Mitarbeitern im Veränderungsprojektteam. Die Koordination könnte durch den Veränderungsmanager oder durch ein Mitglied aus dem Veränderungsprojektteam übernommen werden.

Anmerkungen

Eine Homepage hat für die Kommunikation nur dann Bedeutung, wenn sie für die Leser interessant und nützlich ist. Dies verlangt eine regelmäßige Aktualisierung und Pflege der eingestellten Inhalte. Denn die Stärke der Homepage liegt im Vergleich zum Newsletter oder der Wandzeitung darin, dass sie jederzeit aktualisiert und weiter ausgebaut werden kann. Stellt der Leser aber fest, dass der aktuelle Stand bereits einige Wochen zurückliegt und im Infopool noch immer veraltete Versionen der Arbeitsanweisungen liegen, schwindet die Akzeptanz für dieses Medium. Dies kann sich negativ auf die Bewertung des Veränderungsprojekts auswirken.

Damit die Leser auch Notiz davon nehmen, wenn neue Inhalte und Informationen auf der Homepage eingestellt worden sind, kann eine E-Mail an die Zielgruppe verschickt werden, in der die Neuigkeiten angekündigt werden. Noch praktischer ist es, wenn direkt in der E-Mail Links auf die entsprechenden Kapitel der Homepage verweisen.

Abschließende Bemerkungen

Im Rahmen einer Veränderung müssen nicht alle Medien verwendet werden. In der Planung sollte überlegt werden, welche Medien nützlich für die Kommunikation sind und mit welchem Aufwand sie umzusetzen sind.

Veränderungen beschäftigen und beunruhigen Mitarbeiter, weil sie Einfluss auf ihr direktes Arbeitsumfeld nehmen, ohne dass aber die konkreten Auswirkungen von vorn herein klar zu erkennen sind. Zu Beginn ist die Desorientierung daher besonders groß. Die ersten Informationen können sich in Form von Gerüchten – und mit großer Geschwindigkeit – verbreiten. Inhaltlich hilft dies den Mitarbeitern jedoch nicht weiter, da die Information wenig fundiert und sehr unterschiedlich nahe an der Realität ist. Wenn diesen Gerüchten nicht entgegengewirkt wird, wird die Verwirrung eher zunehmen. Natürlich ist gut nachvollziehbar, dass Mitarbeiter alles aufzunehmen versuchen, was ihnen dabei hilft, die Veränderung einordnen zu können. Dieses Bedürfnis nach Verständnis tritt nicht nur zu Beginn eines Veränderungsprozesses auf, sondern begleitet in unterschiedlichen Intensitäten die Einführung einer Veränderung.

Dies macht die Gestaltung von Kommunikation für die Begleitung von Veränderungen zu einer notwendigen Bedingung. Oft beschränkt sich der Auftrag an die Kommunikation auf das Vermitteln von Informationen, Beschlüssen und Verfahrensweisen, weil die Potenziale der Kommunikationsprozesse nicht bekannt sind oder unterschätzt werden. Zu sehr wird darauf gesetzt, möglichst viele Informationen in begrenzter Zeit zu vermitteln. Als Folgen können sich Überforderung und Frustration beim Empfänger einstellen.

»Gute Absichten« wirken sich in der Kommunikation oft gegenteilig aus, wenn es darum geht, Mitarbeiter für eine Veränderung zu gewinnen. Qualität macht sich an anderen Faktoren fest, auf die bei der Erstellung eines Kommunikationsplans unbedingt geachtet werden sollte. Dies sind beispielsweise die Interaktivität von Kommunikationskanälen und die Empfängerorientierung in der Aufbereitung von Informationen. Der Veränderungsmanager sollte daher auch Kommunikationskanäle nutzen, in denen die Empfängerkreise aktiv eingebunden werden und die ausreichende Möglichkeiten bieten, Fragen zu stellen, Bedenken zu äußern oder Anregungen zu liefern.

Solche Gestaltungselemente einer kommunikativen Veränderungsbegleitung unterstützen nicht nur die Betroffenen darin, die Veränderung zu verstehen und in ihrer eigenen Rolle mitzutragen; sie kommen darüber hinaus auch den Veränderern insofern zu Gute, als sie Hinweise für den Aufbau des Veränderungsprozesses liefern und auch zu Kenntnissen darüber führen, wie die Veränderung von den Betroffenen wahrgenommen wird.

Die Möglichkeiten der Kommunikation für die erfolgreiche Umsetzung einer Veränderung werden oft nicht ausgenutzt. Kommunikation sollte nicht nur Informationen überbringen, um eine Veränderung verständlich zu machen, sondern auch, um das Verständnis für die Veränderung und deren Akzeptanz bei den Betroffenen zu fördern.

Gut gestaltete Kommunikation schafft Akzeptanz für die Veränderung.

Kommunikation ist mehr als die Vermittlung von Information.

3 Beteiligung

Notwendigkeit von Beteiligung im Veränderungsprozess

In diesem Kapitel wird beschrieben, wie sich Führungskräfte und Mitarbeiter an einem Veränderungsprozess beteiligen lassen. Es wird gezeigt, wie sie ihr Wissen und ihre Meinung einbringen und sich mit den Inhalten und Konsequenzen der Veränderung auseinandersetzen können.

Beteiligungsmaßnahmen ermöglichen Beteiligung an einer Veränderung.

Dabei ist zwischen Beteiligung und Beteiligungsmaßnahmen zu unterscheiden. Beteiligung meint hier jede Form von Auseinandersetzung und Einflussnahme, die sich sowohl auf die fachliche als auch die überfachliche Seite der Veränderung bezieht. Beteiligungsmaßnahmen hingegen sind Methoden, mit deren Hilfe Beteiligung formal ermöglicht wird.

In ▶ Kap. 1 und 2 wurde bereits ausführlich dargestellt, dass ein erfolgreicher Veränderungsprozess zum einen die richtungweisende Vision und zum anderen einen guten Kommunikationsprozess voraussetzt. Eine weitere wichtige Komponente der Veränderungsbegleitung ist die Beteiligung der Betroffenen. Dahinter verbirgt sich z. B. der Austausch zwischen der Gruppe der Initiatoren der Veränderung und dem Veränderungsmanager auf der einen Seite und der Gruppe der Führungskräfte und Mitarbeiter auf der anderen Seite. Neben dem Austausch geht es auch darum, Foren zu schaffen, in denen Führungskräfte und Mitarbeiter – die wahren Experten des Tagesgeschäfts – durch Hinweise und Ideen, aber auch ihre aktive Mitarbeit die Veränderung verbessern und so ihre eigene Arbeitsumwelt mitgestalten können. Schließlich unterstützt Beteiligung und damit die intensive Auseinandersetzung mit den Inhalten der Veränderung die Information der Betroffenen. Die beteiligten Führungskräfte und Mitarbeiter können z. B. als Multiplikatoren fungieren und ihr neu erworbenes Hintergrundwissen und ihre Erkenntnisse an Kollegen weitergeben. Durch Beteiligung kann somit die Identifikation mit den Veränderungsinhalten und damit auch die Bereitschaft, die Veränderung zu akzeptieren und mitzutragen, gesteigert werden.

Eine Veränderung profitiert fachlich von den Ergebnissen der Beteiligung.

Beteiligung ist eine Komponente des Veränderungsmanagements, von der auch die fachliche Seite der Veränderung direkt profitieren kann. So finden sowohl Diskussionen und Feedbackrunden zu den konkreten Inhalten der Veränderung statt, aber auch die Themen des Veränderungsmanagements selbst können bearbeitet werden. Zeitlich gesehen liegt der Schwerpunkt der Beteiligungsarbeit damit in den Phasen der Planung und Umsetzung (◘ Abb. 3.1).

In welchem Ausmaß Mitarbeiter und Führungskräfte in einem Veränderungsprozess beteiligt werden sollten, kann anhand der folgenden Kriterien entschieden werden:
- Anzahl der betroffenen Personen,
- Umfang des Neuen in einer fachlichen Veränderung (◘ Abb. 5, ▶ Einleitung).

Der Bedarf für Beteiligung wächst mit dem Ausmaß der Veränderung.

Je mehr Personen betroffen und je fremder die Veränderungsinhalte für jeden Einzelnen sind, umso wichtiger ist es, Energie und Zeit in das Thema Beteiligung zu investieren. Sprechen die Anzahl der Betroffenen und das Ausmaß der Neuerungen, die die Veränderung mit sich bringt, für eine Beteiligung, dann ist es weniger eine Frage, ob Beteiligung überhaupt ermöglicht werden sollte, als vielmehr eine Frage des Umfangs und der Form, in der man Mitarbeiter und Führungskräfte sinnvoll beteiligen kann.

Weiter schließt sich die Frage an, auf welche Art und Weise die Beteiligung realisiert werden sollte. Wenn nur 20 Mitarbeiter betroffen sind, ist eine

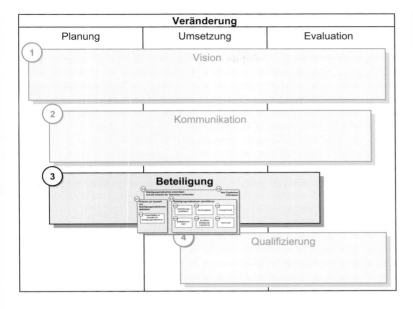

▫ Abb. 3.1. Beteiligung im Zusammenhang mit den Elementen der Veränderung

Beteiligung eher »auf dem kleinen Dienstweg« möglich – z. B. in Teamrunden oder durch die Übernahme von konkreten Aufgaben bei der Umsetzung. Bei über 100 betroffenen Personen wird es jedoch notwendig sein, formale Beteiligungsmaßnahmen einzusetzen.

Die in diesem Kapitel beschriebenen Beteiligungsmaßnahmen eignen sich vorwiegend für Gruppen von Betroffenen, die größer als 100 Personen sind. Aber auch für kleinere Gruppen beinhalten sie vielfältige Ideen, Beteiligung zu ermöglichen.

Inhalte des Kapitels: Erster Überblick über den Beteiligungsprozess

Das Kapitel gliedert sich in 4 Abschnitte, die sich mit der Auswahl einer passenden Beteiligungsmaßnahme, ihrer Durchführung und der mit den Beteiligungsmaßnahmen verbundenen Kommunikation über den Start und die Ergebnisse beschäftigen (▫ Abb. 3.2).

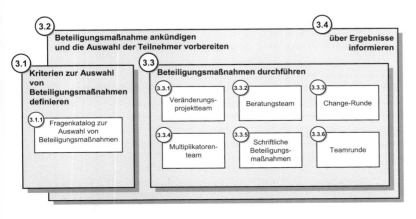

▫ Abb. 3.2. Die Inhalte des Kapitels Beteiligung im Überblick

■ **Abb. 3.3.** Kriterien zur Auswahl von Beteiligungsmaßnahmen definieren

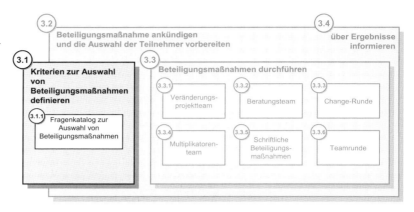

Kriterien zur Auswahl von Beteiligungsmaßnahmen definieren
Zunächst sollte, gestützt durch eine Reihe von Leitfragen, definiert werden, welche Kriterien die Beteiligungsmaßnahme erfüllen soll. Auf der Basis der Ergebnisse kann dann eine passende Beteiligungsmaßnahme ausgewählt werden.

Beteiligungsmaßnahme ankündigen und die Auswahl der Teilnehmer vorbereiten
Zu Beginn der Beteiligungsmaßnahme wird die Kommunikation zu Marketingzwecken eingesetzt, um sowohl über die anstehenden Maßnahmen zu informieren als auch um Teilnehmer zu werben und deren Auswahl vorzubereiten (■ Abb. 3.3).

Beteiligungsmaßnahmen durchführen
Anschließend folgt die Umsetzung der ausgewählten Beteiligungsmaßnahmen.

Über Ergebnisse informieren
Die Durchführung der Beteiligungsmaßnahmen ist eingebettet in die Kommunikation, die über erreichte Ergebnisse und Fortschritte berichtet.

Auf den folgenden Seiten werden Instrumente beschrieben, die zur Vorbereitung, Umsetzung und Begleitung von Beteiligung Unterstützung bieten.

3.1   Kriterien zur Auswahl von Beteiligungsmaßnahmen definieren

Einleitung und Überblick

Beteiligungsmaßnahmen werden an die Situation der Organisation angepasst.

Um Mitarbeiter und Führungskräfte im Rahmen einer Veränderung erfolgreich zu beteiligen, ist es nötig, die für die Situation und die Organisation passende Beteiligungsmaßnahme anzubieten. Verantwortlich für dieses Angebot sind die Initiatoren der Veränderung und der Veränderungsmanager.

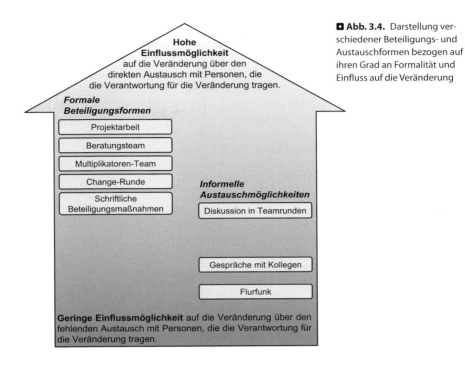

◘ Abb. 3.4. Darstellung verschiedener Beteiligungs- und Austauschformen bezogen auf ihren Grad an Formalität und Einfluss auf die Veränderung

Im Folgenden wird beschrieben, welche unterschiedlichen Beteiligungsformen behandelt werden (◘ Abb. 3.4) und anhand welcher Leitfragen wichtige Kriterien zur Auswahl von Beteiligungsmaßnahmen definiert werden können (▶ Kap. 3.1.1).

Unterscheidungsmerkmale zur Differenzierung von Beteiligungsformen
Die größte Herausforderung bei der Realisierung von Beteiligung ist es, die richtigen Personen zum richtigen Zeitpunkt an der richtigen Fragestellung – unterstützt durch eine passende Beteiligungsmaßnahme – diskutieren und arbeiten zu lassen. Dazu muss zunächst klar sein, welche Möglichkeiten der Beteiligung zur Verfügung stehen. Grundsätzlich gibt es im Rahmen von Beteiligung

— formale Beteiligungsmaßnahmen innerhalb des Veränderungsprozesses und
— informelle Formen des Austauschs.

Bei formalen Beteiligungsmaßnahmen handelt es sich um von den Initiatoren der Veränderung oder dem Veränderungsmanager geschaffene Foren, in denen Führungskräfte und Mitarbeiter die Inhalte der Veränderung diskutieren und Feedback geben. Durch den direkten Austausch mit den Verantwortlichen der Veränderung können Ideen und Kritik direkt auf die Veränderung Einfluss nehmen.

Die informellen Formen beschreiben spontan entstehende Situationen, in denen sich von der Veränderung betroffene Kollegen austauschen. Diese Formen haben vornehmlich Ventilcharakter; hier können die Betroffenen von der Veränderung ausgelöste Gedanken und Gefühle mit anderen Menschen

Beteiligung kann formal organisiert sein, aber auch informell stattfinden.

besprechen. Ein informeller Austausch erfüllt zwar den Wunsch der Betroffenen, der eigenen Meinung Gehör zu verschaffen, aber oftmals verhallt das Gesagte, ohne etwas verändert zu haben.

Formale Beteiligung ermöglicht eine direkte Einflussnahme auf die Veränderung.

Mit der Unterscheidung in formale und informelle Formen der Beteiligung ändert sich der Grad an Einflussnahme der Beteiligten auf die Inhalte der Veränderung. In den meisten Fällen ist der Einfluss bei den formalen Beteiligungsformen größer, da hier eine Zusammenarbeit mit denjenigen Ansprechpartnern ermöglicht wird, die die Veränderung steuern (◘ Abb. 3.4). Informelle Formen des Austauschs haben zwar in jedem Veränderungsprozess ihren Platz und lassen sich weder verordnen noch verhindern. Die Chance, informell Einfluss nehmen zu können, ist jedoch sehr gering und besteht nur dann, wenn der informelle Austausch mit einer Person stattfindet, die die Veränderung selbst beeinflussen kann. Bei einem guten Zusammenspiel beider Formen der Beteiligung besteht allerdings die Möglichkeit, auch informell im Kreis der Kollegen geäußerte Ideen über die formalen Beteiligungsmaßnahmen in den Veränderungsprozess einzubringen.

Anmerkungen

Die Besetzung von Gremien ermöglicht die Beteiligung von einflussreichen Personen.

Eine weitere Form der Beteiligung, auf die in diesem Kapitel jedoch nicht näher eingegangen werden soll, ist die Besetzung von Entscheidungsgremien mit einflussreichen Personen, deren Verantwortungsbereich von der Veränderung berührt wird. Wenn sich diese Personen nicht für die Teilnahme an Beteiligungsmaßnahmen eignen (z. B. weil sie einen vergleichbaren Status haben wie die Initiatoren der Veränderung), bietet es sich an, sie in Gremien zu beteiligen, in denen grundsätzliche Entscheidungen über die Inhalte der Veränderung, das Umsetzungsvorgehen, aber auch über Budgetfragen und Fristen getroffen werden. Diese Strategie hat zum Vorteil, dass die Teilnehmer sowohl über den Status der Veränderung informiert sind als auch die getroffenen Entscheidungen mittragen. Nicht zuletzt dient eine gezielte Besetzung von Gremien aber auch dazu, denjenigen Personen eine besondere Wertschätzung entgegen zu bringen, die für den Erfolg der Veränderung entscheidend sind.

3.1.1 Fragenkatalog zur Auswahl von Beteiligungsmaßnahmen

Definition und Ergebnis der Arbeit mit dem Fragenkatalog

Was ist der Fragenkatalog?
Der Fragenkatalog beinhaltet eine Sammlung von Fragen, mit deren Hilfe die jeweils bestmögliche Beteiligungsmaßnahme für die aktuelle Situation in der betroffenen Organisation ausgewählt werden kann. Mit Hilfe der im Folgenden beschriebenen vier Leitfragen lassen sich hierfür grundlegende Kriterien erarbeiten:

① Welches Ziel soll durch die Beteiligungsmaßnahme erreicht werden?
② Wer soll an der Beteiligungsmaßnahme teilnehmen?
③ Welchen Auftrag und welche Rolle haben die Beteiligten?
④ Welche Rahmenbedingungen sollten noch Beachtung finden?
  ― Wie hoch kann der zeitliche Aufwand sein, der durch eine Beteiligungsmaßnahme entsteht?

- Zu welchem Zeitpunkt soll die Beteiligung stattfinden?
- Wie sollen Teilnehmer aus unterschiedlichen Hierarchien zusammenarbeiten?
- Sollte mit festen oder jeweils neu zusammengesetzten Teams gearbeitet werden?

Worin besteht das Ergebnis der Arbeit mit dem Fragenkatalog?
Anhand der Antworten lassen sich genaue Anforderungen definieren, die die Beteiligungsmaßnahme erfüllen soll. Diese Antworten bilden somit die Basis für

- die Auswahl der Beteiligungsmaßnahme (⬤ Abb. 3.6),
- das Marketing der Beteiligungsmaßnahme (► Kap. 3.2) sowie
- die inhaltliche Planung und Umsetzung der Maßnahme (► Kap. 3.3).

Beschreibung der Arbeit mit dem Fragenkatalog

Wann sollte der Fragenkatalog eingesetzt werden?
Der Fragenkatalog sollte zu Beginn der Veränderungsbegleitung genutzt werden, um festzulegen, welche Beteiligungsmaßnahmen zur Unterstützung der Veränderung eingesetzt werden sollten.

Wer sollte den Fragenkatalog einsetzen?
Der Fragenkatalog sollte vom Veränderungsmanager bearbeitet werden, der im nächsten Schritt auch für die Durchführung der Beteiligungsmaßnahme verantwortlich ist.

Der Fragenkatalog im Detail

① Welche Ziele sollen durch die Beteiligungsmaßnahme erreicht werden?
Grundsätzlich haben Beteilungsmaßnahmen zwei unterschiedliche Zielsetzungen, nämlich, eine Akzeptanz für die Veränderung zu schaffen und die Qualität der Veränderung durch Wissen und Erfahrungen der Betroffenen zu verbessern.

Durch Beteiligung wird Akzeptanz geschaffen und Qualität verbessert.

Beide Ziele sind Kernelemente jeder Beteiligung. Sie stehen zueinander in wechselseitiger Beziehung und sind deshalb nicht eindeutig voneinander zu trennen. So können gute inhaltliche Anregungen in Beteiligungsmaßnahmen geäußert werden, deren Schwerpunkt eher auf die Akzeptanz der Veränderung ausgerichtet ist, und umgekehrt kann die bloße Tatsache, an einer Beteiligungsmaßnahme mit dem Schwerpunkt Qualität teilnehmen zu können, die Akzeptanz für die Veränderung erhöhen.

Dennoch ist es für die Auswahl sinnvoll, festzulegen, welche Ziele die Maßnahme unterstützen soll, da dies entscheidend auf den möglichen Teilnehmerkreis und auf zu bearbeitende Fragestellungen einwirkt. Ist es das Ziel der Beteiligungsmaßnahme, die Qualität der Veränderung zu erhöhen, sollte eine Beteiligungsform ausgewählt werden, die das Wissen und die Erfahrungen der Betroffenen in den Vordergrund stellt. Liegt der Fokus eher auf Akzeptanz, ist es relevanter, Möglichkeiten zur Diskussion über die Veränderung für viele Personen anzubieten.

Anmerkungen

Zwar ist die Festlegung eines Schwerpunkts für die Auswahl und Gestaltung der jeweiligen Beteiligungsmaßnahme hilfreich, allerdings eignet sie sich nicht als Information für die Kommunikation der Beteiligungsmaßnahme.

② Wer soll an der Beteiligungsmaßnahme teilnehmen?

Insgesamt sind 3 Teilnehmerkreise für eine Beteiligungsmaßnahme denkbar: zum einen der Leiter der Maßnahme und damit auch der inhaltlich Verantwortliche, daneben die Betroffenen der Veränderung und ein Moderator, der die Treffen strukturiert.

Der Leiter der Beteiligungsmaßnahme sollte eine für die Initiierung der Veränderung oder ihre Umsetzung verantwortliche Person sein, die die Ideen, das Feedback und die Kritik der Teilnehmer aufnehmen und sie im Veränderungsprozess umsetzen kann. In den meisten Fällen ist der Leiter der Veränderungsmanager oder einer seiner Vertreter. Zusätzlich ist es sinnvoll, einen Moderator hinzuzuziehen, der die Sitzungen und die zu diskutierenden Fragestellungen gemeinsam mit dem Leiter vorbereitet, moderiert und dokumentiert.

Um die passenden Teilnehmer für eine bestimmte Beteiligungsmaßnahme auszuwählen, ist es hilfreich, eine systematisierte Analyse der Personen und Personengruppen durchzuführen, die von der Veränderung betroffen sind. Die Umfeldanalyse ist eine Methode, die diese Aufgabe strukturiert.

Umfeldanalyse
Definition und Ergebnis einer Umfeldanalyse

Was ist eine Umfeldanalyse?

> Eine Umfeldanalyse beschreibt das Interessengefüge, auf das eine Veränderung einwirkt.

Eine Umfeldanalyse ist ein Verfahren, das eine Einschätzung und Bewertung derjenigen Personen und Personengruppen ermöglicht, auf die eine Veränderung einwirkt. Um eine Umfeldanalyse zur Teilnehmerauswahl für Beteiligungsmaßnahmen zu nutzen, wird im letzten Schritt ein Anforderungsprofil abgeleitet, das nötige Teilnehmerkompetenzen beschreibt (◘ Tab. 3.1).

Worin besteht das Ergebnis einer Umfeldanalyse?

Gestützt durch eine Umfeldanalyse können einzelne Personen identifiziert werden, die an einer Beteiligungsmaßnahme teilnehmen sollten. Es kann aber auch ein Anforderungsprofil entwickelt werden, um Teilnehmer aus einer Gruppe von zu beteiligenden Personen auszuwählen.

Beschreibung einer Umfeldanalyse

Wann kann eine Umfeldanalyse eingesetzt werden?

Gleich zu Beginn der Planungsphase der Veränderungsbegleitung sollte eine Umfeldanalyse durchgeführt werden, sodass ihre Ergebnisse direkt in die Besetzung der Beteiligungsmaßnahme einfließen können.

Wie läuft eine Umfeldanalyse ab?

Die Durchführung einer Umfeldanalyse läuft in 5 Schritten ab:

- die von der Veränderung betroffenen Zielpersonen/-gruppen festlegen,
- die Stärke des Einflusses der betroffenen Personen und -gruppen bewerten,

- die Wertigkeit des Einflusses festlegen,
- Hypothesen über Einstellungen und Beweggründe definieren und
- ein Anforderungsprofil entwickeln, um konkrete Teilnehmer auszuwählen.

Wer führt eine Umfeldanalyse durch?

Die Umfeldanalyse sollte vom Veränderungsmanager durchgeführt werden. Es bietet sich jedoch an, die Umfeldanalyse mit mehreren Personen gemeinsam zu erarbeiten, beispielsweise unterstützt durch einen Initiator der Veränderung oder durch Mitglieder des Veränderungsprojektteams. Über dieses Mehr-Augen-Prinzip kommen unterschiedliche Sichtweisen ins Spiel, die das Blickfeld erweitern und eine umfassendere Einschätzung der Situation ermöglichen.

Eine Analyse mit mehreren Teilnehmern durchzuführen verbessert ihre Qualität.

Wie viel Zeit braucht man für die Durchführung einer Umfeldanalyse?

Abhängig von der Anzahl der Personen, die die Umfeldanalyse erstellen, sowie der Kenntnis der betroffenen Personen, auf die die Veränderung wirkt, benötigt man zwischen 1 und 3 Stunden.

Welche Materialien benötigt man?

Gerade wenn man mit mehreren Personen eine Umfeldanalyse erstellt, bietet es sich an, mit Pinnwand oder Flipchart zu arbeiten. Ansonsten reichen ein Stück Papier und ein Stift.

Entwicklung einer Umfeldanalyse Schritt für Schritt

Die Entwicklung einer Umfeldanalyse Schritt für Schritt zeigt ▶ Schema 3.1 (am Ende des Abschnitts). Mögliche Inhalte eines Anforderungsprofils für die Teilnehmer einer Beteiligungsmaßnahme sind in ◘ Tab. 3.1 dargestellt.

◘ **Tab. 3.1.** Mögliche Inhalte eines Anforderungsprofils für Teilnehmer einer Beteiligungsmaßnahme

Kriterium	Erläuterung
Selbstbewusstsein	- Wagt es, Positionen offen zu vertreten und auch unpopuläre Ansichten zu äußern.
Sprecherfunktion	- Kann die Meinung vieler Betroffener wiedergeben. - Wird von den Kollegen so wahrgenommen, dass er ihre Interessen und Ideen gut im Rahmen einer Beteiligungsmaßnahme vertreten kann. - Ist von der Veränderung selbst betroffen.
Hintergrundwissen	- Verfügt über das Wissen und die Erfahrungen, die für die Qualität der Veränderung hilfreich sein können.
Rahmenbedingungen	- Verfügt über ausreichend Zeit, um an der Beteiligungsmaßnahme teilzunehmen oder könnte sich diese nehmen.
Politik/Strategie	- Kann als Promotor der Veränderung auftreten. - Es ist politisch sinnvoll, diese Personen im Rahmen einer Beteiligungsmaßnahme zu integrieren.

Wofür kann man eine Umfeldanalyse noch verwenden?

Grundsätzlich lässt sich eine Umfeldanalyse bei der Planung jedes Projektes einsetzen. Die Analyse kann nicht nur dazu genutzt werden, zu beteiligende Personen und Personengruppen zu identifizieren, sondern unterstützende oder auch hemmende Faktoren wie beispielsweise vorhandene Rahmenbedingungen zu erkennen und daraus geeignete Maßnahmen abzuleiten. Darüber hinaus ist sie bei der Aufgabe hilfreich, die zu informierenden Zielgruppen zu bestimmen (▶ Kap. 2.1.1).

Anmerkungen

Eine Umfeldanalyse bildet nur eine subjektive Wahrheit ab.

Eine Umfeldanalyse beruht immer auf Vermutungen und Hypothesen. Deshalb ist es wichtig, sich bewusst zu machen, dass sie keine objektive Wahrheit abbildet. Um Zielgruppen und ihre Einstellungen kurz und knapp zu beschreiben, neigt man oft dazu, plakativ zu formulieren, sodass für Außenstehende der Eindruck entstehen mag, es handele sich um Bewertungen, ggf. sogar Abwertungen der beschriebenen Personen. Daher empfiehlt es sich, die Ergebnisse einer Umfeldanalyse vertraulich zu behandeln und ihre Inhalte von Zeit zu Zeit neu zu überprüfen, um Einschätzungen bestätigen oder revidieren zu können.

Weitere Informationen zur Umfeldanalyse finden sich auch in Krüger et al. (1999).

③ Welche Rolle und welchen Auftrag haben die Beteiligten?

Im folgenden Schritt muss definiert werden, welche Rolle die Beteiligten einnehmen und welchen Auftrag sie bearbeiten sollen. Hier gilt es zu entscheiden, welche konkreten Fragestellungen diskutiert werden sollen und – mindestens ebenso wichtig – welche nicht.

Beim Einsatz von Beteiligungsmaßnahmen gibt es 3 mögliche und untereinander kombinierbare Rollen:

- **Mitarbeiter oder auch Gestalter/Umsetzer**
  Personen, die konkrete Aufgaben im Rahmen des Veränderungsprozesses übernehmen und umsetzen und somit tatsächlich an der fachlichen Veränderung mitarbeiten.
- **Feedbackgeber oder auch Sparringspartner**
  Personen, die ihre Meinung zu bestimmten Fragestellungen äußern und Ideen in die Diskussion einbringen.
- **Multiplikatoren**
  Personen, die die Inhalte der Veränderung mit den eigenen Kollegen besprechen und diese über aktuelle Themen informieren.

Rollentransparenz schafft Klarheit über Verantwortungen und Handlungsspielräume.

Diese 3 Rollen sind nicht trennscharf voneinander abzugrenzen, sondern als »Schwerpunktrollen« zu verstehen, die von Beteiligungsmaßnahme zu Beteiligungsmaßnahme unterschiedlich gewichtet sein können. Mit den Teilnehmern einer Beteiligungsmaßnahme sollte besprochen werden, welche Rolle sie vornehmlich einnehmen sollen.

Dabei bietet es sich an, die Teilnehmer grundsätzlich zu ermuntern, über die nicht vertraulichen Inhalte ihrer Arbeit im Rahmen der Beteiligungsmaßnahme mit ihren Kollegen zu sprechen, deren Meinung einzuholen und damit letztendlich immer die Rolle eines Multiplikators zu übernehmen. Zur

◧ Tab. 3.2. Das Delegationskontinuum. [Nach McGregor (1970); abgewandelt von Redlich u. Elling (2000) mit Ergänzungen]

Stufen	Ich habe entschieden	…und habe Sie eingeladen, um…
1	nichts	zu klären, ob etwas gemacht werden soll.
2	dass etwas gemacht werden soll	zu klären, was gemacht werden soll.
3	was gemacht werden soll	zu klären, wer es wie, wann, wo machen soll.
4	wer, was, wann, wo, wie machen soll	die Konsequenzen zu klären, die damit für Sie verbunden sind.
5	alles	Sie zu informieren.

Rollenklärung gehört es auch, die mit der Rolle verbundene Entscheidungsbefugnis festzulegen, also zu klären, wie mit Situationen umzugehen ist, in denen sich z. B. der Leiter der Beteiligungsmaßnahme und die Beteiligten uneinig sind.

Des Weiteren ist es nötig, einen klaren Auftrag – also den Inhalt und die Fragestellungen – zu formulieren, an dem die Teilnehmer der Beteiligungsmaßnahme arbeiten sollen. Wenn geklärt ist, welche Inhalte und Themen im Fokus der Beteiligungsmaßnahme stehen und welche nicht, können Diskussionen leichter strukturiert und gesteuert werden.

Bei der Klärung des Auftrags, aber auch bei jeder weiteren Fragestellung, die im Rahmen der Beteiligungsmaßnahme diskutiert werden soll, bietet es sich an, mit dem Delegationskontinuum von McGregor (1970; abgewandelt dargestellt von Redlich u. Elling 2000) zu arbeiten – einem Modell, das Unterstützung bietet, wenn der Rahmen der Diskussion festzulegen ist (◧ Tab. 3.2). Die einzelnen Stufen des Modells beschreiben dabei unterschiedlich weit gesteckte Entscheidungsrahmen einer Gruppe: von der Möglichkeit, zu entscheiden, ob überhaupt eine Veränderung stattfinden soll, bis hin zur Situation, in der die Gruppe nur noch Verständnisfragen stellen darf, weil bereits alles entschieden worden ist. Klassischerweise liegt der Entscheidungsrahmen bei Beteiligungsmaßnahmen bei Stufe 3 mit Abweichungen zu den Stufen 2 und 4.

Das Delegationskontinuum legt den Entscheidungsrahmen fest.

Der Leiter einer Beteiligungsmaßnahme sollte im Vorfeld festlegen, welche Entscheidungen die Gruppe treffen kann, und diesen Rahmen zu Beginn der Diskussion mit den Teilnehmern besprechen (◧ Tab. 3.2).

④ **Welche organisatorischen Themen sollten noch Beachtung finden?**
Wie hoch kann der zeitliche Aufwand, der durch eine Beteiligungsmaßnahme entsteht, sein?
Eine Beteiligungsmaßnahme sollte so aufgesetzt werden, dass sie den zeitlichen Möglichkeiten ihrer Teilnehmer entspricht. Auch sollte ausreichend Zeit zur Verfügung stehen, um den geplanten Auftrag erfüllen zu können. Es gilt, eine gute Balance zu finden, die den ausgewählten Personen die Teilnahme ermöglicht, aber auch einen Mehrwert für die Veränderung selbst darstellt.

Der Zeitpunkt der Beteiligung bestimmt die zu bearbeitenden Themen.

Zu welchem Zeitpunkt soll die Beteiligung stattfinden?

Es ist möglich, Mitarbeiter und Führungskräfte während jeder der 3 Phasen der Veränderung (Planung, Durchführung, Evaluation) zu beteiligen. Jedoch ist zu beachten, dass sich mit jeder Phase der Fokus der Diskussion verschiebt.

Im Rahmen der Planungsphase gibt es viele Fragen, die geklärt und Entscheidungen, die getroffen werden müssen. Hier ist die Möglichkeit der Beteiligten, Einfluss auf die bevorstehenden Veränderungen zu nehmen, am größten. Während dieser Phase werden auch die Erwartungen der Beteiligten, auf die diskutierten Themen einwirken zu können, am höchsten sein.

In der Umsetzungsphase stehen das Feedback zur aktuellen Umsetzung und die damit verbundenen Erfolge und Probleme sowie die kurzfristige Entwicklung von Lösungsideen im Vordergrund. Während dieser Phase nimmt die Erwartung der Teilnehmer, an Grundsatzfragen aktiv mitgestalten zu können, eher ab.

Nach Abschluss der Veränderung steht während der Evaluationsphase die rückwirkende Bewertung der Veränderung im Fokus. Die Erwartung der Teilnehmer wird darin bestehen, Feedback zur Veränderung und zum aktuellen Status zu geben und auf Nachbesserungsbedarfe hinzuweisen.

Die Kultur der jeweiligen Organisation bestimmt, wie unterschiedliche Hierarchien zusammenarbeiten.

Wie sollen Teilnehmer aus unterschiedlichen Hierarchien zusammenarbeiten?

Wenn Personen unterschiedlicher Hierarchien beteiligt werden, sollte im Vorfeld geklärt werden, ob die Teilnehmer in hierarchisch gemischten oder getrennten Teams arbeiten sollen. Es kann sinnvoll sein, Teams zu mischen, um auf diese Weise einen direkten Austausch unterschiedlicher Meinungen zu forcieren. Aber genauso kann es zweckmäßig sein, die Teilnehmer in getrennten Teams parallel an denselben Fragestellungen arbeiten zu lassen, um auf diese Weise sowohl eine unbeeinflusste Sicht der Mitarbeiter als auch der Führungskräfte herauszustellen.

Eine Lösung, die sich bewährt hat, ist die Kombination der beiden »reinen« Varianten: Zunächst beginnt die Arbeit am Thema in getrennten Teams, anschließend diskutieren die Teams ihre Ideen gemeinsam mit dem Ziel, eine von allen getragene Lösung (◘ Abb. 3.5, Variante 3) zu entwickeln.

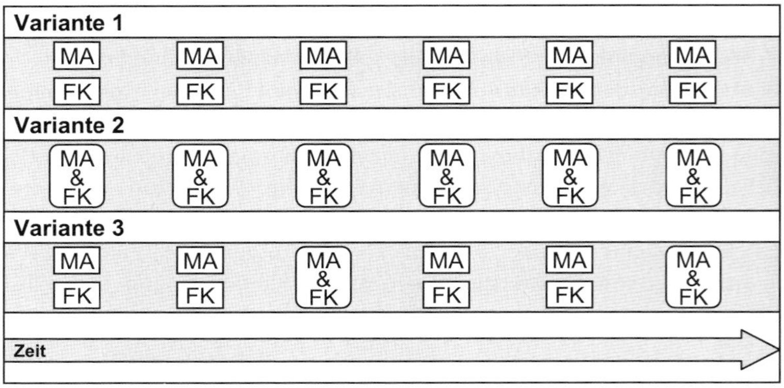

◘ **Abb. 3.5.** Verschiedene Varianten, Teilnehmer unterschiedlicher Hierarchien an einer gemeinsamen Fragestellung arbeiten zu lassen (*MA* Mitarbeiter, *FK* Führungskraft)

Beteiligungsform	*Unterscheidungsmerkmale*							
Beteiligungsmaßnahme	**Schwerpunkt**		**Rolle der Teilnehmer**			**Zeitlicher Aufwand**		
	Qualität	Akzeptanz	Mitarbeit	Feedback	Multiplikator	hoch	mittel	gering
3.3.1 Veränderungsprojekt-Team								
3.3.2 Beratungsteam								
3.3.3 Change-Runde								
3.3.4 Multiplikatorenteam								
3.3.5 Schriftliche Beteiligung								
Informelle Austauschmöglichkeiten	**Schwerpunkt**		**Rolle der Teilnehmer**			**Zeitlicher Aufwand**		
	Qualität	Akzeptanz	Austausch			hoch	mittel	gering
3.3.6 Teamrunde								

Abb. 3.6. Wichtige Unterscheidungsmerkmale von Beteiligungsformen im Überblick. Da die Unterscheidungsmerkmale nicht immer trennscharf einzelnen Beteiligungsformen zuzuordnen sind, zeigt die dunkle Schattierung die stärkste Ausprägung des Merkmals an

Die Entscheidung über eine Trennung oder Mischung der Hierarchien sollte von der Kultur der jeweiligen Organisation bestimmt werden.

Sollte mit festen Teams oder mit neu zusammengesetzten Teams gearbeitet werden?

Bei der Entscheidung, ob man mit festen oder immer wieder neu zusammengesetzten Teams arbeitet, steht der Aspekt im Vordergrund, ob es darum geht, möglichst viele Personen mit wenig zeitlichem Aufwand zu beteiligen, oder ob eine inhaltlich tiefere Diskussion geführt werden soll. So bietet es sich beim Schwerpunkt Qualität an, mit einem festen Team zu arbeiten, beim Schwerpunkt Akzeptanz dagegen kann es durchaus sinnvoll sein, mit wechselnden Teams zu arbeiten.

Was geschieht mit den Antworten des Fragenkatalogs?

Wenn die Fragen aus dem Fragenkatalog beantwortet sind, kann die Beteiligung der Führungskräfte und Mitarbeiter geplant und umgesetzt werden. Bei der Entscheidung, welche Beteiligungsmaßnahme ausgewählt werden soll, unterstützt die Abb. 3.6, die die in ► Kap. 3.3 beschriebenen Beteiligungsmaßnahmen anhand ihrer Hauptunterscheidungsmerkmale darstellt.

Schema 3.1. Entwicklung einer Umfeldanalyse Schritt für Schritt

Schema als Word-Datei zum Download: www.springer.com/978-3-540-78854-6

1. Schritt   Von der Veränderung betroffene Zielpersonen/-gruppen festlegen

> Mit Hilfe eines Brainstormings wird die Frage beantwortet, welche Personen oder
> Personengruppen von der Veränderung in irgendeiner Weise betroffen sind. Alle
> Nennungen werden visualisiert.
>
> **Arbeitsanleitung**
> »Stellen Sie fest, welche Personen oder Gruppen vom Veränderungsvorhaben berührt
> werden (Führungskräfte, andere Projekte etc.) und halten Sie sie schriftlich auf einer
> Pinnwand fest.«

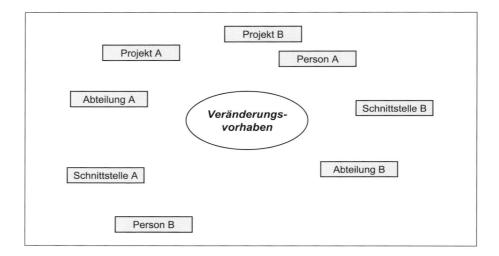

2. Schritt   Die Stärke des Einflusses der betroffenen Personen und -gruppen bewerten

> Die identifizierten Personen und Personengruppen werden bezogen auf die Stärke
> ihres Einflusses bewertet.
>
> **Arbeitsanleitung**
> »Wie stark ist der Einfluss, den die Personen auf das Veränderungsvorhaben haben?
>   Markieren Sie Ihre Einschätzung durch unterschiedlich starke Verbindungslinien
> zwischen dem Veränderungsvorhaben und den identifizierten Personen und Gruppen.«

▼

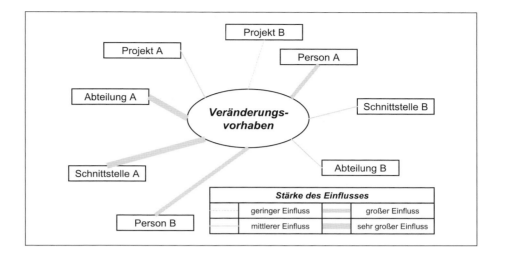

3. Schritt   Die Wertigkeit des Einflusses festlegen

Anschließend wird die Wertigkeit definiert, mit der diese Personen der Veränderung gegenüberstehen.

Arbeitsanleitung
»Welche Qualität haben die verschiedenen Einflüsse, die auf das Veränderungsvorhaben einwirken? Positiv, negativ, neutral oder ungewiss?
Notieren Sie Ihre Bewertung an den Linien, die die Einflussstärke symbolisieren.«

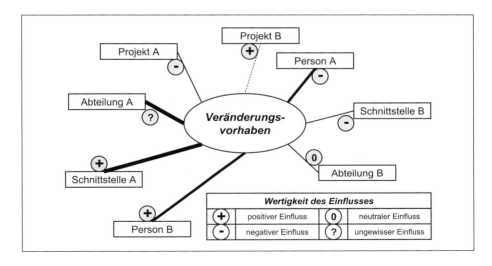

4. Schritt   **Hypothesen über Einstellungen und Beweggründe definieren**

Danach werden vermutete Einstellungen und Beweggründe festgehalten, die die Wertigkeit des Einflusses beschreiben oder begründen.

Arbeitsanleitung

»Was wissen Sie über die Einstellungen oder Meinungen dieser Personen bezogen auf das Veränderungsvorhaben? Was vermuten, erahnen Sie?

Schreiben Sie Ihre Ideen neben die identifizierten Personen und Gruppen.«

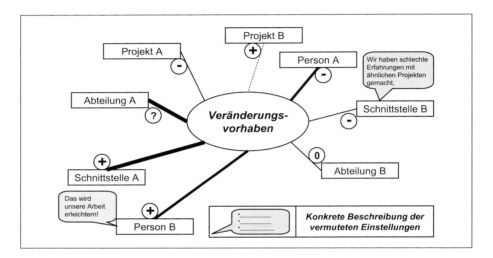

5. Schritt   **Ein Anforderungsprofil entwickeln, um konkrete Teilnehmer auszuwählen**

Teilweise stehen jetzt bereits Personen namentlich fest, die beteiligt werden sollten. Dort, wo jedoch nur Personengruppen festgelegt worden sind, wird mit Hilfe eines Anforderungsprofils entschieden, welche Personen konkret für die Teilnahme an einer bestimmten Maßnahme geeignet sind (◘ Tab. 3.1).

Arbeitsanleitung

»Legen Sie Kriterien fest, die für die erfolgreiche Teilnahme an einer Beteiligungsmaßnahme nötig sind. Behalten Sie dabei auch das Ziel bzw. den Schwerpunkt der Beteiligungsmaßnahme im Auge.«

3.2 Beteiligungsmaßnahme ankündigen und die Auswahl der Teilnehmer vorbereiten

Einleitung und Überblick

Die Antworten des Fragenkatalogs (▶ Kap. 3.1.1) unterstützen die Entscheidung sowohl darüber, wie der Start einer Beteiligungsmaßnahme kommuniziert als auch wie der Auswahlprozess der Teilnehmer gestaltet werden sollte (◘ Abb. 3.7). Abhängig von der gewünschten Teilnehmergruppe, die im Rahmen einer Umfeldanalyse (▶ Kap. 3.1.1) identifiziert wurde, leiten sich unterschiedliche Ansprachewege ab, die im Folgenden näher beschrieben sind. In den Situationen, in denen alle Betroffenen aufgefordert sind, sich für die Teilnahme an der Beteiligungsmaßnahme zu bewerben, fallen die Ankündigung der Beteiligungsmaßnahme und die Aufforderung zur Teilnahme zusammen. In den Fällen, in denen einzelne Teilnehmer im Vorfeld benannt werden, kann zusammen mit der Ankündigung der Beteiligungsmaßnahme bereits die Teilnehmerliste veröffentlicht werden.

Ansprachemöglichkeiten unterschiedlicher Teilnehmerkreise

Der Teilnehmerkreis kann sich wie folgt zusammensetzen:
① aus Vertretern aller betroffenen Mitarbeiter und Führungskräfte,
② aus Mitarbeitern und Führungskräften, die ganz bestimmte Kompetenzen besitzen,
③ aus konkreten Personen oder auch Funktionsinhabern.

Je nach Teilnehmerkreis wiederum unterscheidet sich die Vorgehensweise, mit der die Teilnehmer angesprochen werden (◘ Tab. 3.3).

Abhängig davon, wie viele Führungskräfte und Mitarbeiter informiert werden müssen, bieten sich unterschiedliche Medien an, um über den Start einer Beteiligungsmaßnahme zu informieren. Wichtig ist es, ein Medium zu wählen, das die jeweilige Zielgruppe erreicht und mit dem Veränderungsprozess in Verbindung gebracht wird. Eine Auswahl von möglichen Medien findet sich in ▶ Kap. 2.

Im Folgenden sind 2 Muster aufgeführt, mit deren Hilfe eine schriftliche Information für die in ◘ Tab. 3.3 dargestellten Varianten 1 und 2 erfolgen kann.

Beteiligungsmaßnahmen sollten allen Mitarbeitern und Führungskräften bekannt sein.

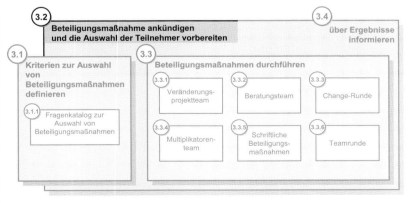

◘ **Abb. 3.7.** Beteiligungsmaßnahme ankündigen und die Auswahl der Teilnehmer vorbereiten

▣ Tab. 3.3. Unterschiedliche Formen der Ansprache von potenziellen Teilnehmern der Beteiligungsmaßnahmen

Zusammensetzung des Teilnehmerkreises	Anzusprechende Zielgruppe	Optimaler Anspracheweg
① Vertreter aller betroffenen Mitarbeiter und Führungskräfte	Alle betroffenen Mitarbeiter und Führungskräfte	Bestehende Medien nutzen, über die die Zielgruppe erreichbar ist (▶ Formulierungsmuster in diesem Abschnitt); zunächst werden die Vorgesetzten informiert, im Anschluss daran alle Mitarbeiter
② Mitarbeiter und Führungskräfte mit bestimmten Kompetenzen	Vorgesetzte, die dann betroffene Führungskräfte und Mitarbeiter benennen, die die benannten Kriterien erfüllen	Ansprache der Vorgesetzten (▶ schriftliches Formulierungsmuster in diesem Abschnitt)
③ Konkrete Personen oder auch Funktionsinhaber	Die Vorgesetzten dieser Personen oder die Personen selbst	Direkte Ansprache der Vorgesetzten oder der jeweiligen Personen selbst

Muster für die Kommunikation einer Beteiligungsmaßnahme, die allen Betroffenen offen steht

Information der Führungskräfte

Neue Veranstaltung für Mitarbeiter: Change-Runde

Sehr geehrte Führungskräfte,
im Rahmen des aktuellen Veränderungsprojekts planen wir, eine regelmäßige Veranstaltung durchzuführen, in der sich Mitarbeiter und Mitglieder des Top-Managements zu aktuellen Themen austauschen sollen.

Weitere Informationen dazu entnehmen Sie bitte der angehängten Mail, mit der wir Ihre Mitarbeiter in den nächsten Tagen über diese Veranstaltung informieren werden.

Wir bitten Sie, Ihre Mitarbeiter zur Teilnahme an den Change-Runden zu motivieren, da wir uns im Rahmen dieser Veranstaltungen ein direktes Feedback von der »Basis« versprechen, mit dessen Hilfe wir das Veränderungsprojekt optimieren und Ideen zur Verbesserung der aktuellen Situation generieren können. Bitte unterstützen Sie uns hierbei!

Vielen Dank!

Mit freundlichen Grüßen
Ihr Veränderungsprojektteam

Information der Mitarbeiter

Einladung zur Teilnahme an der Change-Runde

Sehr geehrte Mitarbeiterinnen und Mitarbeiter,
durch die laufende Umstrukturierung, Prozessoptimierung und Veränderungen im Rahmen des Veränderungsprojekts hat sich für viele von Ihnen in den letzten Wochen und Monaten das Arbeitsumfeld verändert. Auch die Umsetzung weiterer geplanter Maßnahmen wird in den nächsten Monaten maßgebliche Änderungen nach sich ziehen. Um diesen Prozess erfolgreich und optimal gestalten zu können, ist es für die Teams des Top-Managements und des Veränderungsprojekts sehr wichtig, direkte Rückmeldung von Ihnen zu bekommen.

Aus diesem Grund möchten wir eine Veranstaltung ins Leben rufen, die einen regelmäßigen Austausch zwischen Mitarbeitern aus allen organisatorischen Einheiten und dem Top-Management-Team ermöglichen soll: die »Change-Runde«.

An der Change-Runde sollen jeweils etwa 12 Mitarbeiter und 2 Mitglieder des Top-Management-Teams teilnehmen. Ein Mitglied des Veränderungsprojekts wird die Veranstaltung moderieren. Inhaltliche Grundlagen werden die folgenden Fragestellungen sein:

- Wie gut bin ich über die aktuelle Situation informiert?
- Was weiß ich darüber, was in der nächsten Zeit auf mich zukommen wird?
- Kenne ich meine Ziele?
- Wie ist meine Arbeit aktuell organisiert?
- Wie ist die aktuelle Stimmung?
- Welche Anregungen habe ich? Welche kritischen Punkte sind mir diskussionswürdig?

Auf der Basis dieser Fragen möchten wir von Ihnen wissen, wie es an Ihrem Arbeitsplatz zurzeit aussieht und welche Ideen Sie zur Verbesserung der aktuellen Situation haben. Die Change-Runde soll etwa alle 2–3 Monate in unterschiedlicher Besetzung stattfinden. Der erste Termin ist für Anfang November geplant und wird ca. 2 Stunden dauern.

Hiermit möchten wir Sie herzlich zu einer dieser Veranstaltungen einladen! Die Teilnahme ist freiwillig. Sollten Sie Interesse haben, dann melden Sie sich bitte bei… bis zum TT.MM.JJ an.

Es ist uns besonders wichtig, dass Mitarbeiter aus allen organisatorischen Einheiten an diesen Veranstaltungen teilnehmen. Sollten wir mehr Anmeldungen erhalten, als Plätze vorhanden sind, wird das Los über die Teilnahme entscheiden. Die Ergebnisse der Change-Runden werden jeweils im Intranet veröffentlicht.

Über Ihr Interesse freuen wir uns sehr!

Mit freundlichen Grüßen
Ihr Veränderungsprojektteam

Muster für die Kommunikation einer Beteiligungsmaßnahme, für die Teilnehmer mit bestimmten Kompetenzen gesucht werden

---

Information der Vorgesetzten

Besetzungsvorschläge für ein Beratungsteam

Sehr geehrte Damen und Herren,
wie Sie bereits wissen, arbeiten wir aktuell an der Umsetzung der neuen Struktur. Dazu möchten wir den Führungskräften und Mitarbeitern die Möglichkeit geben, ihre Anregungen, Kritik und Probleme mit uns zu diskutieren und gemeinsam Hilfestellungen zu erarbeiten.

Hierzu bitten wir Sie, uns für jeden Bereich ein bis zwei Führungskräfte und zwei bis drei Mitarbeiter zu benennen, die dann in einem Beratungsteam ihre organisatorische Einheit vertreten.

Bitte wählen Sie Führungskräfte und Mitarbeiter aus, die nicht in unserem Projekt sind und eine repräsentative Meinung ihrer Kolleginnen und Kollegen wiedergeben können.

Wir wären Ihnen dankbar, wenn Sie uns die Namen bis zum TT.MM.JJ melden, damit wir mit den Teilnehmern direkt Kontakt aufnehmen können.

Vielen Dank und viele Grüße
Ihr Veränderungsprojektteam

Anmerkungen

Für die konkrete Besetzung der Beteiligungsmaßnahme ist es bei Variante 1 notwendig, festzulegen, welche der Bewerber an der Beteiligungsmaßnahme teilnehmen können, wenn nicht für jeden Teilnehmer ein Platz vorhanden ist (die Lösungsmöglichkeiten bestehen z. B. darin, ein Losverfahren anzuwenden oder nach dem Eingang der Rückmeldungen auszuwählen). Bei den Varianten 2 und 3 werden Teilnehmer durch ihre Vorgesetzten benannt, sodass zwar eine direkte Ansprache der Vorgesetzten erfolgt, aber darüber hinaus keine Auswahl im eigentlichen Sinne nötig ist.

In einigen Organisationen ist es wichtig, dass die Vorgesetzten die Teilnahme ihrer Mitarbeiter steuern können. In diesen Fällen sollte ein Verfahren gewählt werden, bei dem sich die Teilnehmer z. B. über ihre Vorgesetzten anmelden können und somit nicht selbstständig direkt auf die Leiter der Beteiligungsmaßnahme zugehen.

Nachdem die Teilnehmer einer Beteiligungsmaßnahme ausgewählt worden sind, ist es wichtig, die Besetzung der Beteiligungsmaßnahme zu kommunizieren. Hierbei ist es entscheidend, auch die Gründe zu nennen, warum gerade diese Teilnehmer ausgewählt wurden. Unterstützende Informationen finden sich in den Kriterien des zuvor festgelegten Anforderungsprofils.

Teilnehmer können als Vertreter ihrer Kollegen auch deren Ideen einbringen.

Auch wenn nicht jeder Mitarbeiter beteiligt werden kann, kann bereits das Wissen darüber, dass Kollegen beteiligt worden sind, die Akzeptanz für die Veränderung fördern. Außerdem besteht für die Mitarbeiter und Führungskräfte, die nicht beteiligt sind, die Möglichkeit, Ideen oder Kritik über beteiligte Kollegen in die Beteiligungsmaßnahmen einzubringen.

3.3 Beteiligungsmaßnahmen durchführen

Einleitung und Überblick

In diesem Abschnitt werden die in ◻ Abb. 3.8 aufgelisteten Beteiligungsformen detailliert beschrieben, dabei wird in der Darstellung unterschieden zwischen formalen und informellen Beteiligungsformen (◻ Abb. 3.4). Die aufgeführten Beteiligungsformen lassen sich leicht abwandeln und so den jeweiligen Gegebenheiten der eigenen Organisation anpassen.

Bei der Auswahl von Beteiligungsmaßnahmen bietet es sich grundsätzlich an, auf vorhandene Infrastrukturen aufzubauen und so z. B. bestehende Beteiligungs- oder Feedbackinstrumente zu nutzen oder sie dem aktuellen Bedarf anzupassen. Dabei ist es wichtig, nur einige gezielte Maßnahmen auszuwählen, damit der zeitliche Aufwand überschaubar bleibt und die Ideen und Feedbacks auch umgesetzt werden können.

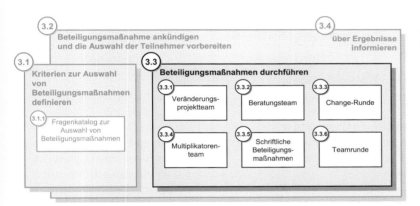

◻ **Abb. 3.8.** Beteiligungsmaßnahmen durchführen

❯ Formale Beteiligungsmaßnahmen

Wie bereits in ▶ Kap. 3.1 beschrieben, aber auch durch die Bezeichnung selbst erkennbar, handelt es sich bei formalen Beteiligungsmaßnahmen um offizielle, bekannte und strukturierte Möglichkeiten, Ideen und Feedback in den Veränderungsprozess einzubringen und die Veränderung aktiv voranzutreiben.

Die Beschreibung der Beteiligungsmaßnahmen ist einheitlich aufgebaut, um einen direkten Vergleich der unterschiedlichen Formen zu ermöglichen und die am besten geeignete Maßnahme für die eigene Situation leicht auswählen zu können.

Formale Beteiligungsmaßnahmen sind offiziell und strukturiert.

Grundstruktur von Beteiligungsmaßnahmen

Grundsätzlich laufen formale Beteiligungsmaßnahmen immer nach der gleichen 3-phasigen Grundstruktur ab, wobei sich die Dauer jeder der drei Phasen stark unterscheiden kann. Mal nimmt der gesamte Durchlauf nur 2 Stunden in Anspruch, z. B. wenn es sich um wechselnde Zusammensetzungen der Teams im Rahmen einer Change-Runde (▶ Kap. 3.3.3) handelt, mal beträgt der Aufwand für eine Phase bereits einen Tag, z. B. bei Projektteams (▶ Kap. 3.3.1).

Die 1. Phase beinhaltet den Start der Beteiligungsmaßnahme. Hier wird geklärt, wer wie an welchen Fragestellungen oder Aufgaben arbeitet. In der 2. Phase, die den größten Raum einnimmt, findet die inhaltliche Arbeit statt, und die 3. Phase dient dem Abschluss und der Evaluation der Maßnahme sowie der Beantwortung offen gebliebener Fragen (▶ Schema 3.2).

Anmerkungen
In der Beschreibung der einzelnen Beteiligungsmaßnahmen wird nicht mehr im Einzelnen auf die 3 Phasen Einstieg, Durchführung, Evaluation hingewiesen.

Schema 3.2. Grundstruktur von Beteiligungsmaßnahmen: Inhalte und zeitliche Verteilung der Phasen pro Beteiligungsmaßnahme

Schema als Word-Datei zum Download: www.springer.com/978-3-540-78854-6

Beteiligungsmaßnahme		
Einstieg	**Durchführung**	**Evaluation**
Inhalt ▬ Welches Ziel verfolgt die Beteiligungsmaßnahme? ▬ Welche Rollen übernehmen die beteiligten Personen? ▬ Welcher Auftrag und welche Aufgaben sollen im Rahmen der Beteiligungsmaßnahme erfüllt werden? ▬ Wann soll wie unter welchen Bedingungen zusammengearbeitet werden? ▬ Wie wird mit den erarbeiteten Ergebnissen umgegangen? Wie werden sie kommuniziert?	**Mögliche Inhalte** ▬ Feedback geben ▬ Multiplikatoraufgaben übernehmen ▬ An Aufträgen arbeiten ▬ Ergebnisse umsetzen	**Inhalt** ▬ Was hat die Beteiligungsmaßnahme den Teilnehmern gebracht? ▬ Wie und wodurch hat die Beteiligungsmaßnahme den Veränderungsprozess unterstützt? ▬ Was passiert mit den erarbeiteten Ergebnissen? ▬ Wem ist für die Mitarbeit und Unterstützung zu danken?
Veränderungsprojektteam		
1 Tag	Mehrere Monate	0,5 Tage
Beratungsteam		
1 Stunde	Mehrere Sitzungen à 2 Stunden	1 Stunde
Change-Runde		
15 Minuten	1,5 Stunden	10 Minuten
Multiplikatorenteam		
1 Tag	Mehrere Monate	0,5 Tage

3.3.1 Veränderungsprojektteam

Definition eines Veränderungsprojektteams

Was ist ein Veränderungsprojektteam und in welchen Situationen bietet es sich an, ein solches zu installieren?

Ein Veränderungsprojektteam sollte aus 3–8 Teilnehmern bestehen, die aktiv an der Gestaltung und Umsetzung der Veränderungsinhalte mitwirken und so vornehmlich deren Qualität verbessern. Es stellt eine gebräuchliche Variante der Beteiligung dar, in der sich fachlich kompetente Mitarbeiter und Führungskräfte zu einem Team zusammenfinden, mit dem Auftrag, die Veränderung zu planen und umzusetzen (◘ Abb. 3.9).

Beschreibung der Arbeit eines Veränderungsprojektteams

Wer ist der Leiter eines Veränderungsprojektteams?

Klassischerweise wird das Veränderungsprojektteam vom Veränderungsmanager geführt, der für die Umsetzung der Veränderung verantwortlich ist und die Gruppe steuert und betreut.

Welche Kompetenzen sollten die Teilnehmer eines Veränderungsprojektteams mitbringen und wie werden sie ausgewählt?

Ein Veränderungsprojektteam sollte sich v. a. aus Experten zusammensetzen, die in den zu bearbeitenden Themenbereichen kundig sind und die sich gleichzeitig für die jeweiligen Inhalte interessieren. Die Teilnehmer sollten über ihre Führungskräfte angesprochen und zur Teilnahme eingeladen werden.

Welche Aufgabe hat ein Veränderungsprojektteam und welche Rolle nimmt es ein?

Die Rolle der Mitglieder manifestiert sich in der Planung und Umsetzung von Arbeitspaketen.

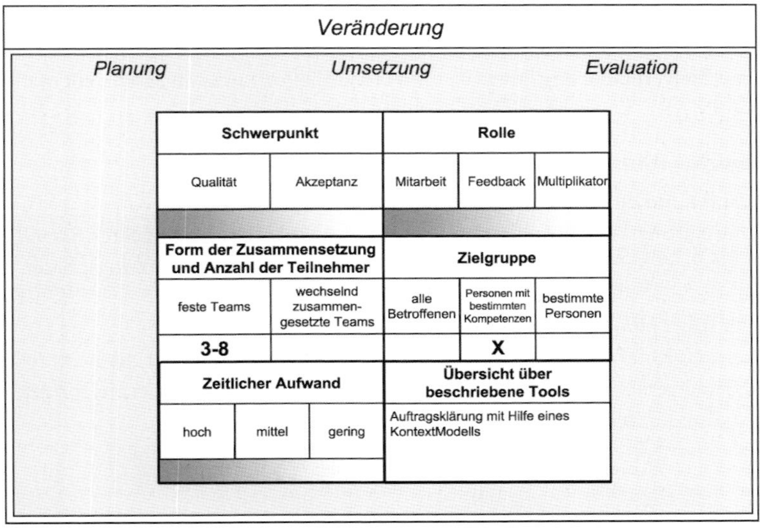

◘ **Abb. 3.9.** Überblick über die Beteiligungsmaßnahme Veränderungsprojektteam. Da die Unterscheidungsmerkmale nicht immer trennscharf sind, zeigt die dunkelste Schattierung die stärkste Ausprägung an. Der hell schraffierte Hintergrund definiert, in welchen Phasen der Veränderung die Beteiligungsmaßnahme optimal eingesetzt werden kann

In welchem Turnus und über welchen Zeitraum hinweg ist es sinnvoll, ein Veränderungsprojektteam aufzusetzen, und wie groß ist der zeitliche Aufwand für die Teilnehmer?

Der zeitliche Aufwand für die Arbeit in einem Veränderungsprojektteam kann sehr groß sein, immer abhängig von der Größe der einzelnen Aufträge, die die Teilnehmer bearbeiten müssen. Neben den Abstimmrunden kommt die inhaltliche Arbeit an den eigenen Aufträgen hinzu, sodass sich der Aufwand leicht auf 30% und sogar phasenweise auf bis auf 100% der eigentlichen Arbeitszeit summiert.

Wie läuft die Arbeit mit einem Veränderungsprojektteam ab?

Wie bei jeder fachlichen Veränderung findet nach einer Planungsphase die Umsetzungsphase statt, an die sich die Evaluationsphase anschließt. In der Planungsphase geht es darum, den genauen Auftrag herauszuarbeiten und das hierfür nötige Vorgehen zu planen (▶ Kap. 1.3.1). Anschließend werden die geplanten Inhalte umgesetzt und schließlich ihr Erfolg in der Evaluationsphase gemessen. In diesem Abschnitt wird eine Auftragsklärung – anhand des KontextModells (Mayrshofer u. Kröger 2001) – näher beschrieben.

Auftragsklärung mit Hilfe des KontextModells: Definition und Ergebnis

Was ist eine Auftragsklärung, die mit Hilfe des KontextModells durchgeführt wird?

Zu Beginn eines jeden Projekts, und damit auch jeder Veränderung, steht eine Auftragsklärung, ein Gespräch zwischen dem Auftraggeber und der Person, die verantwortlich für die Umsetzung des Auftrags ist. In diesem wird genau festgelegt, welche Aufgaben auf welche Art und Weise zu welchem Zeitpunkt in welcher Qualität zu erfüllen sind. Das KontextModell ist eine Möglichkeit, eine Auftragsklärung durchzuführen.

Worin besteht das Ergebnis einer Auftragsklärung?

Auftragsklärungen definieren Ziel und Rahmen der Veränderung.

Im Rahmen einer Auftragsklärung wird konkret festgelegt, welche Ergebnisse von dem Projektteam erwartet werden und welche von ihm zu erbringen sind – aber auch, welche nicht. Eine Auftragsklärung ist umfangreicher als eine Zielvereinbarung, aber die enthaltene Zielformulierung sollte ebenfalls die SMART-Kriterien erfüllen (▶ Kap. 1.3.2).

Beschreibung einer Auftragsklärung

Wann kann eine Auftragsklärung eingesetzt werden?

Eine Auftragsklärung bildet den Beginn eines Veränderungsprojektes. Sie sollte zuallererst durchgeführt werden, noch vor dem Start der Planungsphase.

Wer führt eine Auftragsklärung durch?

Derjenige, der die Verantwortung für ein Projekt erhält, führt die Auftragsklärung gemeinsam mit dem Auftraggeber durch, bei Veränderungsprojekten also der Veränderungsmanager.

③ **Rahmenbedingungen und Hintergründe**	① **Ziele**
• Worin besteht der Hintergrund des Auftrags? • Welches Problem soll durch den Auftrag gelöst werden? • Wann tritt das Problem auf? • Wer ist davon betroffen? • Welche Auswirkungen hat das Problem? • Wie ist es zu dem Problem gekommen? • Wie sehen andere das Problem?	• Welches Ziel soll erreicht werden? • Wie kann eine SMARTe Formulierung des Ziels aussehen? • Welchen Nutzen hat der Auftrag für den Auftraggeber? • Welchen Nutzen hat der Auftrag für die Organisation?

④ Input

ⓐ Haben
- Was ist bisher unternommen worden, um das Problem zu lösen?
- Auf welche Ressourcen kann zurückgegriffen werden?
- Wer hat noch Interesse, das Problem anzugehen?

ⓑ Soll
- Welche Unterstützung wird noch benötigt?
- Welche Informationen werden noch gebraucht?

⑤ Geklärter Auftrag

Konkrete Formulierung des Auftrags

② Output
- Wie würde die Situation aussehen, wenn das Ziel erreicht wäre? Was wäre dann anders?
- Woran ließe sich erkennen, dass sich etwas geändert hat?
- Wie sehen konkrete Liefergegenstände aus?

⑥ Aktivitäten
- Welche Aktivitäten stehen als nächstes an?
- Welche Schritte sind nötig, um den Auftrag zu erfüllen?
- Wer sollte welche Aufgaben übernehmen?

◻ Abb. 3.10. Das KontextModell. (Mod. nach Mayrshofer u. Kröger 2001)

Wie viel Zeit braucht man für die Durchführung einer Auftragsklärung?
Um eine ausführliche Auftragsklärung durchzuführen, bedarf es ungefähr 2 Stunden, wobei ein zusätzlicher Zeitaufwand dann entsteht, wenn der Auftrag im Anschluss schriftlich festgehalten, erneut abgestimmt oder ggf. im Verlauf der Umsetzung aktualisiert wird.

Wie wird eine Auftragsklärung mit Hilfe des KontextModells durchgeführt?
Das KontextModell ist ein Fragensatz, der gemeinsam mit dem Auftraggeber besprochen wird. Es ist hilfreich, das KontextModell z. B. an einem Flipchart während des Gesprächs zu protokollieren, um den Abstimmungsaufwand des schriftlichen Protokolls zu minimieren. Es gibt keine vorgeschriebene Reihenfolge, in der die Themen des KontextModells bearbeitet werden müssen. So ist es möglich, während des Gesprächs zu bereits erörterten Fragestellungen zurückzukehren, um diese zu ergänzen. Die Nummerierung der Felder gibt jedoch eine mögliche und sinnvolle Reihenfolge vor, in der die Themengebiete besprochen werden können (◻ Abb. 3.10).

> Das KontextModell strukturiert die Auftragsklärung.

Anmerkungen zur Arbeit mit Veränderungsprojektteams
Manchmal geraten die Mitglieder eines Veränderungsprojektteams in die Situation, bei den Betroffenen selbst Akzeptanz für ihr Veränderungsprojekt suchen zu müssen, und setzen deshalb eigene Beteiligungsmaßnahmen auf.

Grundsätzliche Tipps für die Arbeit mit Veränderungsprojektteams finden sich auch bei Dörrenberg u. Möller (2003).

3.3.2 Beratungsteam

Definition eines Beratungsteams

Was ist ein Beratungsteam und in welchen Situationen bietet es sich an, ein Beratungsteam einzusetzen?

Ein Beratungsteam setzt sich aus 6–10 Führungskräften und/oder Mitarbeitern zusammen und gibt zu Konzeptentwürfen eines Veränderungsmanagers oder Projektleiters Feedback (◘ Abb. 3.11). Die Mitglieder eines Beratungsteams sind zwar von den Veränderungen direkt betroffen, arbeiten aber in dieser Funktion nicht aktiv an der Umsetzung der Inhalte mit. Ihre Arbeit hat zum Ziel, die Konzepte einer Qualitätssicherung zu unterziehen.

Der Einsatz von Beratungsteams bietet sich v. a. zum Ende der Planungs- und während der Umsetzungsphasen an, wenn bereits diskutierbare Themen entwickelt worden sind, aber die Anregungen und Ideen des Teams noch Einfluss auf die Inhalte der Veränderung nehmen können.

Beschreibung der Arbeit eines Beratungsteams

Wer ist der Leiter eines Beratungsteams?

Beratungsteams werden von Veränderungsmanagern oder Projektleitern einberufen, also von Personen, die eine Veränderung inhaltlich vorantreiben und sich dafür aus den Reihen der Betroffenen ein Feedback zu einzelnen Fragestellungen oder Konzeptideen wünschen. Der Leiter des Beratungsteams ist für die inhaltliche Vorbereitung der einzelnen Sitzungen verantwortlich und legt den Rahmen für die Diskussion und die Fragestellungen fest, die er erörtern möchte. Hierbei ist es äußerst hilfreich, das Delegationskontinuum (◘ Tab. 3.2) heranzuziehen. Um inhaltlich an der Diskussion teilnehmen zu können, sollte er sich bei seiner Arbeit durch einen Moderator als neutrale Instanz unterstützen lassen.

◘ **Abb. 3.11.** Überblick über die Beteiligungsmaßnahme Beratungsteam. Da die Unterscheidungsmerkmale nicht immer trennscharf sind, zeigt die dunkelste Schattierung die stärkste Ausprägung an. Der hell schraffierte Hintergrund definiert, in welchen Phasen der Veränderung die Beteiligungsmaßnahme optimal eingesetzt werden kann

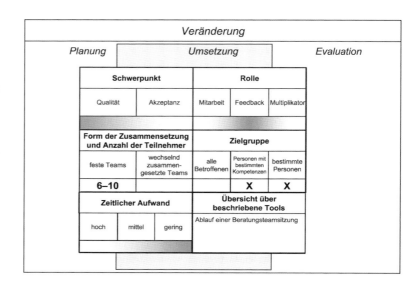

Welche Kompetenzen sollten die Mitglieder eines Beratungsteams mitbringen und wie werden sie ausgewählt?

Als Mitglieder eignen sich Vertreter aller betroffenen Einheiten, soweit sie Experten für ihr eigenes Arbeitsumfeld sind. Es bietet sich an, Teilnehmer, die diese nötigen Kompetenzen mitbringen, durch ihre Führungskräfte benennen zu lassen.

Welche Rolle und welche Aufgabe hat ein Beratungsteam?

Die Teilnehmer eines Beratungsteams übernehmen vornehmlich die Rolle von Feedbackgebern für klar ein- und abgrenzbare Themengebiete, die im Rahmen der Treffen der Beratungsteams diskutiert werden. Die Teilnehmer sind jedoch keine Entscheidungsinstanz, sondern ausschließlich beratend tätig.

Mögliche Fragen, mit denen sich ein Beratungsteam auseinandersetzen könnte, lassen sich wie in der Übersicht dargestellt formulieren.

Beispiel: Einführung einer neuen Software

- Fokus auf den Veränderungsebenen »Aufbau und Ablauf« (◘ Abb. 1)
    - Welche Arbeitsabläufe werden sich durch die Einführung der Software konkret verändern?
    - Welche Schnittstellen müssen beachtet werden?
    - Welche Konsequenzen leiten sich für den Kunden ab?
    - Welche Schritte sind notwendig, um die Einführung der Software erfolgreich umsetzen zu können?
- Fokus auf der Veränderungsebene »Verhalten« (◘ Abb. 1)
    - Welche Auswirkungen wird die Einführung der Software auf die Arbeit der Mitarbeiter haben?
    - Wie wird sich das Verhältnis zwischen Mitarbeitern und Führungskraft verändern?
    - Wie wird sich das Verhältnis von Mitarbeitern und Kunden verändern?
    - Welche Folgen hat das für die Zusammenarbeit innerhalb der Teams und zwischen einzelnen Teams?

In welchem Turnus und über welchen Zeitraum hinweg ist es sinnvoll, ein Beratungsteam aufzusetzen, und wie groß ist der zeitliche Aufwand für die Teilnehmer?

Der Turnus und die Dauer der Arbeit des Beratungsteams sind abhängig von der zeitlichen Planung der jeweiligen Veränderungsinhalte. Grundsätzlich bietet es sich an, regelmäßige Treffen von ca. 2 Stunden einzuberufen, um aktuelle Fragestellungen im Beratungsteam diskutieren zu können, und das in der Regel alle 2 Wochen. Abhängig vom Status des Projekts oder von gesetzten Terminen ist phasenweise sogar ein wöchentlicher Rhythmus hilfreich, manchmal aber auch ein 4-wöchentlicher Turnus ausreichend. Der Zeitraum der Arbeit des Beratungsteams wird zudem sowohl durch die Dauer der Planungs- und/oder Umsetzungsphase begrenzt, zu denen das Beratungsteam einberufen wird, als auch durch den Umfang der Themen, die zu bearbeiten sind.

Ablauf einer Beratungsteamsitzung
Den Ablauf einer Beratungsteamsitzung zeigt ▶ Schema 3.3.

Anmerkungen
Wenn mehrere Beratungsteams zeitgleich oder auch zeitlich versetzt zu unterschiedlichen Schwerpunktthemen arbeiten, lassen sich viele Mitarbeiter und Führungskräfte einbinden. Die Beratungsteams können auch als Piloten fungieren, um beispielsweise eine neue Qualifizierungsmaßnahme oder eine neue Software zu testen.

Schema 3.3. Ablauf einer Beratungsteamsitzung

Pausen, Einstiegs- und Abschlussrunden sind nicht aufgeführt. Die Zeiten sind für eine Gruppe von 10 Teilnehmern ausgelegt. Schema als Word-Datei zum Download: www.springer.com/978-3-540-78854-6

Zeit	**Inhalt** (Vorgehen/Arbeitsanleitung/Ergebnis)	**Material**
0:00 30'	**Feedback zur aktuellen Situation** **Vorgehen** Anhand einer Feedbackskala bewerten die Teilnehmer die aktuelle Situation in ihrer organisatorischen Einheit und nehmen kurz dazu Stellung. **Arbeitsanleitung** »Bitte bewerten Sie die aktuelle Stimmung in Ihrer organisatorischen Einheit und tragen Sie Ihre Einschätzung auf der Skala ein. Begründen Sie im Anschluss Ihre Bewertung.«  *Die Stimmung in meiner organisatorischen Einheit ist* **Ergebnis** Alle Teilnehmer haben einen Überblick darüber, wie sich die aktuelle Situation darstellt und ob die Situation der eigenen organisatorischen Einheit vergleichbar ist mit der anderer Einheiten.	▬ Pinnwand ▬ Feedbackskala ▬ Stifte oder Klebepunkte

0:30 15'	**Inhaltlicher Einstieg** **Vorgehen** Der Leiter des Beratungsteams gibt einen kurzen Bericht über den aktuellen Stand des Projekts und leitet dann zu der Fragestellung über, die im aktuellen Treffen bearbeitet werden soll. Er formuliert sie als konkretes Problem. **Ergebnis** Die Teilnehmer kennen den Hintergrund und den Inhalt der zu diskutierenden Problemstellung.	▬ Präsentations-medien
0:45 60'	**Diskussion und Entwickeln von Lösungen** **Vorgehen** Die Teilnehmer diskutieren die Fragestellung und entwickeln Lösungen, die abschließend vom Moderator für alle sichtbar dokumentiert werden. **Arbeitsanleitung** Beispiel für eine Fragestellung: Durch die Einführung der Software XY werden alle Mitarbeiter alle Kunden betreuen, und das aktuell bestehende Ansprechpartnermodell wird wegfallen. »Diskutieren Sie bitte die Fragestellung anhand der folgenden Leitfragen: ▬ Worin genau besteht das Problem? ▬ Für wen ist es ein Problem? Wer profitiert von der Situation? ▬ Welche Konsequenzen hat das Problem? ▬ Welche ähnlichen Probleme hat es in der Vergangenheit gegeben, und wie wurden sie gelöst? War das Vorgehen erfolgreich? ▬ Wie würde sich die Situation verändern, wenn das Problem gelöst wäre?« **Ergebnis** Für den Leiter des Beratungsteams ergeben sich neue Ideen und Impulse. Alle Teilnehmer nehmen durch ihre Beratungsfunktion eine andere Perspektive ein und suchen gemeinsam nach Lösungen. **Anmerkungen** Es erweist sich als zweckmäßig, den Ablauf der Sitzungen mit unterschiedlichen Problemlösungsmethoden zu variieren – gute Werkzeuge sind bei Adriani et al. (1995) zu finden. ▼	▬ Flipchart ▬ Stifte

1:45 15' ‾‾‾‾ 2:00	**Abschluss und Ausblick auf die Inhalte des nächsten Treffens** **Vorgehen** Zum Abschluss des Treffens resümiert der Leiter des Beratungsteams die Lösungsideen. Er zieht für sich ein Fazit, indem er erläutert, welche Lösungsideen oder Hinweise für ihn besonders wichtig waren und welche er in seine Arbeit aufnehmen wird. Anschließend sollten auch die Teilnehmer ein Resümee ziehen, ihre Arbeit bewerten und bei Bedarf Änderungswünsche für das weitere Vorgehen äußern. Der Leiter schließt mit einem Ausblick auf die nächsten Schritte in der inhaltlichen Arbeit und auf die in Zukunft anstehenden Fragestellungen. **Ergebnis** Die Teilnehmer erfahren eine Wertschätzung für ihre Arbeit und erhalten eine Rückmeldung darüber, welche ihrer Ideen zur Umsetzung kommen werden. Änderungswünsche zum weiteren Vorgehen können vom Moderator in den nächsten Terminen direkt umgesetzt werden.	

3.3.3 Change-Runde

Definition einer Change-Runde

Was ist eine Change-Runde und in welchen Situationen bietet sich ihr Einsatz an?

Im Rahmen einer Change-Runde haben jeweils 12 Mitarbeiter die Gelegenheit, mit den Initiatoren der Veränderung über ihre aktuelle Situation zu diskutieren, ein Feedback zu geben und Hintergrundinformationen aus erster Hand zu erhalten. Die Zusammensetzung der Change-Runde wechselt dabei von Sitzung zu Sitzung (◌ Abb. 3.12).

Change-Runden sind besonders dann hilfreich, wenn viele Mitarbeiter von einer Veränderung betroffen sind und es kaum Gelegenheiten gibt, einen Dialog zwischen den Initiatoren der Veränderung und den betroffenen Mitarbeitern zu ermöglichen.

Darüber hinaus sind Change-Runden eine gute Gelegenheit, Themen, die im inoffiziellen Austausch diskutiert wurden, über eine formale Beteiligungsmaßnahme in die Veränderung einzubringen.

Beschreibung der Arbeit im Rahmen einer Change-Runde

Wer ist der Leiter einer Change-Runde?

1–2 Initiatoren der Veränderung fungieren als die Leiter der Change-Runde. Sie werden dabei durch einen Moderator unterstützt, der idealerweise ein Mitglied des Veränderungsprojektteams ist. So erhält auch das Veränderungsprojektteam Informationen aus erster Hand über die Inhalte der Diskussion und kann Ideen und Anregungen direkt in seine Arbeit einfließen lassen.

Veränderung		
Planung	Umsetzung	Evaluation

Schwerpunkt		Rolle		
Qualität	Akzeptanz	Mitarbeit	Feedback	Multiplikator

Form der Zusammensetzung und Anzahl der Teilnehmer		Zielgruppe		
feste Teams	wechselnd zusammengesetzte Teams	alle Betroffenen	Personen mit bestimmten Kompetenzen	bestimmte Personen
	12	**X**		

Zeitlicher Aufwand			Übersicht über beschriebene Tools
hoch	mittel	gering	Ablauf einer Change-Runde
			Beschreibung eines Change-Barometers

Abb. 3.12. Überblick über die Beteiligungsmaßnahme Change-Runde. Da die Unterscheidungsmerkmale nicht immer trennscharf sind, zeigt die dunkelste Schattierung die stärkste Ausprägung an. Der hell schraffierte Hintergrund definiert, in welchen Phasen der Veränderung die Beteiligungsmaßnahme optimal eingesetzt werden kann

Welche Kompetenzen sollten die Teilnehmer einer Change-Runde besitzen und wie werden sie ausgewählt?

Alle Mitarbeiter werden über Hintergründe, Ziele und Inhalte einer Change-Runde informiert und zur Teilnahme eingeladen: Es gibt keine bestimmten Kompetenzen, die die potenziellen Teilnehmer erfüllen müssen. Wenn es mehr Interessenten als Plätze gibt, sollten zusätzliche Veranstaltungen initiiert oder aber die Auswahl durch einen Losentscheid getroffen werden.

Welche Aufgaben und welche Rolle haben die Teilnehmer einer Change-Runde?

Die Teilnehmer einer Change-Runde geben den Initiatoren der Veränderung ein Feedback über die eigene Situation. Die Initiatoren der Veränderung diskutieren mit den Teilnehmern und beantworten ihre Fragen.

In einer Change-Runde erhalten die Initiatoren Feedback von der Basis.

In welchem Turnus und über welchen Zeitraum hinweg ist es sinnvoll, eine Change-Runde aufzusetzen, und wie groß ist der zeitliche Aufwand für die Teilnehmer?

Abhängig von der Dauer der Umsetzungsphase kann die Change-Runde alle 8–12 Wochen stattfinden, allerdings mit wechselnden Teilnehmern. Je nach Bedarf kann die Diskussion zwischen 90 Minuten und 2 Stunden andauern.

Ablauf einer Change-Runde

Der Ablauf einer Change-Runde ist in ▶ Schema 3.4 dargestellt.

Anmerkungen

Um die Change-Runde inhaltlich stärker zu fokussieren, ist es auch möglich, bestimmte Diskussionsschwerpunkte bereits mit der Einladung zur Change-Runde anzukündigen. Hierdurch wird der Inhalt der Change-Runde für die Teilnehmer einschätzbarer, andererseits schränken gesetzte Themen möglicherweise die Anzahl an interessierten Bewerbern ein.

Schema 3.4. Ablauf einer Change-Runde

Pausen sind nicht aufgeführt. Die Zeiten sind für eine Gruppe von 12 Teilnehmern ausgelegt. Schema als Word-Datei zum Download: www.springer.com/978-3-540-78854-6

Zeit	Inhalt (Vorgehen/Arbeitsanleitung/Ergebnis)	Material
0:00 20'	**Vorstellungsrunde** **Vorgehen** Zu Anfang stellen sich die Teilnehmer kurz vor. Der Moderator protokolliert deren mitgebrachte Fragen oder Themen für alle sichtbar mit. **Arbeitsanleitung** »Bitte stellen Sie sich vor und nennen Sie Ihre organisatorische Einheit. Erklären Sie kurz, warum Sie an der Change-Runde teilnehmen und welche Fragestellung Sie gern im Rahmen der Change-Runde diskutieren möchten.« **Ergebnis** Die Teilnehmer haben sich untereinander kennen gelernt. Wichtige Fragestellungen sind erfasst worden. **Anmerkungen** Grundsätzlich sollte über die Aussagen Einzelner Vertraulichkeit herrschen. Unter Berücksichtigung dieses Grundsatzes ist das Ergebnisprotokoll anzufertigen, das im Nachgang mit allen Beteiligten abgestimmt und dann veröffentlicht wird.	▬ Flipchart ▬ Stifte ▬ Karten
▼		

0:20 5'	**Bewertung der Fragen des Change-Barometers**	▬ Pinnwand ▬ Change-Barometer ▬ Klebepunkte ▬ Stifte

Vorgehen

Die Teilnehmer markieren anhand eines Fragebogens, des Change-Barometers, ihre Einstellung zur aktuellen Situation auf einer vorbereiteten Pinnwand.

Arbeitsanleitung

»Bitte nehmen Sie sich einen Stift oder mehrere Klebepunkte und bewerten Sie die Thesen des Change-Barometers ganz spontan und für sich. Am besten tun Sie dies gleichzeitig mit Ihren Kollegen, indem Sie sich gemeinsam vor die Pinnwand stellen.«

Change-Barometer	Stimme gar nicht zu	Stimme nicht zu	Stimme zu	Stimme voll zu
Arbeitsorganisation				
Unsere Arbeit ist gut organisiert.	◦◦		◦◦◦◦	
Die Arbeit ist gerecht verteilt.		◦◦	◦◦◦ ◦	◦◦◦ ◦
Erfolgsfaktoren				
Ich weiß, woran der Erfolg unseres Teams gemessen wird.				
Information				
Ich bekomme genug Informationen über die aktuelle Veränderung.				
Ich werde umfassend und rechtzeitig informiert.				
Zieltransparenz				
Ich bin über meine aktuellen Ziele gut informiert.				
Qualifikation				
Ich werde entsprechend meiner Kenntnisse und Fähigkeiten eingesetzt.				
Zusammenarbeit				
Mein Vorgesetzter respektiert mich.				
Ich kann mich auf meine Kollegen im Team verlassen.				
Die Arbeit in meinem Team macht derzeit Spaß.				
Die Zusammenarbeit mit anderen Teams ist gut.				

Ergebnis

Die Bewertung dient als Diskussionsgrundlage für die nächsten Schritte.

Anmerkungen

Manchmal kann es helfen, Hemmungen der Teilnehmer, öffentlich zu punkten, abzubauen, wenn das Change-Barometer während des Punktens von den Initiatoren der Veränderung nicht einzusehen ist.

Wobei kann ein Change-Barometer noch unterstützen?

Ein Change-Barometer kann nicht nur in den Treffen der Change-Runde eingesetzt werden. Es lässt sich auch in den beschriebenen Beteiligungsmaßnahmen, den Beratungs- und Multiplikatorenteams (► Kap. 3.3.2 und 3.3.4) einsetzen und als ein Instrument nutzen, mit dessen Hilfe die Stimmung schnell erhoben werden kann.

▼

0:25 10'	**Kommentierung durch die Initiatoren der Veränderung** **Vorgehen** Die Initiatoren der Veränderung geben ein kurzes Feedback zum bewerteten Change-Barometer. **Arbeitsanleitung** Der Moderator befragt die Initiatoren: ■ Wie ist Ihr erster Eindruck? ■ Was interessiert Sie besonders? ■ Was fällt Ihnen auf? Was überrascht Sie? **Ergebnis** Die Teilnehmer gewinnen ein Bild über die Einstellung der Initiatoren, sie erleben deren Überraschung, Betroffenheit oder auch Freude. **Anmerkungen** Um die Qualität der Diskussion auf einem möglichst hohen Niveau zu halten und damit auch einen Standard zu setzen, sollte der Moderator die Antworten kritisch hinterfragen, besonders dann, wenn sie unkonkret oder widersprüchlich sind.	
0:35 45'	**Diskussion der kritisch bewerteten Fragen sowie der von den Teilnehmern mitgebrachten Themen** **Vorgehen** Angeregt durch den Moderator und die Kommentierung der Initiatoren setzt nun eine Diskussion im Plenum ein. An dieser Stelle können die von den Teilnehmern mitgebrachten Fragen wieder aufgegriffen werden. Der Moderator protokolliert die Ergebnisse für alle sichtbar mit. **Ergebnis** Es entsteht ein geschlossenes Bild über die aktuelle Situation der Teilnehmer. Ihre Fragen sind diskutiert und ihre Anregungen gehört worden.	■ Pinnwand ■ Karten ■ Stifte ■ Nadeln
1:20 10' ____ **1:30**	**Abschlussrunde** **Vorgehen** Der Moderator bittet um ein Feedback zur Veranstaltung und weist auf die Veröffentlichung des Protokolls hin. **Arbeitsanleitung** »Bitte geben Sie ein kurzes Feedback zu dieser Change-Runde: ■ Wie sinnvoll finden Sie die Change-Runde? ■ Wie zufrieden sind Sie mit dem Ergebnis der Change-Runde? ■ Welche Verbesserungsideen haben Sie?« **Ergebnis** Durch die Feedbackrunde erhalten die Initiatoren und der Moderator darüber Aussagen, wie die Change-Runde bei den Teilnehmern angekommen ist und was ggf. in Zukunft noch zu verbessern ist.	

3.3.4 Multiplikatorenteam

Definition eines Multiplikatorenteams

Was versteht man unter einem Multiplikatorenteam und in welchen Situationen bietet es sich an, ein solches einzusetzen?

Ein Multiplikatorenteam setzt sich aus Mitarbeitern zusammen, die als Schnittstelle fungieren, nämlich zwischen ihren Kollegen, die – wie sie selbst – von einer Veränderung betroffen sind, und dem Veränderungsprojektteam (❏ Abb. 3.13). Sie sind einerseits Multiplikatoren, die Informationen an die eigenen Kollegen vermitteln, und andererseits Feedbackgeber, die Rückmeldungen an das Veränderungsprojektteam weiterleiten. Das Multiplikatorenteam übernimmt die Aufgabe, die »bestinformierten Mitarbeiter« zu sein – über die Inhalte der Veränderung sowie die Stimmung in den eigenen Reihen.

Besonders dann bietet sich die Bildung eines Multiplikatorenteams an, wenn eine Vielzahl von Mitarbeitern von einer Veränderung betroffen ist und eine direkte Kommunikation für den Veränderungsprozess als entscheidend angesehen wird, sie aber vom Veränderungsprojektteam allein nicht leistbar ist. Das Multiplikatorenteam sollte zum Ende der Planungsphase der Veränderung seine Arbeit aufnehmen und die Veränderung bis zum Beginn der Evaluation begleiten.

Ein Multiplikatorenteam setzt sich aus maximal 12 Personen zusammen, die für jeweils 10–30 Kollegen zuständig sind.

Beschreibung der Arbeit eines Multiplikatorenteams

Wer ist der Leiter des Multiplikatorenteams?

Das Multiplikatorenteam organisiert sich weitgehend selbst. Es benennt einen Koordinator, der die Abstimmungen untereinander sowie gemeinsame Treffen plant und als Schnittstelle zum Veränderungsprojektteam fungiert. Auch das Veränderungsprojektteam bestimmt einen Ansprechpartner, über

❏ **Abb. 3.13.** Überblick über die Beteiligungsmaßnahme Multiplikatorenteam. Da die Unterscheidungsmerkmale nicht immer trennscharf sind, zeigt die dunkelste Schattierung die stärkste Ausprägung an. Der hell schraffierte Hintergrund definiert, in welchen Phasen der Veränderung die Beteiligungsmaßnahme optimal eingesetzt werden kann

den der Austausch zwischen den beiden Teams geregelt wird. Der Ansprechpartner aus dem Veränderungsprojektteam sollte regelmäßig, zumindest zeitweise, an den Treffen des Multiplikatorenteams teilnehmen.

Welche Kompetenzen sollten die Teilnehmer des Multiplikatorenteams mitbringen und wie werden sie ausgewählt?

Die Teilnehmer des Multiplikatorenteams sollten kommunikativ und in der Lage sein, den Kontakt zu vielen Kollegen zu pflegen. Sie sollten vor Gruppen sprechen können, Moderationsfähigkeiten besitzen und das Vertrauen ihrer Kollegen und Führungskräfte genießen. Besitzen die Teilnehmer einige dieser Kompetenzen nicht, ist es sinnvoll, sie im Vorfeld zu qualifizieren.

Gerade weil der zeitliche Aufwand hoch und die Verantwortung der Multiplikatoren groß ist, sollten die Teilnehmer von ihren Vorgesetzten benannt werden.

Welche Rolle hat das Multiplikatorenteam und welche Aufgaben übernimmt es?

Die Teilnehmer sind Multiplikatoren und Feedbackgeber zugleich. Sie fungieren als Mittler zwischen dem Veränderungsprojektteam und den eigenen Kollegen und informieren demzufolge ihre Kollegen über den Status und Fortschritt der Veränderung. Sie spielen eine aktive Rolle als Stimmungsbarometer des Veränderungsprozesses, indem sie aufzeigen, wie die Veränderung im Kollegenkreis angenommen und umgesetzt wird. Damit sind sie auch eine wichtige Informationsquelle für das Veränderungsprojektteam.

Die Multiplikatoren sind die direkte Verbindung zwischen den Betroffenen und dem Veränderungsprojekt.

Die Rolle des Ansprechpartners des Veränderungsprojektteams besteht darin, das Multiplikatorenteam zu unterstützen. Er versorgt das Team mit Informationen zur aktuellen Situation und zur Planung der nächsten Schritte, nimmt Rückmeldungen an das Veränderungsprojektteam entgegen und fungiert als Berater, der in schwierigen Situationen zur Seite steht (◘ Abb. 3.14).

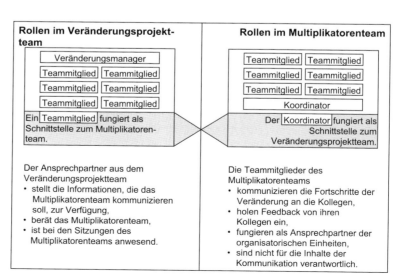

◘ **Abb. 3.14.** Rollenverteilung zwischen dem Veränderungsprojektteam und dem Multiplikatorenteam

In welchem Turnus und über welchen Zeitraum hinweg ist es sinnvoll, ein Multiplikatorenteam aufzusetzen, und wie groß ist der zeitliche Aufwand für die Teilnehmer?
Für den Zeitraum ihres Einsatzes, in der Regel vom Ende der Planungsphase bis zum Beginn der Evaluationsphase, trifft sich das Multiplikatorenteam ungefähr 14-tägig für 90 Minuten bis 2 Stunden. Hinzu kommt die Zeit, die die Multiplikatoren für die Information ihrer Kollegen aufwenden müssen, sowie ein halber bis ganzer Tag in der Woche, um ihre Aufgaben vorbereiten zu können.

Wie läuft die Arbeit des Multiplikatorenteams konkret ab?
Nach einem ausführlichen Kick-Off, in dem die Aufgaben und Verantwortlichkeiten der Multiplikatoren noch einmal vorgestellt wurden und organisatorische Fragen geklärt werden konnten, nehmen die Teilnehmer ihre eigentliche Arbeit als Multiplikatoren auf.

Vorbereitung eines Kick-Offs
Im Vorfeld des Kick-Offs bietet es sich an, Termine mit den Vorgesetzten der Teilnehmer durchzuführen, in denen den Vorgesetzten die Ziele und die Rollen der Multiplikatoren ausführlich vorgestellt werden, wo aber auch ihre Meinung und ihre Ideen erfragt werden sollten. Die Diskussion der folgenden Leitfragen bietet sich an:

- Auf welche Infrastruktur können die Multiplikatoren in ihrer organisatorischen Einheit aufbauen?
- Welche Medien und Vorgehen werden bereits genutzt? Welche davon werden von der Zielgruppe präferiert?
- Welche Tipps können die Vorgesetzten den Ansprechpartnern für ihre Arbeit geben?
- Wie sollte die Schnittstelle zum Vorgesetzten gestaltet sein (sowohl vom Multiplikator als auch vom Veränderungsprojektteam aus betrachtet)?

Ablauf eines Kick-Offs
Der Ablauf eines Kick-Offs ist in ▶ Schema 3.5 (am Ende des Abschnitts) gezeigt.

Arbeit der Multiplikatorenteams
Da der Schwerpunkt der Arbeit der Multiplikatoren in der persönlichen Information der Kollegen liegt, sollten die Multiplikatoren Kommunikationsformen wählen, die einen direkten Austausch fördern. Das am besten geeignete Medium für ihre Arbeit ist daher die Teamrunde (▶ Kap. 2.2.2). Hier können sie einer relativ kleinen Gruppe die Informationen vermitteln, die ihnen vom Veränderungsprojektteam zur Verfügung gestellt wurden, aber sie können sich in der Teamrunde auch ein Feedback zum Veränderungsprozess geben lassen (z. B. mit Hilfe eines Change-Barometers; ▶ Kap. 3.3.3). Der Turnus, in dem die Multiplikatoren Teamrunden aufsuchen, ist abhängig von der Menge oder Wichtigkeit der Informationen, die sie weiterleiten können, sollte aber bei ungefähr 4–6 Wochen liegen.

Die Multiplikatoren übernehmen die Funktion eines eigenen Kommunikationskanals.

Durch den direkten Kontakt mit den Kollegen bei den Teamrunden, aber auch bei der täglichen Arbeit gewinnen die Multiplikatoren ein Gefühl dafür, welche Fragen die Mitarbeiter beschäftigen. Diese Information können sie an ihren Hauptansprechpartner zurückspielen, um die Inhalte der Kommunikation den Bedürfnissen der Betroffenen anzupassen.

Darüber hinaus können die Multiplikatoren bei der Betreuung anderer Medien unterstützen. So können sie schriftliche Medien pflegen, wie eine Wandzeitung (▶ Kap. 2.2.5) oder einen Kummerkasten (▶ Kap. 3.3.5), aber auch bei Veranstaltungen aktiv werden – wie z. B. im Rahmen eines Info-Marktes (▶ Kap. 2.2.1).

Interne Arbeit des Multiplikatorenteams

Parallel zur Arbeit als Multiplikatoren finden sie sich in regelmäßigen Runden mit dem Ansprechpartner aus dem Veränderungsprojektteam zusammen. In diesen Runden werden sie über den aktuellen Status des Projekts informiert. Hier werden ihnen Materialien (Präsentationen etc.) für ihre Arbeit zur Verfügung gestellt. Gleichzeitig müssen diese Runden für die Multiplikatoren Raum bieten, sich über Erfahrungen auszutauschen und Tipps und Unterstützung vom Veränderungsprojektteam zu erhalten. Es ist notwendig, den Kontakt zwischen den beiden Teams sehr eng zu halten, sodass ein konstanter Informationsaustausch gewährleistet ist.

Anmerkungen

Ein entscheidendes Kriterium für die erfolgreiche Arbeit mit Multiplikatorenteams liegt in der frühzeitigen und konstanten Einbindung der Führungskräfte. Sie sind es nämlich, die ihre Mitarbeiter für die Aufgabe als Multiplikatoren freistellen und es ihnen ermöglichen, Teamrunden für Feedback und Information zu nutzen und nicht zuletzt eigenverantwortlich als Sprecher für die eigenen Kollegen zu fungieren.

Schema 3.5. Ablauf eines Kick-Offs

Pausen, Einstiegs- und Abschlussrunden sind nicht aufgeführt. Die Zeiten sind für eine Gruppe von 12 Teilnehmern ausgelegt. Schema als Word-Datei zum Download: www.springer.com/978-3-540-78854-6

Zeit	Inhalt (Vorgehen/Arbeitsanleitung/Ergebnis)	Material
0:00 30'	**Ziele und Organisation des Multiplikatorenteams** **Vorgehen** Der Leiter der Veranstaltung – der Ansprechpartner des Veränderungsprojektteams – präsentiert die Ziele der Arbeit des Multiplikatorenteams und stellt die Verantwortlichkeiten und die Rolle der Multiplikatoren vor (◘ Abb. 3.14). Anschließend klärt er grundsätzliche Fragen mit dem Team. **Ergebnis** Die Teilnehmer kennen die Ziele ihrer Aufgabe und haben die Gelegenheit, erste Fragen zu klären.	▬ Präsentationsmedien
▼		

0:30 15' 30' 60'	**Ideensammlung für die Arbeit der Multiplikatoren** **Vorgehen** Der Leiter stellt die Informationen zu bestehenden Medien und deren Nutzung, die er im Vorfeld bei den Vorgesetzten der Teilnehmer abgefragt hat, vor. Auf dieser Basis erarbeiten die Multiplikatoren Vorgehensvorschläge, um ihre Ziele realisieren zu können. Außerdem definieren sie, welchen Unterstützungsbedarf es für ihre Aufgabe gibt, und diskutieren ihre Arbeitsergebnisse im Plenum. **Arbeitsanleitung** »Gehen Sie in drei Teams zusammen und überlegen Sie gemeinsam, wie Sie Ihre Aufgaben, zu informieren und Feedback von Ihren Kollegen einzuholen, am erfolgreichsten im Rahmen der bestehenden Medien umsetzen können. 　　Beantworten Sie dafür folgende Fragen: － Welche der vorgestellten Medien unterstützen unsere Ziele am besten? Gibt es Ideen für weitere Medien, die wir zusätzlich einführen sollten? － Wie können wir die Medien am sinnvollsten für unsere Ziele nutzen? － Was brauchen wir dafür (z. B. Materialien, Unterstützung, Zeit)? Halten Sie Ihre Ergebnisse schriftlich fest und präsentieren und diskutieren Sie sie anschließend im Plenum. Erarbeiten Sie gemeinsam einen Vorgehensplan.« **Ergebnis** Die Teilnehmer haben ein Vorgehen erarbeitet, wie sie ihre Arbeit konkret umsetzen wollen und welche Voraussetzungen dafür noch erfüllt werden müssen.	－ Pinnwand － Karten － Stifte
2:15 45'	**Erwartungsklärung zwischen dem Ansprechpartner des Veränderungsprojektteams und den Multiplikatoren** (angelehnt an Rollenverhandeln von Harrison 1977) **Vorgehen** Die Multiplikatoren formulieren und diskutieren ihre Erwartungen, die sie an alle Beteiligten haben, um ihre Aufgabe erfolgreich umsetzen zu können, und stellen sie denen des Ansprechpartners gegenüber. **Arbeitsanleitung** »Gehen Sie in zwei Teams zusammen: Alle Multiplikatoren bilden ein Team, der Vertreter des Veränderungsprojektteams bildet das zweite Team. Nutzen Sie die nächsten 45 Minuten, um folgende Fragen zu beantworten:	－ Pinnwände － Karten － Nadeln － Stifte

▼

	Damit wir unsere Funktion als Multiplikatoren erfolgreich ausüben können, brauchen wir folgende Unterstützung und folgendes Verhalten… — von den Kollegen im Team, — vom Ansprechpartner des Veränderungsprojektteams, — von dem Koordinator unseres Teams, — von unseren Kollegen, die wir informieren möchten, und — von unseren Vorgesetzten. Parallel bearbeitet der Ansprechpartner aus dem Veränderungsprojektteam folgende Fragestellung: — Damit ich meine Arbeit erfolgreich umsetzen kann, brauche ich vom Multiplikatorenteam folgende Unterstützung und folgendes Verhalten… Bitte schreiben Sie leserlich und verwenden Sie bei Ihren Formulierungen Verben. Halten Sie Ihre Ergebnisse auf einer Pinnwand fest und bereiten Sie die Präsentation Ihrer Ergebnisse im Plenum vor.« **Ergebnis** Die Teilnehmer erarbeiten, welche konkreten Erwartungen sie an ihr Umfeld haben und definieren darüber potenziellen Unterstützungsbedarf. **Anmerkungen** Grundsätzlich ist es nicht nötig, die Unterstützung eines Moderators für einen Kick-Off zu nutzen. Wenn jedoch abzusehen ist, dass die Erwartungsklärung kritische Diskussionen mit sich bringen wird, kann es sinnvoll sein, einen Moderator hinzuzuziehen.	
3:00 60' ▼	**Diskussion der Erwartungen** **Vorgehen** Der Ansprechpartner aus dem Veränderungsprojektteam wie auch die Multiplikatoren stellen sich ihre Erwartungen gegenseitig vor. Gemeinsam diskutieren sie, welche Erwartungen erfüllbar sind und welche alternativen Lösungen es gibt, wenn bestimmte Erwartungen nicht erfüllt werden können. Schließlich treffen sie verbindliche Vereinbarungen für die weitere Zusammenarbeit. **Arbeitsanleitung** »Stellen Sie sich nacheinander gegenseitig Ihre Ergebnisse vor. Die Gruppe, an die die Erwartungen gerichtet sind, klärt im ersten Schritt Verständnisfragen und antwortet dann auf alle Erwartungen anhand des folgenden Rasters: — Welche Erwartungen können wir erfüllen? — Welche Erwartungen können wir nicht erfüllen, welche Alternativen können wir jedoch anbieten? — Welche konkreten Vereinbarungen sollen wir treffen?	— Pinnwände — Karten — Nadeln — Stifte

Halten Sie Ihre Vereinbarungen schriftlich fest.

Nachdem alle Erwartungen besprochen wurden, diskutieren Sie gemeinsam die folgenden Leitfragen:

- Wer aus den Reihen der Multiplikatoren übernimmt die Rolle des Koordinators?
- Wie gehen wir mit den Erwartungen um, die wir an unsere Kollegen und Vorgesetzten haben, die jetzt aber nicht anwesend sind?
- Sind wir gut für unsere Arbeit aufgestellt?«

Ergebnis

Die Teilnehmer haben ein gutes Verständnis darüber entwickelt, welches Verhalten oder auch welche Unterstützung sie voneinander erwarten können, und haben Vereinbarungen darüber getroffen, wie sie zusammenarbeiten möchten.

Anmerkungen

Bei der Erwartungsklärung ist es wichtig, herauszustellen, dass Erwartungen nicht immer erfüllt werden können, aber dass es gemeinsames Ziel sein sollte, eine Lösung zu finden, mit der sich beide Seiten einverstanden erklären können.

4:00 30' ─── 4:30	**Organisatorisches klären und nächste Schritte vereinbaren** **Vorgehen** Im nächsten Schritt findet ein Rückblick auf die erarbeiteten Ergebnisse statt, und es werden die nötigen organisatorischen Fragen besprochen. - Wer übernimmt welche Aufgaben? - In welchem Turnus wird sich das Multiplikatorenteam zusammensetzen? - Wie kann die Zusammenarbeit mit den Führungskräften in der eigenen organisatorischen Einheit aussehen? **Ergebnis** Die Multiplikatoren sind auf ihre Arbeit vorbereitet und wissen, was sie im nächsten Schritt tun werden. **Anmerkung** Wenn möglich, sollten die Vorgesetzten der Multiplikatoren am Abschluss der Veranstaltung teilnehmen. So können sie die Ergebnisse der Veranstaltung kennenlernen, offene Fragen klären, zu den an sie gerichteten Erwartungen Stellung nehmen und ihre eigenen Erwartungen platzieren.	- Pinnwand - Stifte

3.3.5 Schriftliche Beteiligungsmaßnahmen (Befragungen/Kummerkasten)

Definition von schriftlichen Beteiligungsmaßnahmen

Was ist eine schriftliche Beteiligungsmaßnahme und in welchen Situationen bietet es sich an, eine solche Maßnahme einzusetzen?

Schriftliche Beteiligungsmaßnahmen sind ein Sonderfall im Rahmen der Beteiligungsmaßnahmen; sie kennen keinen direkten persönlichen Austausch, sondern sie nutzen Medien wie E-Mails, Briefe oder Befragungen. Sie können für Feedbackzwecke genutzt werden oder als Plattform dienen, um offene Fragen aller Führungskräfte und Mitarbeiter aufzunehmen und im Anschluss zu adressieren. Fragenschwerpunkte geben darüber hinaus Anhaltspunkte, welche Themen im Rahmen der Information noch intensiver oder deutlicher behandelt werden sollten. Gängige schriftliche Medien sind Befragungen oder Kummerkästen, die es auch denjenigen Mitarbeitern ermöglichen, sich zu beteiligen, die sonst nicht an Diskussionen teilnehmen können oder möchten (◘ Abb. 3.15).

Der Nachteil von schriftlichen Beteiligungsmaßnahmen ist allerdings, dass keine Rückfragen des Empfängers möglich sind und es so leichter zu Missverständnissen kommen kann als bei einem direkten persönlichen Austausch.

Schriftliche Beteiligungsmaßnahmen können jederzeit während der 3 Veränderungsphasen eingesetzt werden.

Beschreibung der Nutzung von schriftlichen Beteiligungsmaßnahmen

Wer ist der Leiter einer schriftlichen Beteiligungsmaßnahme?

Im Gegensatz zu den anderen Beteiligungsmaßnahmen benötigt man beim Einsatz von schriftlichen Beteiligungsmaßnahmen keinen Leiter, sondern vielmehr einen Betreuer, der sich um die Kommunikation der Maßnahme und die Pflege der Inhalte kümmert.

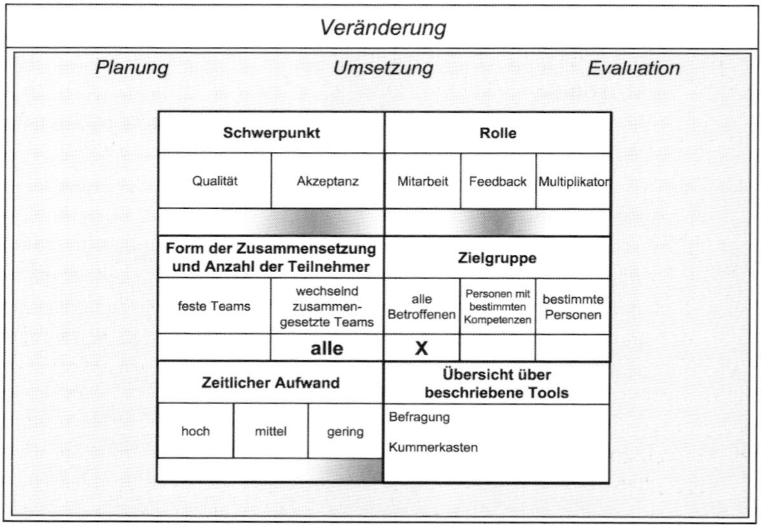

◘ **Abb. 3.15.** Überblick über die schriftlichen Beteiligungsmaßnahmen. Da die Unterscheidungsmerkmale nicht immer trennscharf sind, zeigt die dunkelste Schattierung die stärkste Ausprägung an. Der hell schraffierte Hintergrund definiert, in welchen Phasen der Veränderung die Beteiligungsmaßnahme optimal eingesetzt werden kann

Welche Kompetenzen sollten die Mitglieder einer schriftlichen Beteiligungsmaßnahme mitbringen?

Um an schriftlichen Beteiligungsmaßnahmen teilnehmen zu können, werden keine bestimmten Kompetenzen benötigt. Wichtig ist nur, dass die Zielgruppe Zugang zu dem Medium hat, über das die Beteiligung ermöglicht werden soll. Wenn es sich beispielsweise um einen virtuellen Kummerkasten handelt, müsste gesichert sein, dass alle Betroffenen Zugriff auf einen Computer haben.

Schriftliche Beteiligungsmaßnahmen stehen allen Betroffenen offen.

Welche Rolle und welche Aufgaben haben die Teilnehmer schriftlicher Beteiligungsmaßnahmen?

Die Rolle der Betroffenen ist es vornehmlich, Feedback zu geben und Fragen zu stellen, die sie bewegen. Da die Antworten auf die Fragen zeitlich versetzt gegeben werden, ist es nötig, gleichzeitig mit der Information über den Beginn einer schriftlichen Beteiligungsmaßnahme verbindlich festzulegen, wie eine Rückmeldung an die Betroffenen erfolgen wird.

Folgende Fragen sind zu klären:

- Bleiben die Teilnehmer anonym?
- Werden alle Feedbacks oder Fragen veröffentlicht?
- Werden alle Antworten veröffentlicht?
- Sind bei Veröffentlichungen Beschränkungen vorgesehen? Worin bestehen sie (z. B. Gefährdung der Anonymität anderer Mitarbeiter)?
- Wer wird zu den Fragen oder dem Feedback Stellung nehmen?
- Wann gibt es eine Reaktion auf die Fragen oder das Feedback?

In welchem Turnus und über welchen Zeitraum hinweg ist es sinnvoll, schriftliche Beteiligungsmaßnahmen einzusetzen, und wie groß ist der zeitliche Aufwand?

Schriftliche Beteiligungsmaßnahmen können einmalig oder regelmäßig (Befragungen) aber auch fortwährend (Kummerkästen) eingesetzt werden.

Schriftliche Medien sind jederzeit verfügbar.

Der zeitliche Aufwand für die Feedbackgeber und Fragensteller ist gering, auch die Auswertung eines Fragebogens ist wenig aufwändig. Allerdings kann die Pflege eines Kummerkastens aufgrund eines starken Fragenaufkommens ausgesprochen hoch sein. Hier müssen die Antworten oftmals mit mehreren Personen abgesprochen werden, da sie in schriftlich veröffentlichter Form eine verbindlichere Bedeutung haben als eine mündliche Äußerung.

Wie laufen schriftliche Beteiligungsmaßnahmen ab?

Befragungen

Befragungen dienen dazu, in kurzer Zeit einen schnellen Überblick darüber zu erhalten, wie ein Großteil der betroffenen Mitarbeiter und Führungskräfte eine bestimmte Thematik bewertet oder eine bestimmte Situation einschätzt. Sie können über persönliche Fragebögen oder über eine öffentliche Feedbackwand realisiert werden.

- **Persönlicher Fragebogen**
  Persönliche Fragebögen sind anonym und können z. B. eingesetzt werden, um die Qualität der Kommunikationsmedien im aktuellen Verän-

derungsprozess zu bewerten oder die Mängel einer alten Software zu gewichten, die erneuert werden soll.

Allen Betroffenen wird der persönliche Fragebogen in Papier oder per E-Mail zugesandt, mit der Bitte ihn bis zu einem Stichtag ausgefüllt zurückzusenden.

Bei der Generierung des Fragebogens sollte darauf geachtet werden, möglichst klar und präzise sowohl die Fragen als auch die Antwortkategorien zu formulieren und den Fragebogen vor dem Versand zu pilotieren. So lässt sich das Risiko minimieren, dass Fragen oder Hinweise zur Handhabung nicht verstanden werden.

— **Öffentliche Feedbackwand**

Feedbackwände finden ihren Einsatz z. B. als Teil einer Wandzeitung (► Kap. 2.2.5) oder auch als Qualitätsbewertung von Großveranstaltungen wie eines Info-Markts (► Kap. 2.2.1). Es handelt sich dabei um Pinnwände, auf denen 2–3 Fragen zur Bewertung formuliert sind, aber auch Raum für Kommentare vorhanden ist.

Dadurch, dass sich Feedbackwände in öffentlichen Räumen befinden, ist diese Form der schriftlichen Beteiligung eher als semianonym zu bewerten, da zwar nicht jede Bewertung und jeder Kommentar einzelnen Personen zuzuordnen ist, aber es möglich ist, Kollegen bei ihrer Bewertung zu beobachten.

Im Rahmen von Veranstaltungen können Feedbackwände (❑ Abb. 3.16) genutzt werden, um eine Bewertung der Veranstaltungsqualität zu ermöglichen. Die Gelegenheit, die gestellten Fragen zu beantworten, ist jedoch nur für einen begrenzten Zeitraum vorhanden, da die Feedbackwand bereits nach dem Abschluss der Veranstaltung abgebaut und ausgewertet wird.

❑ **Abb. 3.16.** Beispiel für eine Feedbackwand

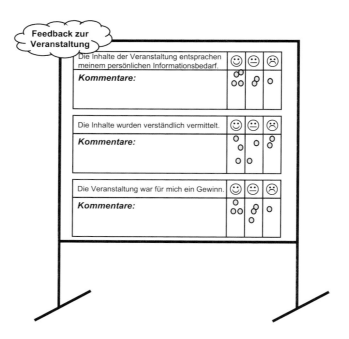

Beim Einsatz der Feedbackwand als Wandzeitung haben die Betroffenen über einen längeren Zeitraum (z. B. 2–3 Wochen) die Möglichkeit, sich von Bewertungen der Kollegen und deren Kommentaren anregen zu lassen. Die Wandzeitung kann wie eine Graffitiwand genutzt werden, auf der es erlaubt ist, öffentlich das loszuwerden, was gerade bewegt. Die Betreuung und Auswertung der Wände sowie die Kommunikation der Auswertungsergebnisse können z. B. Mitglieder eines Multiplikatorenteams (▶ Kap. 3.3.4) übernehmen.

Kummerkasten

Ein Kummerkasten gibt den Betroffenen die Möglichkeit, anonym offene Fragen zu adressieren oder auch Irritationen oder Feedback zum aktuellen Veränderungsprozess zu äußern. Ein Kummerkasten lässt sich elektronisch oder als tatsächlicher physisch vorhandener Kasten einrichten und stellt im Gegensatz zu den Formen der Befragung ein Medium dar, das über den gesamten Zeitraum der Veränderung und nicht nur phasenweise eingesetzt werden kann.

Anmerkungen

Bereits beim Einrichten der schriftlichen Beteiligungsmaßnahme sollte darüber informiert werden, wie und wann eine Rückmeldung auf die einzelnen Beiträge erfolgen wird.

Nach Möglichkeit sollte die Beteiligungsquote der schriftlichen Beteiligungsmaßnahme beobachtet werden. Da nämlich einige Organisationen ein höheres Interesse an persönlichem Austausch haben, gilt es herauszufinden, wie groß der Mitarbeiterkreis ist, der die schriftlichen Beteiligungsmaßnahmen nutzt. So sollte der Pflegeaufwand mit der Größe der tatsächlichen Zielgruppe abgeglichen werden und die Beteiligungsmaßnahme ggf. eingestellt werden, wenn die Resonanz zu gering ist.

> **Informelle Austauschmöglichkeiten**

Informeller Austausch ist nur bedingt planbar.

Da das besondere Merkmal von informellen Austauschmöglichkeiten gerade die fehlende Formalität ist, lassen sie sich weder planen noch anhand eines bestimmten Ablaufs beschreiben. Es handelt sich dabei um das Gespräch am Kaffeeautomaten, die Diskussionen am Rande eines Meetings oder auch den Austausch im Rahmen einer Teamrunde.

Im folgenden Abschnitt soll daher nur die Teamrunde, zu der jede organisatorische Einheit ohnehin regelmäßig zusammenkommt, als eine semiformale Art des Austauschs im Fokus stehen. Damit die Anregungen, aber auch die Kritik aus dem informellen Austausch nicht verloren gehen, ist es wichtig, dass die formellen Beteiligungsmaßnahmen und ihre Teilnehmer bekannt sind. So können die Teilnehmer direkt angesprochen und gebeten werden, bestimmte Themen in den Diskussionen zu platzieren.

Wie im ▶ Kap. 2.2.2 bereits beschrieben, dient die Teamrunde in Zeiten der Veränderung bereits der regelmäßigen Information der Mitarbeiter, sollte aber auch Raum für den Austausch über die Inhalte der Veränderung bieten.

3.3.6 Teamrunde

Definition einer Teamrunde

Gerade in Veränderungsprozessen, die es mit sich bringen, dass viele Mitarbeiter und Führungskräfte zeitlich stark belastet sind, kommt der Austausch über die aktuelle Situation sowohl im Team als auch in der gesamten Organisation oftmals zu kurz. Der Druck auf der Seite der fachlichen Anforderungen wächst, und es fehlt an Gelegenheiten, über die Dinge zu sprechen, die die betroffenen Mitarbeiter und Teams beschäftigen. Das in ▶ Kap. 3.3.3 beschriebene Change-Barometer kann eine Möglichkeit sein, den Austausch in der Teamrunde zu initiieren und über die aktuellen, auf das Team bezogenen Veränderungen und ihre Auswirkungen zu sprechen (☐ Abb. 3.17).

Beschreibung des Einsatzes einer Teamrunde

Wie läuft der Einsatz des Change-Barometers im Rahmen einer Teamrunde ab?

In der Teamrunde wird das Change-Barometer (▶ Kap. 3.3.3) vorgestellt. Dabei wird erläutert, dass es sich um eine Möglichkeit handelt, in eine Diskussion über die aktuelle Situation einzusteigen. Zu Beginn bewerten die Teilnehmer alle Thesen des Change-Barometers und diskutieren im Anschluss das Ergebnis ihrer Bewertung. Gemeinsam werden offene Fragen geklärt und ggf. Vereinbarungen über nächste Schritte getroffen.

Nach dem ersten Einsatz ist es günstig, Verbesserungsvorschläge vom Team einzuholen. Es kann z. B. sinnvoll sein, dass das Team Formulierungen verändert, Fragen streicht und andere ergänzt, bis der Fragenkatalog zur Situation und den Schwerpunkten des Teams passt.

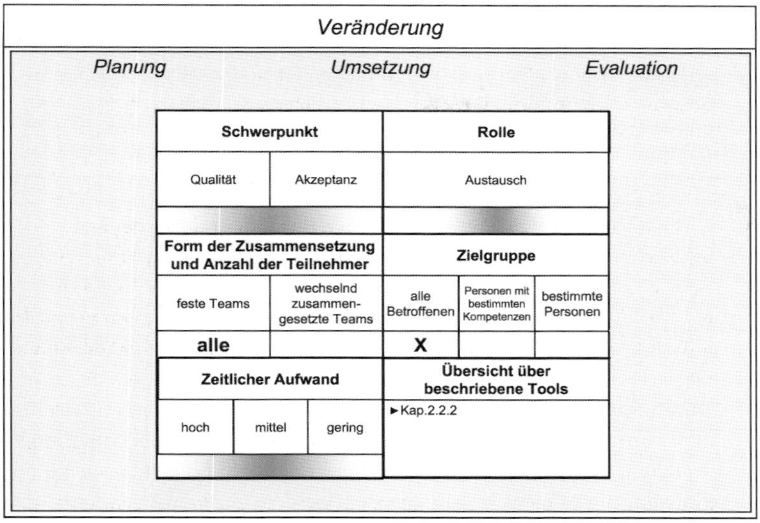

Abb. 3.17. Überblick über die Teamrunde – eine semiformale Form des Austauschs. Da die Unterscheidungsmerkmale nicht immer trennscharf sind, zeigt die dunkelste Schattierung die stärkste Ausprägung an. Der hell schraffierte Hintergrund definiert, in welchen Phasen der Veränderung die Beteiligungsmaßnahme optimal eingesetzt werden kann

In welchem Turnus ist es sinnvoll, ein Change-Barometer einzusetzen, und wie viel Zeit braucht man für die Arbeit mit einem Change-Barometer?
Den Turnus bestimmt am besten das Team selbst. Grundsätzlich sollte es sich auf einen regelmäßigen Turnus einigen, z. B. einmal pro Quartal. Abhängig davon, wie groß der Diskussionsbedarf ist, kann die Diskussion zwischen 30 und 90 Minuten dauern.

Der in ► Kap. 3.3.3 beschriebene Ablauf erlaubt einen einfachen Transfer auf die Rahmenbedingungen einer Teamrunde.

Anmerkungen
Teamrunden können eine optimale Verbindung zwischen formaler und informeller Beteiligung übernehmen. So können Führungskräfte anregen, wie mit den Inhalten der Flurgespräche oder auch der Teamrunden umgegangen werden kann. Beispielsweise können einzelne Mitarbeiter die Aufgabe übernehmen, sich als Teamsprecher in einer Beteiligungsmaßnahme zu engagieren oder einen Beitrag für den Kummerkasten zu formulieren.

3.4 Über Ergebnisse informieren

Der letzte Teil dieses Kapitels steht unter dem Motto: Tue Gutes und rede darüber.

Beteiligungsmaßnahmen brauchen eine breite Öffentlichkeit, um ihr Potenzial zur Förderung von Qualität und Akzeptanz der Veränderung voll ausschöpfen zu können. Je größer der Bekanntheitsgrad von Beteiligungsmaßnahmen selbst sowie der dort erarbeiteten Ergebnisse ist, aber auch je angesehener es ist, sich zu beteiligen, desto mehr Personen werden sich selbst einbringen wollen. Damit wird eine intensive Auseinandersetzung mit den Inhalten der Veränderung gefördert – dem ersten nötigen Schritt zur Akzeptanz einer Veränderung.

Ergebnisse von Beteiligungsmaßnahmen sollten unbedingt veröffentlicht werden.

■ **Abb. 3.18.** Über Ergebnisse informieren

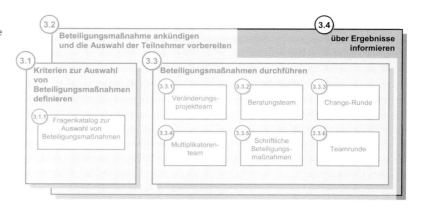

Durch eine Information über die Arbeit der Beteiligten können zwei Botschaften vermittelt werden. Zum einen kann eine fachliche Information zu den Inhalten, mit denen sich z. B. das Beratungsteam befasst, sowie zu den Ergebnissen, die es erreicht hat, gegeben werden. Zum anderen kann eine Grundhaltung transportiert werden, die den Umgang mit den betroffenen Führungskräften und Mitarbeitern bestimmt. Über die Art und Weise, wie über die Beteiligungsmaßnahmen informiert wird – also durch wen, in welcher Häufigkeit, in welchem Umfang, in welchem Tenor –, kann implizit auch die Bedeutung, die die Beteiligung Betroffener im Veränderungsprozess hat, vermittelt werden (■ Abb. 3.18).

Eine Information über die Beteiligungsmaßnahme kann über die Veröffentlichung von Ergebnissen und Protokollen realisiert werden. Weiter bietet es sich an, die Arbeit, die in den Beteiligungsmaßnahmen geleistet wird, regelmäßig zur Sprache zu bringen. Das kann bei Veranstaltungen geschehen, in denen die Initiatoren der Veränderung die Arbeit der beteiligten Führungskräfte und Mitarbeiter hervorheben, oder im Rahmen eines Info-Markts (▶ Kap. 2.2.2), bei dem einzelne Beteiligungsmaßnahmen ihren eigenen Informationsstand haben. Die Initiatoren der Veränderung können auch in einem Brief, der an alle Betroffenen gerichtet ist, über den aktuellen Status der Beteiligungsmaßnahme informieren, oder es kann über den Besuch eines Initiators im Rahmen einer Beteiligungsmaßnahme berichtet werden, an der er spontan teilgenommen hat. (Anregungen zum Thema Kommunikationsmedien ▶ Kap. 2.)

Beteiligung muss einen Aufforderungscharakter für alle Betroffenen haben.

Es ist entscheidend, dass für die Empfänger der Informationen deutlich wird, dass die Beteiligung der Betroffenen von den Initiatoren der Veränderung wichtig genommen wird, aber auch erkennbar ist, welche Ideen aufgegriffen wurden und welche aus bestimmten Gründen nicht weiterverfolgt werden konnten.

Abschließende Bemerkungen

Beteiligung erfolgreich in einem Veränderungsprozess zu realisieren ist eine hohe Kunst, die darin besteht, Beteiligungsmaßnahmen mit Fingerspitzengefühl auszuwählen, einzuführen und umzusetzen.

- Gelingt es, die richtigen Personen zu beteiligen, ohne andere Personen vor den Kopf zu stoßen?
- Gelingt es, die Rollen und Entscheidungsrahmen mit den Teilnehmern einvernehmlich zu vereinbaren?
- Gelingt es, eine vertrauensvolle Zusammenarbeit aufzubauen?
- Gelingt es, einen Weg zu finden, wertschätzend auch mit den Ideen umzugehen, die nicht umgesetzt werden können?

Wenn all dies jedoch erfolgreich realisiert werden kann, wird Beteiligung ihre volle Kraft entfalten und sowohl die Akzeptanz als auch die Qualität der Veränderung maßgeblich verbessern.

4 Qualifizierung

Veränderung

Planung   Umsetzung   Evaluation

1   Vision

2   Kommunikation

3   Beteiligung

4   Qualifizierung

Notwendigkeit einer Qualifizierung in Veränderungsprozessen

Lernprozesse unterstützen Veränderungsmanagement.

Qualifizierung ist ein unverzichtbares Element von Veränderungsmanagement, das relativ spät im Veränderungsprozess zum Tragen kommt (◘ Abb. 4.1). Dies hängt damit zusammen, dass Mitarbeiter erst dann zielgerecht qualifiziert werden können, wenn die Veränderung abschließend geplant ist. Wer Veränderungen umsetzen will, muss dann auch sicherstellen, dass die Mitarbeiter die neuen Anforderungen meistern können. Anforderungen zu meistern setzt voraus, über die notwendigen Kompetenzen und Qualifikationen zu verfügen. Welche Kompetenzen dies konkret sind, hängt von der Veränderung und ihren Konsequenzen für die Organisation ab. Die Schulungsthemen sind entsprechend vielfältig und können von fachlichen Themen wie z. B. Produkten und EDV-Systemen bis zu überfachlichen Inhalten wie z. B. Gesprächsführung oder Kundenorientierung reichen.

In diesem Kapitel wird darauf abgehoben, wie in Veränderungsprozessen Qualifizierungsmaßnahmen bedarfsgerecht aufgesetzt werden und wie Lernprozesse das Veränderungsmanagement unterstützen können.

Qualifizierung ist mehr als Schulung.

Qualifizierungsprozesse sollen Plattformen schaffen, auf denen Neues gelernt werden kann. Es wäre zu eng gefasst, Qualifizierung mit Schulung und Training gleichzusetzen. Solche Methoden vermitteln v. a. Wissen wie z. B. über neue Arbeitsabläufe oder fördern Fähigkeiten wie z. B. zur Gesprächsführung. Um aber Werte und Einstellungen zu entwickeln, werden Trainings und Seminare allein nicht ausreichen. Das Verständnis von Lernen und Qualifizierung sollte weiter gefasst werden. Schließlich ist beim Lernen nicht nur zu berücksichtigen, was gelernt wird, sondern auch, wie gelernt wird. Ausgehend von Pestalozzi können drei verschiedene Lernprozesse unterschieden werden (»Kopf«, »Herz«, »Hand«). ◘ Abb. 4.2 zeigt die spezifischen Verläufe dieser drei Lernprozesse.

◘ **Abb. 4.1.** Qualifizierung im Zusammenhang mit den Elementen der Veränderung

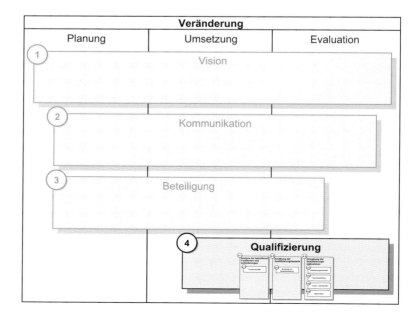

Lernerfolg

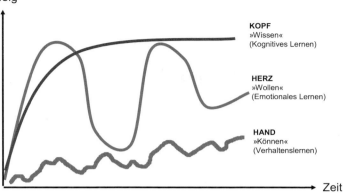

◻ **Abb. 4.2.** Verlaufsformen unterschiedlicher Lernprozesse. (Aus: Trainingsmaterialien. Hamburger Team, Hamburg 2002)

1. Aspekt: »Kognitives Lernen«

Der »Kopf« lernt zunächst sehr rasch.

Der Wissenserwerb wächst in der Regel zunächst recht schnell. Dann aber verlangsamt sich das Lerntempo und verbleibt ab einem gewissen Punkt nahezu auf demselben Niveau. Bei bestimmten Sachthemen bzw. Inhalten nimmt der »Grenznutzen« von weiteren Zahlen, Daten, Fakten aber auch schnell ab. So wird beispielsweise das Pauken von Vokabeln einer Fremdsprache ab einer gewissen Anzahl von Wörtern nichts mehr bewirken, weil sie nicht mehr bzw. nur noch durch einen erhöhten Aufwand behalten werden können.

Lernen mit Kopf, Herz und Hand.

Quintessenz für das kognitive Lernen in Veränderungsprozessen

Insbesondere strukturelle und organisatorische Änderungen führen zu Informations- und Wissensbedarfen. So sind beispielsweise neue Abläufe oder Organigramme zu lernen. Wenn es beim Lernen v. a. um den Wissenserwerb geht, sollten die Themen in sinnvolle Lerneinheiten strukturiert werden, um eine Überforderung der Lernenden zu vermeiden. Das Wissen kann in Schulungen, computer- oder webbasierten Lernprogrammen und durch Fachliteratur in Betrieben erworben werden. Darüber hinaus liefert eine professionell geplante Kommunikation zusätzliche Informationen und unterstützt dadurch den Wissenserwerb.

2. Aspekt: »Emotionales Lernen«

Das »Herz« unterliegt im Lernprozess großen Schwankungen.

Emotionales Lernen entwickelt sich individuell recht unterschiedlich und ist stark davon abhängig, mit welchen Ängsten ein bestimmtes Lernthema besetzt ist. Ein Wechselbad von Hochs und Tiefs ist ein normaler Verlauf. Die Schwankungen werden intensiv erlebt und sind nicht über Nacht verschwunden. Darin liegt eine der zu erwartenden Schwierigkeiten, denn die Motivation wirkt sich stark auf den Erfolg beim Erlernen von Verhalten aus.

Wie gut und schnell ein Mitarbeiter z. B. den Umgang mit einem PC lernt, hängt u. a. von seiner Bereitschaft ab, sich mit neuen Technologien beschäftigen zu wollen. Lernen funktioniert v. a. dann, wenn ein Thema vom

Lernenden akzeptiert, als wichtig erachtet und frei von Angst erschlossen werden kann.

Quintessenz für das emotionale Lernen in Veränderungsprozessen

Emotionales Lernen hat eine wichtige Bedeutung für das Lernen von Fähigkeiten, Einstellungen und Werten. Gerade in Veränderungsprozessen wird den Betroffenen von außen vorgegeben, was und wann zu lernen ist. Daher ist von einer freiwilligen Teilnahme nicht immer auszugehen.

Oft stehen Mitarbeiter Veränderungen kritisch gegenüber und stufen sie als negativ ein. Und da der Lernerfolg von der persönlichen Bewertung und Einstellung abhängt, ist beim Lernen dieser wesentliche Faktor zu berücksichtigen. In den Lernprozessen sollte auf den Einzelnen eingegangen und Raum für Diskussionen und Austausch zur Verfügung gestellt werden. Sorgen und Widerstände müssen ein Forum finden. Hierin liegt eine wesentliche Voraussetzung, Ängste oder Abneigungen erfolgreich abzubauen.

Coaching oder Beratungsgespräche, auch in Trainings eingebaut, bieten praktische Ansatzpunkte. »Action Learning Sets« (▶ Kap. 4.3.3) oder andere Varianten kollegialer Beratung ermöglichen ebenfalls einen sehr persönlichen Austausch unter Kollegen, in denen auch negativ bewertete und belastende Aspekte einer Veränderung angesprochen werden können. Über Gespräch und Diskussion lassen sich Einstellungen und Werte verbalisieren und in Frage stellen. Genau hierin liegt eine wesentliche Bedingung für Einstellungsänderungen.

3. Aspekt: »Verhaltenslernen«

Ähnlich zum »Herz« entwickelt sich die Lernkurve der »Hand«.

Verhaltenslernen baut sich normalerweise langsam auf und ist von Einbrüchen, also Rückfällen in alte Verhaltensweisen geprägt. Das Auf und Ab erfolgt in kürzeren Intervallen als beim emotionalen Lernen und ist nicht so stark ausgeprägt. Über Verhaltenslernen werden Fähigkeiten neu erworben oder weiterentwickelt. Ein Augenmerk liegt hier auf der Entwicklung von Führungsverhalten. Viele Veränderungen wirken sich auf die Führungsrolle aus, in der sich die Schwerpunkte verlagern: z. B. vom Entscheider fachlicher Fragen hin zum Förderer und Coach eines Teams.

Quintessenz für das verhaltensbezogene Lernen in Veränderungsprozessen

Verhalten wird durch Übung erlernt. Meist sind die Anforderungen so komplex, dass das neue Verhalten regelmäßig geprobt werden muss, bis es in das Verhaltensrepertoire aufgenommen wird. Neue Verhaltensweisen lassen sich in Trainings simulieren und üben.

Der Transfer in den Arbeitsalltag gelingt jedoch meist nicht auf Anhieb und ohne Schwierigkeiten. So können z. B. Teamworkshops, Coachings und Nachschulungen Sicherheit für die Praxis bieten. In Teamentwicklungen vereinbaren Mitarbeiter gemeinsame Spielregeln, klären ihre Rolle und schaffen damit einen geeigneten Rahmen, in dem sie neue Verhaltensweisen ausprobieren. Zusätzlich fördern Teamworkshops die Entwicklung sozialer Kompetenzen. Sie vermitteln, wie Konflikte angesprochen und geklärt werden sollen oder wie angemessene Ansprüche an Kollegen zu formulieren sind.

Inhalte des Kapitels: Erster Überblick über den Qualifizierungsprozess

Lernprozesse verlaufen beim Lernen in der Praxis meist gleichzeitig ab. Viele Lerninhalte, wie z. B. Gesprächsführung oder auch Fremdsprachen, erfordern eine Beschäftigung mit Kopf, Herz und Hand. Nach einer gewissen Zeit führt die Aufnahme von Fachwissen zu Ermüdung und Demotivation. So wird ein Training für Führungskräfte zur Gesprächsführung nicht zu den gewünschten Effekten führen, wenn im Alltag Führungskräfte den Austausch mit ihren Mitarbeitern für Zeitverschwendung halten und solchen Gesprächsformen nicht aufgeschlossen gegenüberstehen.

Aufgrund dieser Zusammenhänge und Wechselwirkungen sollten Bedingungen geschaffen werden, unter denen sich alle drei Lernprozesse effizient entwickeln können. Veränderungsmanagement kann die Voraussetzungen hierfür nicht nur über die Gestaltung von Qualifizierungsmaßnahmen realisieren helfen, sondern auch über passende Kommunikations- und Beteiligungsprozesse. Medien der Kommunikation vermitteln beispielsweise themenbezogene Informationen, die das kognitive Lernen unterstützen (▶ Kap. 2).

Beteiligungskonzepte geben den Betroffenen die Chance, sich mit der Veränderung aktiv zu befassen (▶ Kap. 3). Haltung und Einstellung können sich dadurch ändern und in Richtung von mehr Akzeptanz für die Veränderung entwickeln.

Von daher bedarf das Lernen in Veränderungsprozessen einer systematischen Vorbereitung, bevor es an die Umsetzung von Maßnahmen geht (◘ Abb. 4.3):

Bedingungen schaffen für verschiedene Lernprozesse.

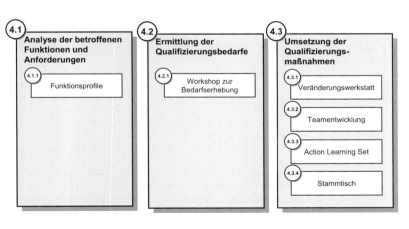

◘ **Abb. 4.3.** Schritte zur Planung und Durchführung von Lernprozessen

Analyse der betroffenen Funktionen und Anforderungen

Es gilt zu klären, welche Funktionen überhaupt von einer Veränderung betroffen sind und auf welche Anforderungen sich diese auswirkt.

Gestaltung von Qualifizierung in mehreren Schritten.

Ermittlung der Qualifizierungsbedarfe

Die vorangegangene Analyse hilft bei der Ermittlung von Qualifizierungsbedarfen. Diese müssen beschrieben und priorisiert werden.

Umsetzung der Qualifizierungsmaßnahmen

Aus der Planung resultieren anschließend Qualifizierungsmaßnahmen, die geplant, umgesetzt und auf ihre Wirksamkeit hin überprüft werden.

> **Der Qualifizierungsprozess im Detail**

Die für den Qualifizierungsprozess notwendigen Werkzeuge werden auf den nächsten Seiten detailliert erläutert. Begonnen wird mit Werkzeugen zur Analyse und Planung von Qualifizierungsprogrammen. Daran anschließend werden einige Beispiele für Qualifizierungsmaßnahmen beschrieben, mit denen sich die verschiedenen Lernprozesse (Kopf/Herz/Hand) gestalten lassen.

4.1   Analyse der betroffenen Funktionen und Anforderungen

Einleitung und Überblick

Wie wirken sich Änderungen auf Funktionen aus?

Eine Funktion ist die Beschreibung einer Rolle in einer Organisation. Die Funktion wird dann gut ausgefüllt, wenn die an sie gerichteten Anforderungen erfüllt werden. Die Planung der Qualifizierung startet mit der Analyse von Funktionen und Anforderungen (◻ Abb. 4.4).

◻ Abb. 4.4. Analyse der betroffenen Funktionen und Anforderungen

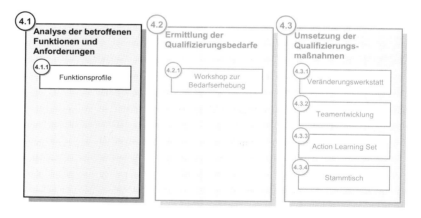

In der ersten Analyse geht es um die Beantwortung der folgenden 3 Fragen:

- **Welche Funktionen sind von der Veränderung betroffen?**
  Alle Funktionen werden in den betroffenen Bereichen gesichtet und danach geprüft, in wieweit sie von den Auswirkungen der Veränderung betroffen sind.
- **Welche Anforderungen, die an die betroffenen Funktionen gestellt werden, ändern sich?**

Wirkung auf Anforderungen konkretisieren.

Für jede betroffene Funktion wird festgestellt, inwieweit sich Anforderungen an sie verändern. Drei Änderungen sind für bereits bestehende Funktionen grundsätzlich denkbar:

- Neue Anforderungen kommen hinzu (Beispiel: Neue Produkte müssen verarbeitet werden).
- Derzeitige Anforderungen entfallen (Beispiel: Vertieftes Produktwissen ist nicht mehr notwendig).
- Derzeitige Anforderungen verändern sich in ihrer Bedeutung (Beispiel: Produkt-Know-how soll nicht mehr in der Qualitätssicherung, sondern in der Kundenberatung genutzt werden).
  Denkbar ist aber auch, dass komplett neue Funktionen gebildet oder aber alte Funktionen überflüssig werden.

- **Wie wichtig und dringlich muss die einzelne Anforderung erfüllt werden?**
  Bei der weiteren Anforderungsanalyse stellt sich die Frage, welche Wichtigkeit eine Anforderung und ihre Umsetzung für den Gesamterfolg des Veränderungsprojekts hat. Je zahlreicher und umfassender die Änderungen in den Anforderungen ausfallen, desto entscheidender ist es, sie untereinander zu gewichten. So stellt sich die Frage, ob alle Anforderungen in vollem Umfang und sofort erfüllt werden müssen oder ob einige wichtiger und zeitkritischer sind als andere. Daher wird in der Anforderungsanalyse diskutiert, welche Bedeutung eine Anforderung für die Umsetzung des geplanten Veränderungsprozesses hat und zu welchem Zeitpunkt die veränderten Anforderungen von den Mitarbeitern erfüllt werden müssen.

Die erste Analyse dient dazu festzustellen, inwieweit überhaupt Mitarbeiterfunktionen durch eine Veränderung tangiert sind und welchen Einfluss dies wiederum auf die bestehenden Anforderungen nimmt. Mit Hilfe der Funktionsprofile lassen sich diese Auswirkungen näher analysieren.

4.1.1 Funktionsprofile

Definition und Ergebnis von Funktionsprofilen

Was ist ein Funktionsprofil?
Hinter den Funktionsprofilen steht die Idee, systematisch alle Funktionen einer Organisation hinsichtlich derjenigen Kompetenzen zu beschreiben, die benötigt werden, um diese Funktion erfolgreich auszuüben. In einem Profil sind die grundlegenden Aufgaben aufgeführt, aus denen die Kompetenzen und Fähigkeiten abgeleitet werden, die notwendig sind, um die Anforderungen zu erfüllen.

Systematische Beschreibung von Aufgaben und Anforderungen.

Wozu kann ein Funktionsprofil genutzt werden?
Auf der Basis dieser Profile kann man systematisch ableiten, welche Qualifizierungsbedarfe für eine Funktion nötig sein werden, um die geänderten Anforderungen zu erfüllen. Wenn beispielsweise in der Funktion des Kundenberaters zukünftig verstärkt telefoniert wird, müsste sich diese Änderung in den Kompetenzen des Profils nachvollziehen lassen.

Profile als Basis für Qualifzierungsbedarfe.

Beschreibung eines Funktionsprofils

Wie ist ein Funktionsprofil aufgebaut?
Wenn das Profil hauptsächlich zur systematischen Bedarfserhebung herangezogen wird, müssen neben den Aufgaben einer Funktion insbesondere die

Kernaufgaben und Kompetenzen als Bestandteile des Profils.

▣ Abb. 4.5. Grundstruktur
eines Funktionsprofils

▣ Abb. 4.5. Grundstruktur eines Funktionsprofils

notwendigen Kompetenzen konkret dargestellt sein. ▣ Abb. 4.5 zeigt eine
mögliche Form für ein Funktionsprofil.

Form für ein Funktionsprofil

— ① **Kopfzeile:**

In der oberen Zeile werden die Funktionsbezeichnung und die organisatorische Einheit festgehalten (Beispiel: Personalreferent und Personalabteilung). Die organisatorische Einheit meint die Abteilung oder Gruppe, in der die beschriebene Funktion angesiedelt ist. Dadurch lassen
sich Funktionen eindeutig einer Abteilung und einer Gruppe zuordnen.

— ② **Kernaufgaben:**

Das nächste Feld ist für die Beschreibung der wesentlichen Aufgaben
einer Funktion vorgesehen. Hier gilt es, Aufgaben zu definieren und
festzuhalten, was erledigt werden muss. Allerdings ist es nicht immer
einfach, Aufgaben von Kompetenzen und Anforderungen zu unterscheiden und dann entsprechend zu beschreiben. Zu den Tätigkeiten
eines Kundenberaters gehören beispielsweise die Annahme von Kun-
denanrufen und die sachgerechte Bearbeitung der Kundenanliegen.
Dass für eine sachgerechte Bearbeitung sowohl ein fundiertes fach-
liches Wissen notwendig ist als auch die Fähigkeit, mit Kunden freund-
lich und zuvorkommend zu sprechen sowie Hilfsbereitschaft zu signa-
lisieren, gehört nicht in die Beschreibung der Kernaufgaben, sondern
schon zur Beschreibung der Kompetenzen.

Eine weitere Schwierigkeit kann darin bestehen, die wesentlichen
von den unwesentlichen Aufgaben zu unterscheiden. In erster Linie
soll ein Profil nicht vollständig alle Aufgaben erfassen, sondern die
Funktion in ihren Kernaufgaben prägnant beschreiben.

— ③ **Kompetenzen:**

Auf den nächsten Seiten werden die Kompetenzen dargestellt. Dabei
ist es wiederum wichtiger, sich auf die wesentlichen Kompetenzen zu

▼

**Konzentration auf
die Kernaufgaben.**

konzentrieren. Kompetenzen sind Fähigkeiten oder Kenntnisse, die notwendig sind, um die Aufgaben einer Funktion erwartungsgerecht zu erledigen. In einer Kompetenz drückt sich aus, wie oder mit welchen Ressourcen den Aufgaben einer Funktion entsprochen werden kann. Ob die Mitarbeiter über diese derzeit bereits verfügen oder nicht, wird im Profil nicht abgebildet, sondern vielmehr, wie stark eine Kompetenz ausgeprägt oder vorhanden sein soll. Daher wird auch von Soll-Anforderungen gesprochen.

Wie oder nach welcher Systematik werden die Kompetenzen strukturiert?

Nachdem die Kernaufgaben für eine Funktion definiert worden sind, werden die Kompetenzen festgelegt. Von den Aufgaben aus können die Kompetenzen abgeleitet werden:

- Welches Fachwissen ist für die Erledigung dieser Aufgabe notwendig?
- Welche Fähigkeiten sind hierfür erforderlich?
- Welche Arbeitsmethoden muss der Mitarbeiter kennen?
- Auf welche persönlichen Kompetenzen kommt es hier an?

Kompetenzen sollten sich aus den Kernaufgaben ableiten lassen.

Für jede Kernaufgabe werden diese Fragen im Einzelnen durchgegangen und beantwortet. Dadurch gelangt man zu Kompetenzbeschreibungen. Diese werden dokumentiert und aufgelistet, bevor es zur nächsten Aufgabe der Funktion geht. Erneut wird nach den Kompetenzen gesucht, die zur Erledigung dieser Aufgabe notwendig sind. Mit jeder weiteren Aufgabe reduziert sich die Anzahl neu hinzukommender Kompetenzen, da viele Kenntnisse und Fähigkeiten nicht nur für eine Aufgabe, sondern für mehrere Tätigkeiten von Bedeutung sind. So sind für den Personalreferenten Kenntnisse im Arbeitsrecht nicht nur bei der Auswahl neuer Mitarbeiter, sondern auch bei Versetzungen und Austritten relevant.

Abschließend sollte die Zusammenstellung kritisch darauf hin geprüft werden, ob alle Kompetenzen in Beziehung zu den Aufgaben stehen und ob sie soweit vollständig aufgeführt sind.

Anmerkungen

Wenn in einer Organisation sehr viele Funktionen von den Veränderungen betroffen sind und für diese Funktionsprofile erstellt werden sollen, könnte auch ein zentraler Katalog angelegt werden, der die notwendigen Kompetenzen für alle Funktionen in einer Organisation umfasst. Dabei würde man für die ersten Profile wie eben vorgestellt die Kompetenzen sammeln. Bei den nächsten Funktionen würde man dann die bereits vorhandenen Kompetenzbeschreibungen als Vorlage nutzen und schauen, welche der aufgeführten Kompetenzen übernommen werden könnten. Wenn eine Kompetenz für eine Funktion nicht relevant sein sollte, wird sie natürlich auch im entsprechenden Profil nicht aufgeführt.

Worauf sollte bei der Beschreibung von Kompetenzen geachtet werden?

Es kann schnell passieren, dass man sich in der Vielfalt möglicher Kompetenzen verliert und sie sehr unterschiedlich formuliert. Formulierungen können

Kompetenzen konkret beschreiben.

sehr allgemein gehalten sein oder sehr elaboriert, sodass die Trennung zwischen wichtigen und weniger wichtigen Anforderungen unklar wird. Eine Kompetenz sollte konkret beschrieben sein; gleichzeitig sollten der Zusammenhang zu einer Kernaufgabe und ihr Beitrag für eine erfolgreiche Tätigkeit erkennbar sein. In der Übersicht sind zwei Beschreibungsbeispiele für eine Verhaltens- und eine fachliche Kompetenz zu finden.

Beschreibungsbeispiele von Kompetenzen

- Kundenorientierung
    - Einhalten von Terminen bei der Bearbeitung von Anliegen externer wie interner Kunden
    - Sicherstellung der Erreichbarkeit des eigenen Arbeitsbereichs
    - Integration von Kunden- und Unternehmensinteressen
    - Ermittlung von Kundenbedarfen
    - Verständliche und zielgruppengerechte Kommunikation
- Marketingwissen
    - Kenntnis über Kommunikation (z. B. Werbeinstrumente, Eventmarketing, Öffentlichkeitsarbeit und Verkaufsförderung)
    - Kenntnis über Produktmarketing (z. B. Marketingbetreuung von Produktbereichen oder Projekten)

Wie wird das Anspruchsniveau einer Kompetenz festgelegt?

Soll-Kompetenzen werden auf einer Skala bewertet.

Neben der Beschreibung einer Kompetenz fehlt nun noch eine Einschätzung, wie hoch diese ausgeprägt sein soll. Um eine solche Bewertung vornehmen zu können, wird in das Funktionsprofil eine Skala aufgenommen. Auf ihr wird bewertet, in welchem Ausmaß die Kompetenz erforderlich ist, um die Funktion in guter Qualität zu erfüllen. Wie eine richtige Skalierung aussieht, ist nicht eindeutig zu beantworten, weil es für verschiedene Varianten Vor- und Nachteile gibt. In ◘ Abb. 4.6 wurde die Entscheidung für eine vierstufige Skala getroffen. Diese Form ermöglicht eine ausreichende Differenzierung verschiedener Anspruchsniveaus und schließt aus, dass die Einschätzungen v. a. in eine mittlere Kategorie fallen.

◘ **Abb. 4.6.** Skalenbeispiel zur Einschätzung der Soll-Kompetenzen

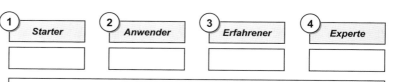

Legende

1 Besitzt grundlegende/erste Erfahrung in der Umsetzung dieser Kompetenz in Standardsituationen.

2 Hat Übung in der Umsetzung dieser Kompetenz in Standardsituationen. Kann schwierige/komplexe Situationen mit Unterstützung meistern.

3 Ist sicher in der Umsetzung dieser Kompetenz auch in schwierigen/komplexen Situationen.

4 Hat umfassende Expertise in der Umsetzung dieser Kompetenz auch in schwierigen/komplexen Situationen. Kann andere coachen/trainieren.

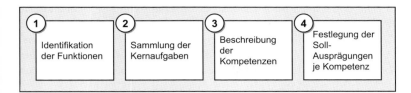

◻ **Abb. 4.7.** Vorgehen zur Erstellung von Funktionsprofilen

Wie wird ein Funktionsprofil erstellt?

Die Funktionsprofile können am besten im Rahmen eines Workshops erhoben werden, in dem 4 Aufgabenpakete zu erledigen sind (◻ Abb. 4.7).

4 Schritte zur Erstellung von Funktionsprofilen.

Im ersten Schritt wird grundsätzlich festgelegt, für welche Funktionen ein Profil entwickelt werden soll. In Veränderungsprozessen stehen v. a. die Funktionen im Blickpunkt, die von den Veränderungen betroffen sind. Hierzu kann bereits Diskussionsbedarf entstehen, falls die Auswirkungen auf die Anforderungen noch nicht eindeutig geklärt sind. Im nächsten Schritt lassen sich dann für die Funktionen die zugehörigen Profile entwickeln.

Dazu werden als erstes die zukünftigen Kernaufgaben definiert. Sollten bereits aktuelle Stellenbeschreibungen existieren, können sie als Vorlage genutzt werden. Zu diskutieren ist, in welcher Art sich die Aufgaben ändern werden, ob sich neue Aufgabenschwerpunkte ergeben oder ob andere Tätigkeiten verlagert werden.

Mit Blick auf die Kernaufgaben legen Führungskräfte die Kompetenzen fest. Für jede Funktion wird entschieden, welche der Kompetenzen relevant sind und damit in das Profil übernommen werden müssen.

Im letzten Schritt wird auf der bereits vorgestellten Skala die geforderte Ausprägung je Kompetenz im Funktionsprofil eingeschätzt. Spätestens jetzt setzt eine Diskussion ein, an deren Ende sich die Führungskräfte auf eine Bewertung geeinigt haben sollten. Die Entscheidungsfindung ist für den Veränderungsprozess enorm wichtig und nützlich; kann sie doch unterschiedliche Auffassungen und Sichtweisen offen legen und aufzeigen, was Führungskräfte von ihren Mitarbeitern erwarten oder was in ihren Augen die entscheidenden Kompetenzen und Aufgaben sein werden.

Erwartungen an die betroffenen Mitarbeiter werden deutlich.

Im Verlauf der Profilerstellung treten oft folgende Schwierigkeiten auf, für die man sensibilisiert sein sollte:

- Die Beschreibungen von Kernaufgaben bzw. Kompetenzen ufern aus.
- Wichtige Aufgaben bzw. Kompetenzen werden außer Acht gelassen.
- Die zukünftige Situation, d. h. die Auswirkung der Veränderung, ist nicht ausreichend abgebildet.
- Zukünftige Anforderungen lassen sich nicht in den Bewertungen erkennen.
- Zu hohe Bewertungen der Soll-Ausprägung: Alle Kompetenzen sind gleich wichtig.
- Ein Bezug zwischen Kompetenzen und Aufgaben fehlt.

Wer ist bei der Erstellung der Profile dabei?

Es hat sich bewährt, diese Profile gemeinsam in einem Team zu erstellen. Dadurch werden genau die Führungskräfte in den Veränderungsprozess eingebunden, in deren Abteilungen die von der Veränderung betroffenen Funktionen angesiedelt sind. Dieses Vorgehen hat Vorteile:

Die Arbeit an den Profilen kann das Verständnis für bzw. die Kenntnisse über die Veränderung erhöhen. Die Beteiligung kann die Identifikation mit der Veränderung fördern. Die Führungskräfte können sich mit ihren Bedenken und Einwänden einbringen. Sie bereiten sich so auf die Gespräche mit ihren Mitarbeitern vor und lernen die Argumente kennen, mit denen sie auf die Vorbehalte der Mitarbeiter eingehen können.

Chance zur Einbindung von Betroffenen.

Zusätzlich sollten auch Mitarbeiter des Veränderungsprojektes eingebunden sein, die den Veränderungsprozess planen und sich in den angestrebten Veränderungen auskennen. Sie können die Auswirkungen auf Tätigkeiten und notwendige Qualifikationen und Kompetenzen sehr gut einschätzen. In der Diskussion mit den Führungskräften erhalten sie ggf. wichtige Hinweise darüber, worauf sie bei der Umsetzung achten müssen. So kann sich beispielsweise herausstellen, dass unrealistische Ansprüche an die Mitarbeiter gestellt werden oder der Qualifizierungsaufwand so hoch ist, dass sich die Umsetzung zeitlich verzögern wird.

Da während der Entwicklung der Funktionsprofile immer wieder recht kontroverse Diskussionen über die Bewertung von Kompetenzen oder die Definition der Kernaufgaben entstehen, ist die Begleitung durch einen Moderator unverzichtbar, der den Prozess steuert und unterschiedliche Auffassungen zu einem gemeinsamen Ergebnis führt. Der Moderator sollte allerdings auch mit der Systematik der Funktionsprofile vertraut sein und um die Schwierigkeiten bei deren Erstellung wissen. Diese Rolle könnte der Veränderungsmanager einnehmen.

Wann bietet sich die Erstellung der Funktionsprofile an?

Auswirkungen der Veränderungen sollten möglichst klar sein.

Für das Erstellen von Funktionsprofilen sollte der Veränderungsprozess soweit fortgeschritten sein, dass die Auswirkungen auf die Funktionen klar und diskutierbar sind. Ein zu frühzeitiger Beginn führt entweder zu pauschalen Beschreibungen oder zu Festlegungen, die später wieder revidiert werden müssen. Der Veränderungsmanager sollte ausreichend Zeit für die Erstellung und Abstimmung der Profile einkalkulieren. Der genaue Aufwand hängt zwar von der Anzahl der zu beschreibenden Funktionen ab, doch werden etwa 2–3 Stunden je Funktion benötigt.

Wozu können Funktionsprofile noch genutzt werden?

Der Einsatz der Funktionsprofile dient vorrangig der systematischen Planung von Qualifizierungsmaßnahmen. Aber die Profile lassen sich auch zu anderen Zwecken nutzen.

Gerade in Veränderungsprozessen eignen sich die Profile sehr gut als Informationsmedium, da sie den Mitarbeitern konkret vermitteln, was sich in ihren Aufgabengebieten ändert. Mitarbeiter können dadurch für sich realistischer einschätzen, was genau auf sie zukommt und wie sich die Veränderung für sie auswirkt. Dadurch lassen sich Sorgen und Bedenken oft schon im Vorfeld relativieren. Auch umgekehrt kann es bedeuten, dass Mitarbeiter jetzt registrieren, dass sich doch etwas in ihrem direkten Umfeld ändert.

Über die Funktionsprofile werden allerdings nicht nur Anforderungen und Erwartungen klar ausgedrückt. Mit den Profilen lässt sich für die Mitarbeiter auch nachvollziehbar darstellen, welche Unterstützung sinnvoll erscheint und welche qualifizierenden Maßnahmen angedacht sind. Den Mitarbeitern wird verdeutlicht, wie sie diesen Anforderungen gerecht werden können. So tragen die Funktionsprofile auch dazu bei, dass Mitarbeiter Vertrauen in die anstehenden Veränderungen aufbauen.

Die Aufgabenbeschreibungen innerhalb der Profile sind meist die aktuellsten, die in einer Organisation vorhanden sind, da sie zukünftige Veränderungen in ihren Auswirkungen auf Tätigkeiten und Kompetenzen vorwegnehmen. Mit ihnen lassen sich veraltete Stellenbeschreibungen aktualisieren. Parallel dazu können die Beschreibungen der Kernaufgaben auch bei der Zeugniserstellung verwendet werden.

Die Funktionsprofile dokumentieren die geforderten Ansprüche an eine Funktion und beschreiben die notwendigen Kompetenzen. Sie machen aber keine Aussage darüber, an welchen Stellen Qualifizierungsbedarf entsteht. Daher muss in einem nächsten Schritt geklärt werden, welche Anforderungen zzt. von den Mitarbeitern noch nicht erfüllt werden können und welcher Lernbedarf sich daraus ableiten lässt. Um solche Bedarfe zu erheben, wird im Weiteren ein spezielles Workshopdesign angeboten.

4.2 Ermittlung der Qualifizierungsbedarfe

Einleitung und Überblick

Auf dem Weg von der Festlegung der Soll-Kompetenzen zu den Qualifizierungsbedarfen sind zwei Dinge zu klären:

— **Bewertung der Ist-Kompetenz:**
Wenn die zukünftigen Anforderungen definiert sind, ist als nächstes zu bewerten, inwieweit die Mitarbeiter diese Anforderungen erfüllen können. Dazu ist die jetzige Ausprägung der vorhandenen Kompetenz bei den betroffenen Mitarbeitern einzuschätzen (Ist-Kompetenz).

— **Vergleich Soll- mit Ist-Kompetenz:**
In einem nächsten Schritt werden die Soll-Anforderungen mit den erhobenen Ist-Ausprägungen verglichen. Wenn die derzeitigen Kompetenzen nicht den zukünftigen Anforderungen genügen, muss geklärt werden, mit welchen Schritten der Soll-Stand erreicht werden soll.

Einschätzung der derzeit vorhandenen Kompetenzen.

Dieses sind auch die wesentlichen Aufgaben zur Ermittlung von Qualifizierungsbedarfen, die gut in einem Workshop erledigt werden können und im Folgenden vorgestellt werden (◘ Abb. 4.8).

Die folgenden Fragen sollten im Laufe des Workshops gestellt werden, damit die Bedarfe klar benannt werden können:

— Über welches Wissen und welche Erfahrungen verfügen die Mitarbeiter bereits?
— Bei welchen Anforderungen liegen Ist und Soll auseinander? Wie weit liegen sie auseinander?
— Wie schnell sollen die neuen Anforderungen voll erfüllt werden?

Nicht alle Qualifizierungsbedarfe sind gleich wichtig.

◘ Abb. 4.8. Ermittlung der
Qualifizierungsbedarfe

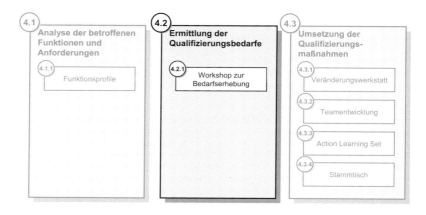

— Mit welcher Unterstützung können Mitarbeiter diese Anforderung erfüllen?
— In welcher Zeit und mit welchem Aufwand ist dies möglich?

Der Veränderungsmanager kann diese Fragen nur mit Hilfe der Führungskräfte aus den betroffenen Bereichen beantworten. Dies bietet erneut einen guten Anlass, aus dem Kreis der Betroffenen einzelne Personen aktiv einzubinden (► Kap. 3). Zu diesem Zweck könnte z. B. eine Arbeitsgruppe aufgesetzt werden.

Planung und Vorbereitung brauchen Zeit.

Für die gesamten Aktivitäten ist von der Erhebung der Qualifizierungsbedarfe bis zur Durchführung von Qualifizierungsmaßnahmen ausreichend Zeit einzuplanen. Qualifizierungsbedarfe, die aus Veränderungen heraus resultieren, können nämlich meistens nicht durch Trainings oder Schulungsmaßnahmen aus einem Weiterbildungskatalog abgedeckt werden. Vielmehr erfordern sie die Entwicklung und Einführung alternativer Konzepte wie z. B. Action Learning (► Kap. 4.3.2) und auf den spezifischen Bedarf angepasste neue Schulungsmaßnahmen (z. B. telefonische Kundenorientierung in der Schadensregulierung).

4.2.1 Workshop zur Bedarfserhebung

Definition und Ergebnisse eines Workshops zur Bedarfserhebung
Was ist unter einem Workshop zur Bedarfserhebung zu verstehen?

Funktionsprofile als Basis des Workshops.

Indem Funktionsprofile die Soll-Anforderungen festlegen und konkretisieren, schaffen sie zwar eine gute Ausgangssituation für die systematische Erhebung von Qualifizierungsbedarfen, sie generieren die Bedarfe jedoch nicht automatisch. In einem Workshop können mit Hilfe der Profile jedoch die Differenzen zwischen Soll- und Ist-Ausprägungen der Kompetenzen bestimmt werden. Aus diesen leiten sich Qualifizierungsbedarfe für die Mitarbeiter der jeweiligen Funktionen ab.

Worin besteht das Ergebnis dieses Workshops?

Das Resultat besteht in einer Übersicht, aus der die Qualifizierungsbedarfe für eine Funktion hervorgehen. Ab einer bestimmten Anzahl an Bedarfen ist es sinnvoll, diese zu gewichten und in einen Zeitplan zu überführen, aus dem sich dann ergibt, wann welche Qualifizierungsmaßnahmen durchgeführt werden. Je nach Dauer des Workshops können bereits erste Konzepte und Ideen dafür entwickelt werden, wie die Bedarfe durch qualifizierende Maßnahmen abgedeckt werden können.

Beschreibung des Workshops zur Bedarfserhebung

Wie läuft der Workshop ab?

Die Teilnehmer beschäftigen sich intensiv mit den Funktionen und den zukünftigen Anforderungen. Eine wichtige Voraussetzung dafür bilden die Funktionsprofile. Liegen sie nicht vor, müssten die Anforderungen ebenfalls im Workshop beschrieben und festgelegt werden, sodass der Zeitrahmen des Workshops erheblich zu erweitern wäre. Die Teilnehmer sollen im ersten Schritt beurteilen, in welchem Ausmaß die derzeitig vorhandenen Kompetenzen ausreichen, um den zukünftigen Anforderungen zu genügen:

- Welche Anforderungen sind neu?
- Welche Anforderungen haben sich erhöht oder geändert?
- Wie schätzen wir die derzeit vorhandenen Kompetenzen bei den Mitarbeitern ein?

Daran anschließend können die Differenzen zwischen den Ausprägungen in den Soll- und Ist-Kompetenzen gesichtet werden. Aus den Differenzen lassen sich Bedarfe erkennen, die im Workshop noch anhand weiterer Fragen näher beschrieben werden:

- Was müssen die Mitarbeiter konkret lernen, um diese Anforderung zu erfüllen?
- Um welche Themen und Inhalte handelt es sich?
- Was müssen die Mitarbeiter nach einer Qualifizierung können?
- Auf welchen Ebenen findet Lernen statt (»Kopf«, »Herz«, »Hand«)? Welche Ebene ist besonders angesprochen?
- Bestehen inhaltliche Zusammenhänge oder Abhängigkeiten zwischen einzelnen Qualifizierungsbedarfen?

Bei mehreren Bedarfen wird zusätzlich diskutiert, wie wichtig und dringlich die geforderten Ansprüche zu erfüllen sind:

- Wie wichtig sind die Qualifizierungsbedarfe im Verhältnis zueinander? Welcher ist am wichtigsten?
- Wann sollte der jeweilige Qualifizierungsbedarf abgedeckt sein?

Eine gemeinsame Betrachtung aller Qualifizierungsbedarfe zeigt auf, wo gleiche Lernbedarfe über verschiedene Funktionen hinweg erkannt worden sind. Hier könnte eine gemeinsame Schulungsmaßnahme für die jeweils betroffenen Funktionen entwickelt und durchgeführt werden. Alle Qualifizierungsmaßnahmen werden in einen gemeinsamen Zeitplan eingebaut.

Überblick zu allen Bedarfen für alle Funktionen.

Im letzten Schritt des Workshops sollte das weitere Vorgehen besprochen werden, zumal von der Bedarfserhebung bis zur Durchführung entsprechender Maßnahmen noch einiges zu planen und zu erledigen ist. Hierzu gehören die Konzeption von Schulungen, die Entwicklung von Schulungsunterlagen sowie administrative und organisatorische Arbeiten.

Ablauf eines Workshops zur Erhebung von Qualifizierungsbedarfen

Den Ablauf eines Workshops zur Erhebung von Qualifizierungsbedarfen stellt ▸ Schema 4.1 dar. Der Zeitbedarf hängt von der Anzahl der Funktionen und von den veränderten Anforderungen ab, denen die Mitarbeiter zukünftig entsprechen sollen. Es kann daher sinnvoll sein, direkt mehrere Workshops mit einer vorab festgelegten Anzahl von Funktionen zu planen.

Wer nimmt an diesem Workshop teil?

Der Teilnehmerkreis setzt sich zusammen aus:

- Veränderungsmanager und ggf. Mitarbeitern des Veränderungsprojekts,
- Führungskräften der betroffenen Bereiche,
- Experten aus dem Personal- bzw. Schulungsbereich,
- ggf. zusätzlich einem Moderator.

Im Prinzip können all diejenigen eingebunden werden, die bereits bei der Profilerstellung beteiligt waren. Weiter sind zur Einschätzung der Ist-Kompetenzen die Führungskräfte unerlässlich, da sie die Mitarbeiter in diesen Funktionen Tag für Tag erleben, während sich bei den Veränderungen in den Anforderungen die Mitarbeiter des entsprechenden Projekts am besten auskennen. Ein Moderator sollte den Workshopablauf effektiv gestalten und dafür sorgen, dass leicht entstehende Diskussionen nicht ausufern.

Wann sollte ein Workshop zur Bedarfserhebung durchgeführt werden?

Sobald die zukünftigen Anforderungen abgestimmt und in Funktionsprofilen abgebildet sind, können Qualifizierungs- und Unterstützungsbedarfe in einem Workshop erhoben werden.

Welche Vorgehensweise gibt es noch zur Erhebung von Qualifizierungsbedarfen?

Bedarfserhebung ist auch durch Interviews möglich.

Alternativ lässt sich die Bedarfserhebung auch über Interviews steuern. Die Profile werden im Gespräch dahingehend geprüft, ob sich Qualifizierungsbedarfe ergeben. Nach Abschluss aller Interviews werden die Ergebnisse miteinander auf ähnliche Bedarfe hin verglichen. Trotzdem wird es danach erforderlich sein, die Ergebnisse der Erhebung in einer gemeinsamen Runde abzustimmen, um die weitere Planung von Qualifizierungsmaßnahmen zu beginnen.

Interviews haben den Vorteil, dass hier auf die Situation der einzelnen Führungskraft und der von ihr betreuten Funktionen konzentrierter und umfassender eingegangen werden kann. Außerdem bildet das Gespräch einen vertrauteren Rahmen als eine große Workshop-Runde.

Schema 4.1. Ablauf eines Workshops zur Erhebung von Qualifizierungsbedarfen

Pausen, Einstiegs- und Abschlussrunden sind nicht aufgeführt. Schema als Word-Datei zum Download: www.springer.com/978-3-540-78854-6

Zeit	Inhalt (Vorgehen/Arbeitsanleitung/Ergebnis)	Material
0:00 30'	**Vorstellung der Funktionsprofile** **Vorgehen** Funktionsprofile werden in ihrer Systematik vorgestellt. Der Nutzen der Profile wird erklärt (Präsentation durch Moderator). **Ergebnis** Die Teilnehmer sind über die Ziele und den Aufbau der Funktionsprofile informiert.	▬ Präsentations- unterlage
0:30 30' je Funk- tion	**Auswirkungen auf die einzelnen Funktionen** **Vorgehen** Die Funktionen werden anhand von Leitfragen analysiert. Jede Kleingruppe übernimmt die Analyse für mehrere Funktionen (Kleingruppenarbeit mit anschließender Präsentation im Plenum). **Arbeitsanleitung** »Bitte beantworten Sie für die Funktion XY die Fragen und halten Sie die Ergebnisse schriftlich fest: ▬ Welche Anforderungen sind neu? ▬ Welche Anforderungen haben sich erhöht oder geändert? ▬ Wie schätzen Sie die derzeit vorhandenen Kompetenzen bei den Mitarbeitern ein? ▬ Für welche Anforderungen bestehen Qualifizierungsbedarfe? ▬ Was müssen die Mitarbeiter konkret lernen, um diese Anforderungen zu erfüllen? ▬ Um welche Themen und Inhalte handelt es sich? ▬ Was müssen die Mitarbeiter nach einer Qualifizierung können?« **Ergebnis** Die Auswirkungen der Veränderung auf die Funktionen sind bestimmt.	▬ Flipchart mit Leitfragen ▬ Funktionsprofile als Poster (min- destens DIN A3) ▬ Pinnwände zur Ergebnisdoku- mentation
1:00 45'	**Betrachtung aller Funktionen** **Vorgehen** Die Teilnehmer schauen, welche Qualifizierungsbedarfe bei allen Funktionen auftauchen. Die Bedarfe werden gewichtet und auf einer Zeitachse sortiert (moderierte Diskussion im Plenum). **Arbeitsanleitung** »▬ Wie wichtig sind die Qualifizierungsbedarfe im Verhältnis zueinander? Welcher ist am wichtigsten? ▬ Wann sollte der jeweilige Qualifizierungsbedarf abgedeckt sein?« **Ergebnis** Die Schulungsbedarfe sind nach ihre Wichtigkeit und Dringlichkeit sortiert.	▬ Qualifizierungs- bedarfe auf Mo- derationskarten ▬ Pinnwände
▼		

| 1:45
30'

2:15
(**für**
eine
Funk-
tion)
■ | **Planung nächster Schritte**

Vorgehen
Die Teilnehmer überlegen sich Aufgaben, die für die weitere Planung übernommen werden müssen. Sie verteilen die Aufgaben und benennen Verantwortlichkeiten. Dazu wird ein Aktionsplan erstellt (Erstellung eines Aktionsplans im Plenum).

Ergebnis
Die wichtigsten Maßnahmen zum weiteren Vorgehen sind geplant. | — Aktionsplan auf Flipchart
(► Kap. 2.1.2) |

4.3   Umsetzung der Qualifizierungsmaßnahmen

Einleitung und Überblick

Nachdem die Bedarfe feststehen, können nun Qualifizierungsmaßnahmen geplant und konzipiert werden. Es stehen eine Reihe von Werkzeugen zur Verfügung, über die Lerninhalte transportiert werden können (◘ Abb. 4.9).

Die Werkzeuge unterscheiden sich sowohl in ihren Zielsetzungen und Inhalten als auch in den Methodiken und Rahmenbedingungen, unter denen sie stattfinden. Grundsätzlich lassen sich Qualifizierungsmaßnahmen unterteilen in:

- »Qualifizierung into the job« als Hinführung zu einer neuen Tätigkeit (Berufsausbildung, Einarbeitung),
- »Qualifizierung on the job« als direkte Maßnahme am Arbeitsplatz (Hospitationen, Projekte, Sonderaufgaben),
- »Qualifizierung near the job« als arbeitsplatznahes Training (Action Learning),
- »Qualifizierung off the job« als Weiterbildung (Veränderungswerkstatt, externe Bildungsveranstaltungen, Inhouse-Schulungen).

Ein Qualifizierungsprozess besteht aus verschiedenen Bausteinen.

Oft ist eine Kombination aus mehreren Bausteinen sinnvoll, um die nötige Unterstützung aufzubringen.

◘ **Abb. 4.9.** Umsetzung der Qualifizierungsmaßnahmen

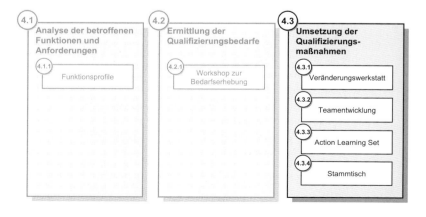

Unmittelbar nach der Umsetzung sollte ein Controlling der Maßnahmen erfolgen, wodurch Qualifizierungsmaßnahmen auf verschiedene Aspekte hin geprüft werden (Kirkpatrick 1998):

- **Bedarfserhebung:**
  Welche Bedarfe sind erhoben worden?
- **Zufriedenheitserfolg:**
  Hat die Qualifizierungsmaßnahme Akzeptanz gefunden?
- **Lernerfolg:**
  Was haben die Teilnehmer gelernt?
- **Transfererfolg:**
  Was wird konkret umgesetzt?
- **Praxiserfolg:**
  Was hat es für das Geschäft, die Praxis gebracht?

Durch Feedbackbögen, Interviews oder Befragungen kann die Wirkung einzelner Qualifizierungsmaßnahmen oder -programme erhoben werden.

Nachdem die Funktionsprofile erstellt und die Qualifizierungsbedarfe erhoben worden sind, kann nun für den Veränderungsprozess ein spezifisches Qualifikationsprogramm entwickelt werden. Dieses beinhaltet eine Reihe von Maßnahmen, mit deren Hilfe die betroffenen Mitarbeiter auf die Veränderungen vorbereitet werden. Die nächsten Werkzeuge wie Veränderungswerkstatt, Teamentwicklung, Action Learning und Stammtische könnten Bausteine in einem solchen Programm sein.

> **Qualifizierungsprogramm als Ergebnis der Planung.**

4.3.1 Veränderungswerkstatt

Definition und Ergebnisse einer Veränderungswerkstatt

Was ist eine Veränderungswerkstatt?

In Zeiten von Neuerungen und Veränderungen wird das Veränderungsmanagement zu einer wesentlichen Führungsaufgabe. Insbesondere Führungskräfte setzen in ihren Teams veränderte Anforderungen um und müssen nicht nur sich selbst, sondern auch ihre Mitarbeiter auf neue Situationen einstellen. Um sich auf diese Aufgabe vorzubereiten, können sie die Veränderungswerkstatt nutzen. Mit ihr können Lernprozesse initiiert werden, die das Lernen von Verhalten und Einstellungen unterstützen (»Herz« und »Hand«). In der Werkstatt wird auf zwei Ebenen gearbeitet:

> **Kombination aus Training und Workshop.**

- **Trainingsebene:**
  Der Moderator vermittelt Methoden und Vorgehensweisen zum Veränderungsmanagement. Die Teilnehmer können z. B. in Rollenspielen kritische Gespräche simulieren. Sie gehen Fallbeispiele durch und erhalten Feedback.
- **Workshopebene:**
  Die Teilnehmer arbeiten an den Veränderungsvorhaben, die sie in Zukunft umsetzen sollen. Sie planen und analysieren, wie sie die Veränderung einführen wollen und was unter dem Aspekt des Veränderungsmanagements dabei zu beachten ist.

> **Arbeit an realen Veränderungsvorhaben.**

Die auf der Trainingsebene vermittelten Methoden können auf der Workshop-Ebene direkt in die Planung eingebunden werden. Führungskräfte lernen in der Veränderungswerkstatt, wie beispielsweise ein Info-Markt geplant und gestaltet wird, in dem ihre Mitarbeiter erstmalig über eine Veränderung informiert werden sollen (▶ Kap. 2.2.1).

Worin besteht das Ergebnis der Veränderungswerkstatt?

Die Teilnehmer erlernen Methoden des Veränderungsmanagements und planen deren Anwendung in einem konkreten Veränderungsprozess. Darüber hinaus entwickeln sie ein gemeinsames Verständnis für die Auswirkungen der anstehenden Veränderung und erkennen die Bedeutung des Veränderungsmanagements für ihre Führungsarbeit.

Beschreibung einer Veränderungswerkstatt

Wer ist an einer Veränderungswerkstatt beteiligt?

In der Regel sind die Teilnehmer Führungskräfte, die in vergleichbarem Maße von einer Veränderung betroffen sind. Eine Veränderungswerkstatt ist aber auch mit Projektleitern oder ganzen Projektteams denkbar, die gemeinsam an einem Großprojekt zur Umsetzung einer Veränderung arbeiten. Dabei ist der springende Punkt, dass die Teilnehmer an der Umsetzung einer gemeinsamen Veränderung arbeiten.

Gewöhnlich konzipieren ein oder zwei Moderatoren die Veranstaltung und führen gemeinsam durch die Werkstatt. Der Veränderungsmanager als Experte für das Veränderungsthema oder ggf. ein externer Moderator mit entsprechenden Erfahrungen und Kenntnissen im Veränderungsmanagement eignen sich für die Leitung.

Wie verläuft eine Veränderungswerkstatt?

Prozess mit Vor- und Nachbereitung.

Eine Veränderungswerkstatt bewirkt, dass sich die Teilnehmer mit den anstehenden Veränderungen auseinandersetzen und sich auf die neue Situation vorbereiten. Damit dies umso effektiver gelingt, ist die Werkstatt in einen Prozess mit Vor- und Nachbereitung eingebettet (◘ Abb. 4.10). Während im

◘ **Abb. 4.10.** Prozess einer Veränderungswerkstatt mit Vor- und Nachbereitung

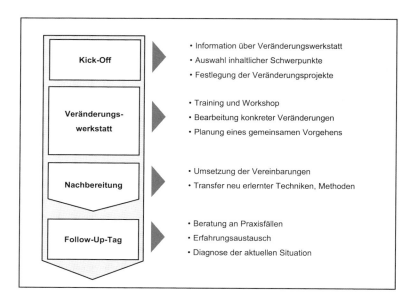

- Information über Veränderungswerkstatt
- Auswahl inhaltlicher Schwerpunkte
- Festlegung der Veränderungsprojekte

Kick-Off

- Training und Workshop
- Bearbeitung konkreter Veränderungen
- Planung eines gemeinsamen Vorgehens

Veränderungs-werkstatt

- Umsetzung der Vereinbarungen
- Transfer neu erlernter Techniken, Methoden

Nachbereitung

- Beratung an Praxisfällen
- Erfahrungsaustausch
- Diagnose der aktuellen Situation

Follow-Up-Tag

Vorfeld die Teilnehmer ihre Bedarfe anmelden, erfahren sie im Nachgang Unterstützung beim Transfer in die Praxis.

Kick-Off

Im Kick-Off bereitet der Moderator mit den Teilnehmern die Werkstatt vor und passt sie auf deren Bedürfnisse an. Hierbei sind folgende Fragen zu beantworten:

- Was müssen die Teilnehmer über Aufbau und Zielsetzung der Veränderungswerkstatt wissen?
- An welchen Veränderungen wollen die Teilnehmer arbeiten?
- Welche Inhalte des Veränderungsmanagements wollen die Teilnehmer kennen lernen?
- Welche organisatorischen Rahmenbedingungen sind vor der Durchführung zu klären?

Kick-Off bereitet auf die Veränderungswerkstatt vor.

Was müssen die Teilnehmer über Aufbau und Zielsetzung der Veränderungswerkstatt wissen?

Zuerst gewinnen die Teilnehmer Einblick in die Möglichkeiten und Strukturen der Veränderungswerkstatt. Dabei sollte deutlich werden, dass die Werkstatt nicht nur Training, sondern auch Arbeitsplanung und Workshop ist. Wichtig ist v. a., dass die Teilnehmer aktiv eingebunden werden und für die erarbeiteten Ergebnisse verantwortlich sind.

An welchen Veränderungen wollen die Teilnehmer arbeiten?

Im Vorfeld besprechen und konkretisieren die Teilnehmer, mit welchen Aspekten der Veränderung sie sich in der Veränderungswerkstatt beschäftigen wollen. In einem Steckbrief wird festgehalten, an welcher realen Veränderung die Teilnehmer arbeiten wollen und unter welcher Zielsetzung dies geschehen soll. Thema kann beispielsweise die Änderung in Strukturen oder Arbeitsabläufen sein. Für eine geeignete Formulierung des Auftrags sollten sich die Teilnehmer daher mit den Fragen des Steckbriefs in ▶ Schema 4.2 (am Ende des Abschnitts) beschäftigen.

Teilnehmer bestimmen die Themen.

Eine Veränderung ist dann für die Arbeit in einer Veränderungswerkstatt brauchbar, wenn durch sie Führungskräfte und Mitarbeiter erkennbar betroffen sind und diese aktuell oder in absehbarer Zeit zur Umsetzung ansteht. Eine Änderung, die ausschließlich darin besteht, dass die Mitarbeiter eines Betreuungsteams ihren Kundenstamm neu sortieren, würde ein umfassendes Veränderungsmanagement nicht benötigen. Das folgende Beispiel verdeutlicht, was unter einem »geeigneten« Veränderungsthema mit merklichen Auswirkungen zu verstehen ist.

Nicht jede Veränderung ist geeignet.

Ausgangssituation

Zum Ende des Jahres werden rund ein Drittel der Mitarbeiter aus den betreffenden Abteilungen abgezogen und in einer neuen Einheit zusammengefasst. Hier sollen zukünftig alle eingehenden Telefonate der Kunden angenommen und soweit wie möglich auch bearbeitet werden. Die in den bisherigen Abteilungen verbleibenden Mitarbeiter übernehmen die Bearbeitung der eingehenden Post. Die Führungsmannschaft ist beauftragt, in möglicherweise schwierigen Gesprächen eine geeignete Auswahl zu treffen. Es wird eine Art von »Zweiklassengesellschaft« mit neuen Schnittstellen und Kommunikationsproblemen befürchtet.

Diese Veränderung eignet sich, weil sie sich auf viele Ebenen auswirkt und Prozesse, Organisation und Verhaltensweisen beeinflussen wird. Prozesse und Arbeitsabläufe ändern sich und mit ihnen die Aufgaben für die Mitarbeiter. Neue Teams werden sich erst finden müssen, bis sie gut aufeinander eingespielt arbeiten können. Die Änderung greift also in das soziale Gefüge der Organisation so ein, dass möglicherweise auch dort Schwierigkeiten entstehen werden.

Fragestellungen für die Veränderungswerkstatt
Es lassen sich genügend Fragen finden, um diese in einer Werkstatt zu vertiefen und um daran zu lernen:
- Wie werden die Mitarbeiter informiert?
- Mit welchen Bedenken und Widerständen ist zu rechnen?
- Wie behält der Bereich seine Identität? Was kann für die Zusammenarbeit der alten Abteilungen mit den neuen Einheiten unternommen werden?
- Was wird für die neuen Teams getan? Wie können die Führungskräfte ihre Mitarbeiter unterstützen?

Als nächstes kann die Werkstatt inhaltlich vorbereitet und anhand der Fragen ausgearbeitet werden.

Welche Inhalte des Veränderungsmanagements sind für die Teilnehmer von Interesse?

Nun ist noch offen, welche inhaltlichen Aspekte des Veränderungsmanagements die Teilnehmer besonders interessieren. Wahrscheinlich werden die Teilnehmer unterschiedliche Lernbedarfe haben und oftmals kaum über Erfahrungen im Veränderungsmanagement verfügen.

Lernbedarfe der Teilnehmer können unterschiedlich sein.

- **Unterschiedliche Lernbedarfe der Teilnehmer.**
  Unterschiedliche Teilnehmergruppen haben unterschiedliche Erwartungen. Projektleiter und -mitarbeiter können beispielsweise ganz andere Anforderungen an ein Veränderungsmanagement stellen als Führungskräfte. Sie planen und konzipieren ein Veränderungsvorhaben und überlegen, wie Betroffene bereits in der Entwicklungsphase in die Projektarbeit eingebunden und über den Veränderungsprozess informiert werden können.

  Führungskräfte dagegen sind oftmals direkt von den Veränderungen betroffen, da sich durch sie ihre Aufgaben oder Verantwortlichkeiten ändern können. Gerade Führungskräfte erleben sich als Gewinner oder Verlierer einer Veränderung. Sie müssen die Veränderung jedoch nicht nur für sich selbst umsetzen, sondern auch mit ihrem Team gemeinsam gestalten. Führungskräfte thematisieren ihren Bedarf am ehesten im Bereich des Umgangs mit Konflikten und Widerständen oder der Motivation ihrer Mitarbeiter (◨ Abb. 4.11). Auf dem Kick-Off lassen sich diese Bedarfe gemeinsam klären.

- **Fehlende Kenntnis und Erfahrung mit dem Veränderungsmanagement.**
  Es ist nicht leicht, eine fassbare und konkrete Vorstellung von dem zu vermitteln, was Veränderungsmanagement eigentlich umschließt. Ver-

Veränderungsmanagement ist für viele Teilnehmer ein neues Thema.

Kommunikation und Motivation	Widerstand – wieso, weshalb, warum?	Gruppendynamik in Veränderungen
• Wie schaffe ich Akzeptanz im Team? • Wie stelle ich Kommunikation sicher?	• Wo tritt Widerstand auf? • Widerstand brechen oder zulassen?	• Was passiert in Gruppen bei Veränderungen? • Wie kann ich als Führungskraft damit umgehen?
Arbeiten und Lernen im Team	**Umgang mit Konflikten**	**Persönliche Stile in Veränderung**
• Welche Arbeitsformen gibt es? • Wie fördere ich Lernen im Team?	• Wie gehe ich mit Konflikten im Team um? • Wie bringe ich mich als Führungskraft ein?	• Wie verhalte ich mich in Veränderung? • Wie schätze ich meine Mitarbeiter ein?

stärkt trifft es dann zu, wenn die Teilnehmer noch wenig oder keine Kenntnisse bzw. Erfahrungen mitbringen. So fehlt es oft an einer Vorstellung, welche inhaltlichen Aspekte relevant und interessant sind.

Um den Teilnehmern die Entscheidung darüber zu erleichtern, mit welchen Inhalten sie sich beschäftigen könnten, wird ein Überblick zu den unterschiedlichen Inhalten des Veränderungsmanagements angeboten. Eine Liste mit Inhalten oder eine modellhafte Darstellung könnten im Kick-Off vorgestellt und besprochen werden, um den Teilnehmern nahe zu bringen, was sich hinter dem Management von Veränderungen verbirgt. ■ Abb. 4.11 gibt hierzu einen Überblick.

In einer Veränderungswerkstatt können in der Regel nicht alle Inhalte behandelt werden. Selbst für eine Veranstaltung von 2 Tagen ist es sinnvoll, sich auf drei Schwerpunkte zu konzentrieren und auf diese ausführlicher einzugehen. Während des Kick-Offs können die Teilnehmer ihre Schwerpunkte festlegen. Für das Beispiel »Neue Abteilungsstruktur« böten sich die Bausteine »Umgang mit Konflikten«, »Widerstand« oder »Kommunikation« an. Diese Inhalte ließen sich gut mit dem Veränderungsthema verbinden. Einerseits könnten die Teilnehmer auf der Trainingsebene etwas über Symptome von Widerstand erfahren, und andererseits hätten sie im Workshop Gelegenheit, Widerstände innerhalb ihrer Abteilungen zu analysieren.

Welche organisatorischen Rahmenbedingungen sind vor der Durchführung zu klären?

Zum Ende des Kick-Offs ließen sich noch organisatorische Themen behandeln, wie die Frage nach der Dauer einer Werkstatt und nach dem Ort der Durchführung. Aus der Komplexität und Menge der zu behandelnden Veränderungen und Inhalte lässt sich recht gut abschätzen, mit wie viel Zeitaufwand zu rechnen ist. Je nach Auftrag kann eine Werkstatt zwischen 2 und 5 Tagen dauern. Als Veranstaltungsort empfiehlt sich eine Tagungsstätte außerhalb des Betriebs.

Der Kick-Off selbst beansprucht etwa 2–3 Stunden, um die wesentlichen Informationen zu vermitteln und die wichtigsten Fragen zu beantworten. Der Vorteil liegt in der frühzeitigen Beteiligung der Teilnehmer, die dadurch ein wichtiges Element des Veränderungsmanagements »live« erleben.

Ablauf einer Veränderungswerkstatt

Ausrichtung auf die Themen und Bedarfe der Teilnehmer.

Der Ablauf basiert auf dem oben genannten Beispiel als geeignetes Veränderungsthema. Nach dem Kick-Off-Treffen stehen sowohl die in den Steckbriefen definierten Veränderungen als auch die inhaltlichen Schwerpunkte fest. Unter der Prämisse, dass sich die Teilnehmer für das Veränderungsthema »die neue Abteilungsstruktur« sowie die inhaltlichen Schwerpunkte »Kommunikation« und »Widerstand« entschieden haben, könnte ein Ablauf wie in ▶ Schema 4.3 und 4.4 dargestellt aussehen (Den 1. Tag des Ablaufs einer Veränderungswerkstatt zeigt ▶ Schema 4.3, den 2. Tag ▶ Schema 4.4.)

Nachbereitung und Follow-Up-Tag

Transfer in die Praxis.

In der Zeit unmittelbar nach der Werkstatt sollen die geplanten Schritte in die Tat umgesetzt und die erlernten Methoden angewendet werden. Für den oben beschriebenen Fall stünde an, eine Mitarbeiterversammlung für eine erste Information zu organisieren oder eine Telefonschulung für diejenigen Mitarbeiter zu planen, die fast ausschließlich telefonieren werden. Die Aktionspläne aus der Werkstatt lassen sich außerdem gut zur Steuerung der Umsetzung nutzen. In den gemeinsamen Runden können die Teilnehmer feststellen, inwieweit sie ihre selbst gesteckten Ziele eingehalten haben und im Plan liegen.

Die Umsetzung des Gelernten in die Praxis will auch der Follow-Up-Tag absichern. An diesem Tag können die Teilnehmer der Werkstatt ihre Erfahrungen austauschen, um voneinander zu lernen und um sich gegenseitig zu unterstützen, wenn Schwierigkeiten aufgetreten sind. Der Moderator geht mit den Teilnehmern die Aktionspläne durch und diskutiert, welche Schritte noch offen sind und ob zusätzliche Maßnahmen notwendig erscheinen. Bei Bedarf können weitere Methoden des Veränderungsmanagements vorgestellt werden.

Der Folgeprozess bietet dem Veränderungsmanager Anlässe, mit den Führungskräften im Gespräch zu bleiben. Daraus ergeben sich wichtige Eindrücke darüber, wie der Veränderungsprozess von den Betroffenen aufgenommen wird. Erfährt er beispielsweise, dass bereits kommunizierte Arbeitsabläufe immer noch unklar sind, kann er die Kommunikation intensivieren und gezielt über diese Abläufe informieren.

Die Veränderungswerkstatt ist vorwiegend ein Forum für Führungskräfte, die in der Regel Teams innerhalb eines größeren Bereiches führen. Aber auch für die Mitarbeiter sollte es Möglichkeiten geben, im Team oder der Arbeitsgruppe gemeinsam zu lernen, damit sie sich auf Veränderungen einstellen können. Eine Teamentwicklung eröffnet verschiedene Möglichkeiten für ein gemeinsames Lernen im Team.

Schema 4.2

Veränderungswerkstatt – Leitfragen zur Vorbereitung

Kriterien für ein Thema:

- aus der Veränderung resultierend
- von Bedeutung
- läuft aktuell oder in naher Zukunft
- für viele relevant

- **An welchem Veränderungsthema wollen wir arbeiten?**
  Einführung einer neuen Abteilung, in der alle eingehenden Telefonate entgegengenommen und bearbeitet werden.

- **Warum ist es wichtig, gerade dieses Thema zu bearbeiten?**
  Hier entsteht eine Schnittstelle zwischen den Mitarbeitern, die ausschließlich telefonieren, und denen, die die schriftlichen Vorgänge bearbeiten. Die neue Aufgabenauteilung könnte zu Unzufriedenheit führen. Die Zusammenarbeit an dieser Schnittstelle soll von Anfang an gut laufen.

- **Wer ist von diesem Thema betroffen/daran beteiligt?**
  Führungskräfte und Mitarbeiter im Bereich der Kundenbetreuung.

- **Was wollen wir mit der Arbeit an diesem Thema in der Veränderungswerkstatt erreichen?**
  Konzept zur Information der Mitarbeiter entwickeln (Wie könnte eine Informationsveranstaltung aussehen?), Überlegungen anstellen, wie die Zusammenarbeit der Mitarbeiter weiterhin effizient läuft.

Schema 4.3. 1. Tag des Ablaufs einer Veränderungswerkstatt

Pausen, Einstiegs- und Abschlussrunden sind nicht aufgeführt. Schema als Word-Datei zum Download: www.springer.com/978-3-540-78854-6

Zeit	**Inhalt** (Vorgehen/Arbeitsanleitung/Ergebnis)	**Material**
0:00 45'	**Inhaltlicher Einstieg in das Veränderungsmanagement: Vermittlung von Grundlagen** **Vorgehen** Zu Beginn werden grundlegende Modelle vorgestellt, die die Bedeutung und den möglichen Nutzen des Veränderungsmanagements betonen. Dazu kann z. B. die Veränderungskurve als Modell (Abbildung aus: Streich 1997, © Schäffer-Poeschel Verlag für Wirtschaft, Steuern, Recht GmbH in Stuttgart) genommen werden: 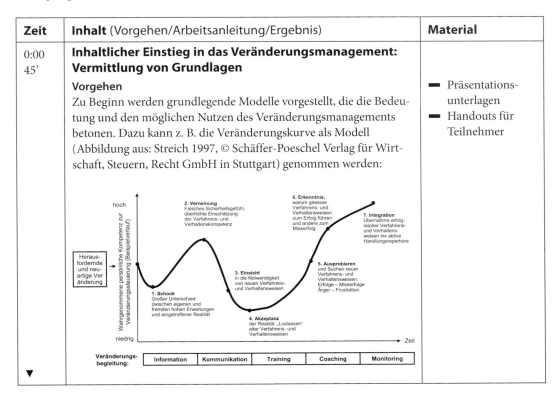	▬ Präsentationsunterlagen ▬ Handouts für Teilnehmer

	Veränderungen beeinflussen die Stimmungslage in Organisationen in einer bestimmten Art und Weise. Über die Zeit lässt sich ein kurvenartiger Verlauf abbilden, der in mehrere Phasen unterteilt ist. Die Teilnehmer könnten einschätzen, an welcher Stelle der Kurve die von der Veränderung betroffenen Mitarbeiter angekommen sind (Lehrgespräch und Diskussion anhand des obigen Modells). **Ergebnis** Die Teilnehmer kennen ein grundlegendes Modell des Veränderungsmanagements und wissen um ihre Anwendung für die Praxis.	▬ Modelle auf Flipcharts
0:45 45'	**Das Veränderungsthema aus dem Steckbrief** **Vorgehen** Alle Teilnehmer werden auf den neuesten Stand des Veränderungsprojekts gebracht und klären Verständnisfragen (Präsentation durch die Teilnehmer, die den neuesten Stand der Veränderung kennen). **Ergebnis** Alle Teilnehmer verfügen über den gleichen Kenntnisstand.	▬ Steckbrief ▬ ggf. Präsentationsunterlagen über das Veränderungsprojekt
1:30 45'	**Einstieg in das Thema Kommunikation** **Vorgehen** Den Teilnehmern werden Grundlagen über die Planung und Steuerung von Kommunikationsprozessen in Veränderungen vermittelt. In diesem Fall wird der Kommunikationsplan als Werkzeug vorgestellt (▶ Kap. 2.1.1; Lehrgespräch mit Diskussion). **Ergebnis** Die Teilnehmer kennen den Kommunikationsplan und können ihn anwenden.	▬ Werkzeug als Flipchart ▬ Handout für Teilnehmer
2:15 30'	**Verknüpfung des Werkzeugs mit dem Veränderungsprojekt** **Vorgehen** Als nächstes erarbeiten die Teilnehmer für die anstehende Veränderung einen Kommunikationsplan, der die Information und kommunikative Einbindung der wesentlichen Zielgruppen steuert. Die Teilnehmer wählen gemeinsam die wichtigsten Zielgruppen aus (Zuruffrage im Plenum). **Arbeitsanleitung** ▬ Welches sind die wichtigsten Zielgruppen, die in der Kommunikation berücksichtigt werden müssen? ▬ Wie bedeutend sind die Zielgruppen für die erfolgreiche Umsetzung Ihres Veränderungsthemas? **Ergebnis** Die Teilnehmer haben die für die Kommunikation wichtigsten Zielgruppen identifiziert.	▬ Arbeitsanweisung als Flipchart

▼

2:45 60'	**Erstellung eines Kommunikationsplans für jede Zielgruppe**	▬ Kommunikationsplan auf Pinnwand
	Vorgehen Für jede Zielgruppe werden Maßnahmen zur Kommunikation erarbeitet (Arbeit in Kleingruppen).	
	Arbeitsanleitung Bitte bearbeiten Sie mit Ihrer Gruppe folgende Fragestellung: ▬ Mit welchen Botschaften, Maßnahmen und Medien können die Zielgruppen informiert werden? Halten Sie Ihre Ergebnisse bitte schriftlich im Kommunikationsplan fest.	
3:45 60'	**Abstimmung eines gemeinsamen Kommunikationsplans**	▬ Aktionsplan auf Flipchart
	Vorgehen Die erarbeiteten Kommunikationspläne werden vorgestellt. Die nächsten Schritte zur Umsetzung werden geplant (Erstellung eines Aktionsplans im Plenum).	
	Ergebnis Die Teilnehmer haben einen Kommunikationsplan erarbeitet, der während des anstehenden Veränderungsprozesses eingesetzt werden kann.	
4:45 30'– 90' _____ 5:15– 6:15	**Review der Arbeit am Kommunikationsplan**	▬ Präsentationsunterlagen
	Vorgehen Nachdem die Teilnehmer ihren Kommunikationsplan aufgebaut haben, können nun bestimmte Aspekte näher betrachtet und diskutiert werden. Worauf der Fokus liegt, hängt vom jeweiligen Kommunikationsplan ab. Wenn der Plan beispielsweise die Durchführung einer Informationsveranstaltung vorsieht, könnten die Teilnehmer im nächsten Schritt die Gestaltung eines Info-Markts (▶ Kap. 2.2.1) konkretisieren. Der Moderator würde das dazu notwendige Fachwissen einbringen und geeignete Werkzeuge erläutern (Diskussion im Plenum; Lehrgespräch durch Moderator; ggf. Kleingruppenarbeit).	
▪	**Ergebnis** Die Teilnehmer haben die für sie wichtigen Aspekte vertieft.	

Schema 4.4. 2. Tag des Ablaufs einer Veränderungswerkstatt

Pausen, Einstiegs- und Abschlussrunden sind nicht aufgeführt. Schema als Word-Datei zum Download: www.springer.com/978-3-540-78854-6

Zeit	**Inhalt** (Vorgehen/Arbeitsanleitung/Ergebnis)	**Material**
0:00 45'	**Einstieg in das Thema Widerstand** **Vorgehen** Die Teilnehmer lernen die Ursachen von Widerstand in Veränderungen kennen und erfahren, wie verschiedene Personengruppen Widerstände entwickeln. Anschließend werden sie für die unterschiedlichen Symptome von Widerstand sensibilisiert (Lehrvortrag und Zuruffrage im Plenum). **Arbeitsanleitung** »▬ Worin liegen möglicherweise die Ursachen für Widerstand? ▬ Woran erkennt man Widerstand?« **Ergebnis** Die Teilnehmer kennen mögliche Ursachen von Widerstand und wissen, woran sie ihn erkennen können.	▬ Präsentationsunterlagen ▬ Flipchart mit Zuruffrage
0:45 45'	**Analyse möglicher Widerstände im Veränderungsprojekt** **Vorgehen** Die Teilnehmer setzen sich mit den vermuteten oder schon vorhandenen Widerständen, die mit dem ausgewählten Veränderungsthema zusammenhängen, auseinander. Sie können als Beispiel die im Kommunikationsplan aufgeführten Zielgruppen betrachten und für diese mögliche Widerstände aufzählen (Lehrvortrag, Arbeit in Kleingruppen). **Arbeitsanleitung** »Bearbeiten Sie bitte folgende Fragen: ▬ Welche Zielgruppen haben welche Widerstände? ▬ Woher rühren diese? ▬ Wie äußern sie sich? Bitte halten Sie Ihre Ergebnisse schriftlich fest.« **Ergebnis** Die Teilnehmer wissen um die Widerstände in ihrem Veränderungsthema. Sie haben mögliche Motive für wichtige Zielgruppen diskutiert. ▼	▬ Flipchart mit Arbeitsanleitung ▬ Pinnwände

1:30 30'	**Einstieg in das Thema Motivation** **Vorgehen** Nach der Analyse von Widerständen geht es nun um den angemessenen Umgang mit Widerständen im Veränderungsprozess. Dazu stellt der Moderator verschiedene Ansätze vor und erläutert deren Anwendung anhand von Beispielen. Als Werkzeug wird den Teilnehmern der Motivationsplan an die Hand gegeben. Ähnlich dem Kommunikationsplan können hier wichtige Aktivitäten und Maßnahmen zum Umgang mit Widerstand systematisch dargestellt werden (Lehrvortrag im Plenum).	▬ Präsentations- unterlagen

Zielgruppe	Ziel der Motivation	Widerstände	Maßnahme/Aktivität	Zeitpunkt
• Projektteam	• Teams arbeitsfähig machen	• Unklare Rollen	• Teamentwicklung	• vor Projektstart
• Führungskräfte	• Einbindung	• Statusverlust	• Zielvereinbarung	• zu Jahresbeginn
• Mitarbeiter	• Erwerb neuer Kompetenzen	• Verlust alter Gewohnheiten	• Qualfizierung	• alle 4 Wochen
• Belegschaft eines Werkes	• Aufbruch erzeugen	• Unsichere Zukunft	• Info-Markt	• zu Beginn der Umsetzung

	Ergebnis Die Teilnehmer kennen Ansätze zum Umgang mit Widerstand.	
2:00 15'	**Verknüpfung des Werkzeugs mit dem Veränderungs-projekt** Die Teilnehmer diskutieren und prüfen, inwieweit die theoretischen Ansatzpunkte zu den vermuteten Widerständen passen. Hat sich die Gruppe auf Aktionen und Vorgehensweisen verständigt, können diese in den Motivationsplan übernommen und genauer geplant werden. In der Werkstatt kann das folgendermaßen ablaufen:	
2:15 30'	**Auswahl der Zielgruppen** **Vorgehen** Die Teilnehmer wählen die Zielgruppen aus, die einen großen Einfluss auf den Umsetzungserfolg ausüben werden. Hierfür können die bereits definierten Zielgruppen aus dem Kommunikationsplan herangezogen werden (Zuruffrage im Plenum). **Arbeitsanleitung** »▬ Welches sind die wichtigsten Zielgruppen, auf deren Widerstände eingegangen werden soll? ▬ Wie bedeutend sind die Zielgruppen für die erfolgreiche Umsetzung Ihres Veränderungsthemas?« **Ergebnis** Die Teilnehmer haben die wichtigsten Zielgruppen identifiziert. ▼	

2:45 60'	**Entwicklung von Lösungsansätzen** **Vorgehen** Für die Zielgruppen werden konkrete Ansatzpunkte erarbeitet, wie diese im Rahmen der Veränderung zu motivieren sind (Kleingruppenarbeit). **Arbeitsanleitung** »Bitte bearbeiten Sie mit Ihrer Gruppe folgende Fragestellungen: ➡ Mit welchen Ansätzen und Maßnahmen können Sie auf die Widerstände der Zielgruppen eingehen? ➡ Wie können diese Zielgruppen für die Veränderung motiviert werden? Halten Sie Ihre Ergebnisse bitte schriftlich im Motivationsplan fest.« **Ergebnis** Erste Ideen zur Motivation sind entwickelt worden.	➡ Flipchart mit Arbeitsanleitung ➡ Pinnwände ➡ Motivationsplan als Blankoraster
3:45 60'	**Abstimmung konkreter Maßnahmen und Aktivitäten** **Vorgehen** Die erarbeiteten Motivationspläne werden vorgestellt. Die nächsten Schritte zur Umsetzung werden geplant (Erstellung eines Aktionsplans im Plenum). **Ergebnis** Die Teilnehmer haben einen Plan mit konkreten Maßnahmen erarbeitet, mit denen auf Widerstände eingegangen und Motivation für den anstehenden Veränderungsprozess geschaffen werden kann.	➡ Aktionsplan auf Flipchart
4:45 30–90' ――― **05:00– 06:00** ▪	**Review der Arbeit zum Thema Widerstand und Motivation** **Vorgehen** Nachdem die Teilnehmer ihre Konzepte dazu entwickelt haben, wie sie mit den Widerständen in den entscheidenden Zielgruppen umgehen wollen, lassen sich nun je nach Bedarf bestimmte Aspekte näher betrachten. Wenn kritische Mitarbeiter frühzeitig in die Projektarbeit eingebunden werden sollen, könnte die konkrete Umsetzung weiter diskutiert werden. Viele Anregungen zur Einbindung und Beteiligung Betroffener finden sich in ▶ Kap. 3. **Ergebnis** Die Teilnehmer haben die für sie wichtigen Aspekte vertieft.	

4.3.2 Teamentwicklung

Definition und Ergebnisse einer Teamentwicklung

Was ist mit Team und Teamentwicklung gemeint?

Wenn die Rede von Teams ist, dann sind damit auch Arbeitsgruppen, Abteilungen oder Projektgruppen gemeint. Die Absicht, Gruppen in ihrer Zusammenarbeit zu unterstützen, wird hier als Teamentwicklung bezeichnet, unabhängig davon, in welcher Form eine Gruppe organisiert ist.

> **Ziel ist die Unterstützung der Zusammenarbeit.**

Inwieweit unterstützt eine Teamentwicklung Qualifizierungs- und Lernprozesse?

In Veränderungsprozessen wandeln sich Anforderungen und Ansprüche an die Teams in einer Organisation. Ein leistungsfähiges Team kann sich diesen Anforderungen stellen und darauf flexibel reagieren (Francis u. Young 1998). Die Leistungsfähigkeit hängt von der Kompetenz im Team ab, Rollen und Beziehungen sowie Arbeits- und Informationsprozesse gestalten zu können (Kriz 2003). Diese Kompetenz zu entwickeln, kann durch eine Teamentwicklung gefördert werden.

> **Teamentwicklung fördert das Lernen in Gruppen.**

Ein Workshop zur Teamentwicklung ist zwar nicht die geeignete Form, um Fachwissen zu vermitteln und kognitives Lernen zu fördern (»Kopf«). Dies lässt sich besser mit Schulungen oder Trainings bewerkstelligen. Lernen innerhalb von Teams ist jedoch wesentlich umfassender, wenn neue Einstellungen und Verhaltensweisen gelernt werden sollen (»Herz« und »Hand«).

Um in einer Organisation erfolgreich zu bestehen, müssen Mitarbeiter auch tragfähige Beziehungen im Team, gemeinsame Spielregeln und Handlungs- und Entscheidungsstrategien entwickeln. Dies lässt sich oft nur in der Gemeinschaft mit anderen erlernen. Um aber in einer Gruppe gut miteinander auszukommen und effektiv zusammenarbeiten zu können, sind Zeit und Struktur für gemeinsame Diskussion und Arbeit nötig. Emotionale und verhaltensbezogene Lernprozesse können durch Workshops zur Teamentwicklung sinnvoll unterstützt und gefördert werden.

Wozu kann eine Teamentwicklung nützlich sein?

Teams gelten als effektiv, wenn sie in Hinblick auf ihre Zielsetzungen, ihre Prozesse und Organisation und in ihrer Zusammenarbeit gut aufeinander abgestimmt sind:

> **Klarheit in Ziele, Abläufe und Rollen bringen.**

Kurz- und langfristige Zielsetzungen

Manchmal mag der Begriff der gemeinsamen Ausrichtung oder Perspektive besser gewählt sein, da es nicht nur um das operative Formulieren von Zielen geht. Vielmehr kann herausgearbeitet werden, welchen Nutzen die Gruppe für die Organisation hat und welches ihr Auftrag ist.

- Gibt es klare Ziele für das Team?
- Sind die Ziele aufeinander abgestimmt?
- Haben alle im Team ein klares Bild von ihren Zielen?

Prozesse und Organisation

Veränderungen fordern von einem Team hohe Flexibilität, sich auf sie so einzustellen, dass die gewünschte Leistung erbracht werden kann. Das Team

muss in der Lage sein, sich mit seiner internen Organisation auseinanderzusetzen und bestehende Arbeitsabläufe in Frage zu stellen und anzupassen.
Dies geht nicht ohne gut ausgebildete und motivierte Mitarbeiter, die sich mit
ihren Prozessen beschäftigen können und wollen.

- Erledigt das Team seine Aufgaben effizient und effektiv?
- Sind die Arbeitsabläufe optimal organisiert?
- Passt die Aufgabenverteilung zur Organisation?
- Wie organisiert das Team den internen Informationsfluss?

Rollen und Zusammenarbeit

Das Team benötigt eine Basis für die Zusammenarbeit mit klaren Anforderungen und Erwartungen. Hier sollte nicht nur die Beziehung zwischen der
Führungskraft und ihren Mitarbeitern geklärt sein, sondern auch der Umgang der Kollegen miteinander.

- Was erwartet das Team von der Führungskraft?
- Welche Anforderungen sind für den Teamleiter die wesentlichen?
- Was versteht das Team unter vertrauensvoller Zusammenarbeit?
- Wie sollen Konflikte geregelt werden?

Eine Teamentwicklung greift diese Fragen auf und versucht, je nach Aus-
gangssituation, die Gruppe zu unterstützen. In der Regel spielen alle drei
Aspekte eine Rolle und werden in der Teamentwicklung thematisiert. Ein
Team wird sich nicht unabhängig von seinen Zielen organisieren. Und ohne
Klarheit in den Aufgaben und Zielen lassen sich nachvollziehbare Erwartun-
gen an die Zusammenarbeit nur schwierig formulieren.

Beschreibung einer Teamentwicklung

Aus welchen Anlässen heraus sind Teamentwicklungen in Veränderungs-
prozessen sinnvoll?

Veränderungen wirken sich immer auf Teams aus.

In der Regel wirken sich Veränderungen immer auf Teams oder Arbeitsgruppen aus. Gerade von der Bereitschaft der Teams, die Veränderung mitzutragen, hängt in hohem Maß der Umsetzungserfolg ab. So ist bei allen Veränderungen zu berücksichtigen, wie die Teams konkret zu unterstützen sind.
Einige Situationen legen es jedoch nahe, eine Teamentwicklung anzustoßen:

- Gründung neuer Abteilungen,
- Zusammenlegung bestehender Teams zu einer neuen Einheit,
- Aufnahme neuer Kollegen oder einer neuen Führungskraft,
- Veränderung von Zielsetzungen und wesentlichen Aufgaben in einem
  bereits bestehenden Team,
- Veränderungen, die Druck und Anspannung auslösen und damit zur
  möglichen Ursache für Konflikte und negative Stimmung werden.

Wer ist an der Vorbereitung und Durchführung einer Teamentwicklung
beteiligt?

Eine Maßnahme für das gesamte Team.

Die Mitarbeiter mit ihrer Führungskraft sollen möglichst als vollständiges
Team teilnehmen. Zusätzlich kann es sinnvoll sein, einen Moderator für die
Vorbereitung und Durchführung zu beauftragen. Es ist aber auch denkbar,
dass die Führungskraft den Workshop leitet und ihn mit den Mitarbeitern
plant. Ob dies zu empfehlen ist, hängt von vielen Faktoren ab:

- Kompetenzen der Führungskraft (z. B. Kenntnisse in der Moderation),
- Akzeptanz der Führungskraft im Team,
- Themen des Workshops (Wie involviert ist die Führungskraft in die zu besprechenden Themen? Wie emotional, konfliktträchtig sind die Themen?).

Wenn die Führungskraft die Moderation übernimmt, sollte sie ihre Rolle frühzeitig vor dem Workshop mit den Mitarbeitern besprechen. Sie könnte sich eine zweite Meinung von einem Kollegen oder der Personalabteilung einholen, ob für die Moderation ein externer Berater eher geeignet ist.

Anmerkungen
Wenn im Folgenden von Moderator gesprochen wird, kann sowohl ein externer Berater als auch die Führungskraft des Teams gemeint sein.

Wie läuft eine Teamentwicklung ab?
Teams sind individuelle Gebilde, die durch die Persönlichkeit ihrer Mitglieder, durch Ziele, Aufgaben und Rahmenbedingungen geprägt werden. Hiervon hängt auch der Ablauf des Teamentwicklungsworkshops ab, der für jedes Team spezifisch geplant wird. Dagegen ist jeder Teamentwicklung ein grundsätzliches Vorgehen in drei Schritten zu empfehlen:

Teamentwicklung in 3 Schritten.

- Auftragsklärung,
- Durchführung eines Teamworkshops,
- Nachbereitung und Umsetzung eines Folgeprozesses.

Auftragsklärung
In den meisten Fällen klärt der Moderator den Auftrag für die Teamentwicklung. Wenn die Moderation nicht durch die Führungskraft übernommen wird, läuft die Auftragsklärung in einem persönlichen Gespräch mit der Führungskraft. Zusätzlich könnten weitere Teammitglieder zu ihren Erwartungen befragt werden. Wenn die Führungskraft den Teamworkshop selber leitet, sollte sie sich im Klaren über ihre eigenen Vorstellungen sein und die Erwartungen ihrer Mitarbeiter einholen. Hieraus ergibt sich, welche konkrete Unterstützung das Team benötigt und welchen Beitrag die Teamentwicklung dazu leisten soll. Für einen klaren Auftrag sollten die in ◘ Abb. 4.12 dargestellten Punkte beantwortet werden.

Den Teamworkshop auf die Belange des Teams abstimmen.

Auftragsklärung Teamentwicklung

1 Ausgangssituation
2 Mögliche Ziele
3 Geplantes Vorgehen
4 Rolle des Moderators
5 Organisatorisches

◘ **Abb. 4.12.** Formular zur Auftragsklärung

Analyse der Ausgangs-situation.

① Ausgangssituation

Zuerst sollte die Ausgangssituation des Teams erfasst werden. Um ein Verständnis für die aktuelle Situation zu entwickeln, könnte man sich an den verschiedenen Ebenen, die von einer Veränderung betroffen sein können, orientieren (► Kap. »Einleitung«) und diese mit Hilfe einiger Leitfragen systematisch eruieren. Diese Fragen sind eher für einen externen Moderator relevant, weil der Führungskraft viele dieser Fragen bekannt und klar sein werden.

Ebene der Aufbauorganisation

Auf der Ebene der Aufbauorganisation werden zunächst Fakten und Angaben rund um das Team erfragt.
- Wie viele Mitarbeiter arbeiten im Team?
- Wie lange arbeitet dieses Team bereits zusammen?
- Welche Ausbildungshintergründe haben die Mitarbeiter?

Ebene der Ablauforganisation

Hier geht es vorrangig um Aufgaben und Arbeitsabläufe. Aber auch Fragen nach Zufriedenheit mit der Arbeitsorganisation wären wichtig:
- An welchen Aufgaben arbeitet das Team?
- Wie sind die Aufgaben organisiert?
- Wie sind Verantwortlichkeiten und Zuständigkeiten geregelt?
- Wie zufrieden sind die Mitarbeiter mit ihrer derzeitigen Arbeitssituation?
- Wer sind die Kunden?

Ebene der Verhaltensweisen

Auf der Verhaltensebene geht es um den Einblick in das soziale Gefüge. Hier werden Rollen im Team erfragt und eingeschätzt. Die aktuellen Probleme oder Konflikte im Team sollten ebenso wie die Stärken in der Zusammenarbeit bekannt sein:
- Welche Erwartungen haben die Mitarbeiter untereinander?
- Was erwartet die Führungskraft von den Mitarbeitern?
- Sind die Rollen klar und transparent?
- Wie gehen die Betroffenen mit Konflikten und kritischen Situationen um?
- Wie bewerten sie die Zusammenarbeit im Team?
- Welche Stärken zeichnen das Team aus? Wo gibt es Schwächen?

Einfluss der Veränderung

Man sollte sich auf jeden Fall mit der anstehenden Veränderung und ihren möglichen Auswirkungen auf das Team auseinandersetzen. Zu klären ist, wie die Mitarbeiter auf die Änderungen reagieren und welche persönliche Bedeutung diese für den Einzelnen haben:
- Was bewirken die künftigen Veränderungen im Team?
- Was verändert sich in der Organisation, in den Arbeitsabläufen und im sozialen Gefüge des Teams?
- Woran wird die Veränderung für die Teammitglieder besonders deutlich?
- Wie reagieren die Mitarbeiter darauf?
- Wer sind die Gewinner, wer die Verlierer?

② Mögliche Ziele für eine Teamentwicklung

Die Festlegung von Zielen ist der zentrale Punkt in der Auftragsklärung. Hier zeigt sich, an welchen Themen und unter welcher Zielsetzung im Workshop gearbeitet werden soll. Die Führungskraft äußert ihre Vorstellungen darüber, was sich ändern und wohin sich das Team entwickeln soll. Auch die Mitarbeiter des Teams haben konkrete Erwartungen an die Teamentwicklung, die in die Gestaltung einfließen sollten. Je konkreter die Wünsche und Ziele sind, desto besser lässt sich der Workshop vorbereiten.

Wohin will das Team?

Öfter bleiben die Erwartungen jedoch allgemein wie z. B. »Die Zusammenarbeit soll durch den Workshop verbessert werden« oder »Das Team muss sich ändern«, ohne dass benannt wird, was sich verbessern oder ändern soll. Diese Fragen sollen helfen, sich die Ziele konkretisieren zu lassen:

- Was soll das Team in der nächsten Zeit erreichen?
- Welche Ziele werden mit der Teamentwicklung verfolgt?
- Was soll sich im Team verändern?
- Was erwarten die Mitarbeiter von der Teamentwicklung?
- Wie sähe das ideale Team aus?
- Angenommen, der Workshop wäre ein Erfolg, was wäre dann anders?
- Woran könnte man die Veränderung erkennen? Was fiele den Mitarbeitern auf?

③ Geplantes Vorgehen

Das weitere Vorgehen in der Teamentwicklung sollte sich aus den Zielen der Auftragsklärung ableiten. Bei der weiteren Planung sind zwei Ebenen zu beachten, eine inhaltliche und eine methodische Ebene. Auf der inhaltlichen Ebene stehen die Inhalte im Vordergrund, die im Rahmen der Teamentwicklung angegangen werden sollen. Ein inhaltlicher Schwerpunkt kann beispielsweise in der Entwicklung einer teamspezifischen Vision liegen, ein anderer in der Lösung eines konkreten Konfliktes. Auf dieser Ebene wird festgelegt, was in der Teamentwicklung bearbeitet wird.

Planung des Teamworkshops.

Auf der methodischen Ebene geht es darum, wie innerhalb der Teamentwicklung an Themen gearbeitet wird. Im Vorfeld sollte der Handlungsspielraum des Teams klar sein. Die Führungskraft muss verbindlich festlegen, was mit den Mitarbeitern zu diskutieren und zu entwickeln ist und was bereits feststeht und somit nicht mehr zu diskutieren ist.

Der Führungskraft kann es helfen, anhand des Delegationskontinuums einzuschätzen, wie viel Spielraum dem Team bei den jeweiligen Themen zusteht (◘ Tab. 3.2).

Alle Methoden sollten die Workshopziele unterstützen und zur Gruppe und ihren Bedürfnissen passen. Eine Selbsterfahrungsübung wäre nicht geeignet, wenn es darum geht, eine neue Aufgabenverteilung zu besprechen.

④ Rolle des Moderators

Die Verantwortlichkeiten des Moderators sollten unabhängig davon, wer dies übernimmt, geklärt werden. Der Moderator unterstützt das Team hauptsächlich dabei, den Workshop zu strukturieren.

Der Teamworkshop braucht eine Leitung.

Aufgaben des Moderators

- Durchführen einer Auftragsklärung
- Entwurf eines Ablaufs mit geeigneten Methoden und einer angemessenen zeitlichen Planung
- Moderation und Durchführung des Teamworkshops:
  - Konzentration auf den Prozess (z. B. Einhaltung von Schwerpunkten)
  - Feedback zum Prozess
  - Einhaltung der zeitlichen Planung
- Nachbereitung:
  - Erstellung eines Protokolls zum Teamworkshop
  - Nachgespräch und ggf. Begleitung von Folgemaßnahmen

Der Moderator ist nicht für die Qualität der Ergebnisse verantwortlich. Er bestimmt auch nicht, welche Themen im Workshop diskutiert werden. Das Team muss z. B. entscheiden, ob es einen Konflikt mit seiner Führungskraft lösen möchte. Auch liegt es in der Entscheidung des Teams, welche Gesprächsthemen vorrangig sind.

Wenn die Führungskraft oder auch ein anderes Teammitglied die Moderation übernimmt, sollte diese doppelte Rolle transparent gemacht werden. Zu Beginn des Workshops könnten am Flipchart die Verantwortlichkeiten bzw. die doppelten Rollen visualisiert werden. Denn auf jeden Fall wird die Führungskraft auch inhaltlich diskutieren und entscheiden wollen, sodass sie jederzeit ihre Rolle als Moderator verlassen können muss.

⑤ **Organisatorisches**

Zu den wichtigsten organisatorischen Rahmenbedingungen, die in der Auftragsklärung besprochen werden sollten, gehören der Zeitpunkt und der Ort der Veranstaltung sowie die Höhe der entstehenden Kosten. Empfehlenswert ist der Zeitrahmen von 2 Tagen. Von großem Vorteil ist es, den Abend im Team gemeinsam zu verbringen. Dies fördert den informellen Austausch und unterstützt das Kennenlernen im Team.

Bei der Wahl des Ortes ist eine Räumlichkeit außerhalb der Betriebsstätte zu bevorzugen. Erfahrungsgemäß lösen sich die Teilnehmer schwer von der aktuellen Arbeitsbelastung, sodass oft die Ruhe fehlt, sich mit anderen wichtigen Themen zu beschäftigen.

Durchführung eines Teamworkshops

Der Workshop als Fundament der Teamentwicklung.

Der Workshop ist das Fundament einer erfolgreichen Teamentwicklung. Das Team bespricht die Themen, die die Gruppe als wesentlich ansieht, und erarbeitet Vereinbarungen, Ideen und Lösungen, die für eine gute und erfolgreiche Zusammenarbeit von Nutzen sind. Da die Teams sehr unterschiedliche Anliegen verfolgen und sich die Arbeit im Verlauf des Workshops (sogar bei ähnlichen Fragestellungen) sehr spezifisch für eine einzelne Gruppe entwickelt, ist es kaum möglich, einen Ablauf als Standard für alle Teamworkshops zu entwerfen.

Um dennoch Grundzüge des Arbeitens im Workshop zu verdeutlichen, werden hier Bausteine vorgestellt, in denen Fragestellungen themati-

❏ Tab. 4.1. Anlässe und inhaltliche Schwerpunkte eines Teamworkshops im Überblick

Anlässe	Kennen-lernen	Rollen-klärung	Vision und Ziele	Arbeits-organisation	Miteinander und Zusammenarbeit	Klärung von Schnittstellen
Neugründung	×	×	×	×	×	×
Fusion	×	×		×	×	
Neue Führung	×	×				
Neue Kollegen	×	×				
Änderung von Zielen und Aufgaben			×	×		×
Konflikte/Krisen		×			×	

siert werden, die häufig auf Teamworkshops eine Rolle spielen. Die Bausteine lassen sich miteinander kombinieren. Bisher wurden häufig auftretende Anlässe genannt, die eine Teamentwicklung erfordern. Ein solcher Anlass bestimmt wesentlich die inhaltlichen Schwerpunkte des Workshops (❏ Tab. 4.1).

Die einzelnen Bausteine nehmen sich der jeweiligen inhaltlichen Schwerpunkte an und schlagen einen Weg zur Bearbeitung vor. Sie beziehen sich auf die Themen:

Ausrichtung an den inhaltlichen Schwerpunkten.

- Einstieg in das gegenseitige Kennenlernen/Intensivierung des gegenseitigen Kennenlernens,
- Klärung von Rollen und Erwartungen im Team,
- Entwicklung und Abstimmung einer gemeinsamen Vision und gemeinsamer Ziele,
- Optimierung der Arbeitsorganisation,
- Förderung der Zusammenarbeit und Stärkung des Miteinanders,
- Klärung der (internen) Schnittstellen.

Einstieg in das gegenseitige Kennenlernen/Intensivierung des gegenseitigen Kennenlernens

Ziele
Die Teilnehmer sollen sich kennen lernen und ins Gespräch kommen.

Zeitbedarf
Die Dauer hängt von der Größe des Teams und der Intensität des Kennenlernens ab. Bei einer Teamgröße von 10 Personen liegt die Dauer bei ca. 120 Minuten.

Vorgehen
Jeder Teilnehmer füllt einen kleinen Fragebogen aus und klebt ihn auf eine vorbereitete Pinnwand. Die Teilnehmer verschaffen sich danach einen Überblick und lesen sich die ausgefüllten Bogen der Kollegen durch. In gemeinsamer Runde werden danach Fragen gestellt oder einzelne Punkte wie z. B. ein ungewöhnliches Hobby vertieft. Hierüber kommen die Teilnehmer miteinander ins Gespräch und lernen sich näher kennen.

Kennenlernen steht oft am Beginn eines Workshops.

Alternativ dazu kann jeder Teilnehmer seinen Fragebogen auch persönlich vorstellen. Entsprechend hätten die anderen direkt die Möglichkeit, Fragen zu stellen oder Anmerkungen zu machen.

Der Fragebogen dient hier als Beispiel für die Strukturierung einer Vorstellungsrunde.

**Beispiel für die Strukturierung einer Vorstellungsrunde:
Fragebogen zum Kennenlernen**

- Persönliche Vorstellung von…(Namen)
- Die 5 wichtigsten Stationen in meinem Leben…
- Wenn ich mal nicht arbeite, dann…
- Mein letztes Urlaubsziel war…
- Mein Motto für den heutigen Tag…
- Ein ganz anderer Beruf, der zu mir gepasst hätte…
- In der Firma seit…
- Was ich besonders gerne mag…
- Typisch Ich…
- Was gute Freunde an mir schätzen…
- Was sie an mir nervt…
- Idole in meiner Kindheit, Jugend…
- Was aus mir sonst noch hätte werden können…
- Was ich überhaupt nicht essen mag…

- **1. Möglichkeit:**
  Wurde ein Team aus zwei Gruppen neu gebildet, können die Fragebogen in Interviews ausgefüllt werden. Dabei befragt immer ein Mitglied aus der einen Gruppe jeweils einen Kollegen aus der anderen Gruppe. Nach dem ersten Interview werden die Rollen getauscht.

  In der anschließenden Vorstellung bzw. Vernissage stellt der Interviewer seinen Gesprächspartner anhand des Bogens vor. Damit werden alte Gruppengrenzen schon zu Beginn des Workshops durchlässig. Dies fördert den Austausch über die alten Strukturen hinweg und ermöglicht neue Kontakte.

Kreative Methoden unterstützen das Kennenlernen.

- **2. Möglichkeit:**
  Statt eines Fragebogens könnten die Teilnehmer eine Collage oder ein Bild entwerfen, in dem die Themen des Fragebogens dargestellt werden. Der berufliche Lebensweg lässt sich so als verschlungener Pfad oder auch als gut ausgebaute Autobahn verdeutlichen. Der Teilnehmer hat dadurch mehr Möglichkeiten, sich auszudrücken und für die Kollegen zusätzliche Anknüpfungspunkte zu schaffen, um im anschließenden Gespräch nachzufragen und damit Interesse an der anderen Person zu zeigen. Vielen Mitarbeitern macht es Spaß, sich auf diese Art mit sich selbst auseinanderzusetzen und sich dadurch auch persönlicher präsentieren zu können. Vorab sollte mit der Führungskraft jedoch geklärt sein, ob solche eher kreativen Methoden vom Team getragen werden oder nicht.

  Der Fragenkatalog kann an das jeweilige Team angepasst oder um weitere Komponenten ergänzt werden.

Ablauf im Überblick

Den Ablauf über den Einstieg bzw. die Intensivierung des gegenseitigen Kennenlernens zeigt ▶ Schema 4.5 (am Ende des Abschnitts).

Klärung von Rollen und Erwartungen im Team (angelehnt an Harrison 1977)

Ziele

Es werden Erwartungen, die an das Team, an Mitarbeiter und an die Führungskraft gerichtet werden, verhandelt und geklärt. Dabei geht es sowohl um die Erwartungen der Führungskraft an ihr Team als auch umgekehrt. Ebenso stehen die Erwartungen der Mitarbeiter aneinander im Fokus.

Zeitbedarf

Hierfür sollten etwa 4 Stunden vorgesehen werden. Insbesondere dann, wenn die gegenseitigen Erwartungen eher unklar oder auch widersprüchlich sind, ist es wichtig, sich genügend Zeit für eine Klärung oder eine gemeinsame Lösung zu lassen.

Vorgehen

Jeder Teilnehmer (auch die Führungskraft) nimmt sich ein Flipchart-Blatt und versieht es mit seinem Namen. Auf jedem Blatt findet sich nachfolgende Struktur, um Erwartungen an die jeweiligen Kollegen zu adressieren:

Über Erwartungen kann man verhandeln.

- Damit ich meine Funktion gut ausüben kann, wünsche ich mir von Dir/Ihnen folgendes Verhalten…
- Gut gefällt mir an Dir/Ihnen folgendes Verhalten…

Die Leitfragen helfen, die Erwartungen verhaltensnah und konkret zu formulieren. Es werden auch die Aspekte nicht vergessen, die an einer Person geschätzt werden. Es soll nochmals betont werden, dass es nicht in erster Linie um die Bewertung von Kollegen geht. Vorrangig soll im Team transparent sein, was sich ein Kollege vom anderen wünscht, um seine Aufgaben gut zu erfüllen.

Erwartungen konkret und verhaltensnah äußern.

Die Flipchart-Blätter werden im Raum verteilt. Jedes Teammitglied hat dann die Möglichkeit, seine Erwartungen und Wünsche an die entsprechende Person zu äußern und sie mit einem Namenskürzel abzuzeichnen.

Feedbackregeln erleichtern die Rollenklärung.

Anschließend beginnt die eigentliche Klärung der Erwartungen und der Rollen. Der erste Empfänger verliest die erste Rückmeldung und klärt das Verständnis mit dem/den Absender(n) folgendermaßen:

- »So, wie ich es verstehe, möchtest Du/möchten Sie…«

Falls er mit der Interpretation des Empfängers nicht einverstanden ist, erklärt der Absender die Botschaft. Wichtig ist bei diesem Vorgehen, dass immer ein gegenseitiges Verständnis erzielt wird.

Danach nimmt der Empfänger zu den Erwartungen Stellung. Wenn er eine Erwartung ablehnt, versucht er, eine Alternative anzubieten, um so im Sinne aller Beteiligten eine Lösung zu ermöglichen. So steigen die Teammitglieder in das Aushandeln und Klären ein. Manchmal können gemeinsame Vereinbarungen für das gesamte Team abgeschlossen werden:

- »Wir halten unsere Pausen ein.«
- »Wir pflegen unsere Termine in Outlook.«

Oftmals reicht es aus, klar anzusprechen, was einen bisher gestört hat, und vom anderen zu erfahren, weshalb er sich genau so verhalten hat. Jeder Teilnehmer geht die an ihn gerichteten Erwartungen durch und bespricht sie mit den jeweiligen Kollegen.

Wenn Erwartungen geklärt und Wünsche an Personen gerichtet werden, geht es nicht nur um die Gestaltung zukünftiger Arbeitsbeziehungen, sondern auch um die Bewertung vergangener Ereignisse und Erlebnisse. Wenn Teams im Geben und Nehmen von Feedback ungeübt sind, kann es für den Prozess sehr nützlich sein, Feedbackregeln einzuführen und zu erläutern.

Damit die Feedbackregeln den Teilnehmern präsent bleiben, können sie auf Karten gedruckt und verteilt werden.

Feedbackregeln im Überblick

- Regeln für Feedbackgeber:
    - Prüfen Sie die Bereitschaft des Empfängers: Ist Ihr Feedback vom Empfänger erbeten?
    - Sprechen Sie den Feedbacknehmer direkt an: Sie/Du…
    - Sprechen Sie für sich selbst (Ich-Aussagen, nicht »man«).
    - Beschreiben Sie das Verhalten des Feedbacknehmers (nicht bewerten, interpretieren oder die Motive des anderen suchen).
    - Machen Sie möglichst genaue Angaben, z. B. mit einem konkreten Beispiel.
    - Vermeiden Sie Verallgemeinerungen (z. B. »immer«).
    - Geben Sie positives und auch kritisches Feedback, möglichst ausgewogen. Beginnen und enden Sie nach Möglichkeit mit etwas Positivem.
    - Formulieren Sie Ihre Wünsche für eine Veränderung.
    - Prüfen Sie, ob Ihr Feedback richtig ankommt.
- Regeln für Feedbacknehmer:
    - Betrachten Sie Feedback als ein Angebot, zu erfahren, wie Sie auf andere wirken.
    - Zeigen Sie Offenheit.
    - Hören Sie genau zu.
    - Fragen Sie bei Unklarheiten nach.
    - Rechtfertigen bzw. verteidigen Sie sich nicht.
    - Signalisieren Sie, wenn es Ihnen zu viel wird.
    - Überdenken Sie: Was will ich annehmen? Was will ich ändern? Was will/kann ich nicht ändern?

Ablauf im Überblick

Den Ablauf der Rollenklärung und Erwartungen im Team zeigt ▶ Schema 4.6 (am Ende des Abschnitts).

Anmerkungen

Wenn die Teammitglieder noch nicht lange zusammen arbeiten oder sich kaum kennen, fällt es schwer, bereits Erwartungen und Wünsche an einzelne Kollegen zu formulieren. Dann wäre es ausreichend, wenn jeder seine Erwartungen an die Zusammenarbeit im Team äußert. Dies kann dann gemeinsam diskutiert und ausgehandelt werden. Eine alternative Vorgehensweise findet sich in ▶ Kap. 3.3.4.

Entwicklung und Abstimmung einer gemeinsamen Vision/Ausrichtung/Zielsetzung

Ziele

Das Team soll eine Vorstellung davon bekommen, wohin es sich in den nächsten Jahren entwickeln will. Dabei wird für die Teilnehmer klarer, welchen Zweck sie als Team im Unternehmen erfüllen und welche Schwerpunkte sie in ihrer Arbeit verfolgen oder auch ausbauen müssen.

Zeitbedarf

Den Teilnehmern soll die Möglichkeit geboten werden, sich in Gesprächen und Diskussionen intensiv mit ihrer Ausrichtung zu beschäftigen. Daher sind etwa 3 Stunden einzuplanen.

Vorgehen

Die Mitglieder des Teams werden in ein Szenario versetzt, in dem sie sich in der Zukunft wiederfinden. Sie stellen sich vor, wie sie als Gruppe in Zukunft gesehen werden wollen. Sie erhalten den Auftrag, für eine Mitarbeiterzeitschrift oder ein Fachmagazin einen Artikel über sich selbst zu schreiben. Bei einer Teamgröße von mehr als 8 Teilnehmern können auch mehrere Gruppen gebildet werden, die sich mit dieser Aufgabenstellung parallel beschäftigen. Die Kleingruppen arbeiten dann zunächst getrennt voneinander und stellen sich danach ihre Ergebnisse gegenseitig vor. Dabei werden Gemeinsamkeiten und Unterschiede in der Sichtweise darüber deutlich, wohin sich das Team zukünftig entwickeln will.

Das Team entwirft Vorstellungen von der Zukunft.

Gemeinsam oder in kleineren Gruppen überlegen die Teammitglieder nun, was sie tun müssen, um diese Ausrichtung und die damit verbundenen Zielvorstellungen zu erreichen. Entsprechende Fragestellungen für das Team können sein:

- Was müssen wir tun, um unsere Ziele zu erreichen?
- Welches sind die wichtigsten Schritte, die wir unternehmen müssen?
- Wann wollen wir beginnen? Womit wollen wir anfangen?

Die Teilnehmer stellen sich ihre Ergebnisse und Ideen gegenseitig vor und diskutieren, auf welche Schritte und Maßnahmen sie sich verständigen wollen.
Weitere Anregungen finden sich in ▶ Kap. 1.

Ablauf im Überblick

Der Ablauf der Entwicklung und die Abstimmung einer gemeinsamen Vision bzw. Ausrichtung und Zielsetzung ist in ▶ Schema 4.7 (am Ende des Abschnitts) gezeigt.

Optimierung der Aufgabenverteilung

Ziele

Die Aufgaben im Team sollen neu, aber auch anders verteilt werden. Bei der Aufgabenverteilung sollen Erfahrungen, Kompetenzen und die aktuelle Arbeitsbelastung der Mitarbeiter berücksichtigt werden.

Zeitbedarf

Abhängig von der Anzahl der Aufgaben und der Mitarbeiter variiert der Zeitbedarf zwischen 2 und 3 Stunden.

Vorgehen

Erfahrungen und Interessen können berücksichtigt werden.

Jedes Teammitglied notiert seine derzeitigen Aufgaben und schreibt jede Aufgabe auf eine Karte. Um im Workshop Zeit zu sparen, können die Aufgaben auch schon vorab auf Karten geschrieben werden. Auf der Karte wird ebenfalls vermerkt, wie hoch der Arbeitsumfang ist. Dieser kann über die Farbe der Karten signalisiert werden, z. B. könnte rot für eine hohe Arbeitsbelastung stehen und grün für eine geringe (► Übersicht). Das Teammitglied kennzeichnet seine Karten abschließend mit dem eigenen Namen. Der Teamleiter schreibt zusätzlich zu seinen eigenen Aufgaben noch die Tätigkeiten auf, die durch die anstehenden Veränderungen neu auf die Gruppe zukommen.

Alle Tätigkeiten werden dann mit Hilfe der Karten von den bisher verantwortlichen Teammitgliedern vorgestellt, kurz erläutert und an der Pinnwand befestigt. Ebenso wird mit den neuen Aufgaben verfahren, die durch den Teamleiter vorgestellt werden.

In einer zweiten Runde schreiben alle ihren Namen auf die Kärtchen, deren Aufgaben sie gerne übernehmen würden. Vorab muss noch geklärt sein, welche Aufgaben nicht zu verteilen sind, weil hier die Zuteilung schon feststeht. In der anschließenden Diskussion vereinbart das Team eine neue Aufgabenverteilung und bespricht, wie die Einarbeitung in neue Aufgabenbereiche aussehen kann.

Formular zur Dokumentation von Aufgaben
- ▬ Tätigkeit
  - – Nähere Beschreibung der Tätigkeit:…
  - – Arbeitsumfang: groß/mittel/gering
    (Kann auch über die Farbe der Karten angezeigt werden, Beispiel: rot = hoher, gelb = mittlerer, grün = geringer Aufwand.)
  - – Bisher verantwortliche Person:…
    (Wenn die Aufgabe nicht an eine andere Person abzugeben ist, können Sie dies durch Unterstreichung kenntlich machen.)

Musterbeispiel
- ▬ Bürobestellungen:
  - – Aufnahme der Bestellungen der Kollegen, Kontrolle der gelieferten Ware
  - – Arbeitsumfang: gering (bzw. grüne Karte)
  - – Markus Mustermann

Ablauf im Überblick

Die Optimierung der Aufgabenverteilung zeigt ► Schema 4.8 (am Ende des Abschnitts) im Ablauf.

Anmerkungen

Der Führungskraft muss klar sein, ob sie die Aufgabenverteilung mit dem Team festlegen will. Der Entscheidungsspielraum sollte für Mitarbeiter vorab feststehen. Negativ erlebt werden intensive Diskussionen, an deren Ende dann die Führungskraft ihr bevorzugtes Modell durchsetzt, ohne auf die Ergebnisse der Diskussion einzugehen.

Förderung der Zusammenarbeit und Stärkung des Miteinanders

Ziele

Durch das gemeinsame Bearbeiten einer Übung soll dem Team die Bedeutung von Zusammenarbeit und Miteinander stärker erlebbar werden. Die Teilnehmer sollen überlegen, was sie für ihre tägliche Zusammenarbeit übernehmen können.

Zeitbedarf

60 Minuten sollten für die Durchführung dieser Übung mit anschließender Besprechung veranschlagt werden.

Vorgehen

Zahlreiche Übungen können in Teamentwicklungsworkshops eingesetzt werden, um wichtige Themen wie Kooperation, Kommunikation oder Vertrauen zu vertiefen. Das so genannte »Teamlabyrinth« bietet verschiedene Ansätze, mit denen das Team Erfahrungen zu Kooperation und Miteinander sammeln kann (Höcker un. Höcker 2000).

Miteinander und Zusammenarbeit sollen erlebbar werden.

- **Vorbereitung:**
  Zuerst muss ein Raster mit Kästchen auf ein Laken oder ein großes Papier gemalt oder mit Klebeband auf den Boden geklebt werden. Das Raster soll aus 5×8 Kästchen mit einer Größe von 35×35 cm bestehen (☐ Abb. 4.13). Nun legt der Moderator – für die anderen verdeckt – die so genannten erlaubten Felder fest. Im Plan sind es die markierten. Der Spielleiter kann hupen oder klingeln, wenn ein Mitspieler ein »verbotenes« Feld betritt.

☐ **Abb. 4.13.** Spielfeld ohne und mit Musterlösung

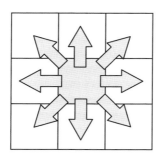

◘ Abb. 4.14. Erlaubte Gehrichtungen

▬ Durchführung:
Bei einem zahlenmäßig großen Team können auch zwei Gruppen gebildet werden, die gegeneinander im Wettkampf stehen. Ziel des Spieles ist es, dass alle Teilnehmer einer Spielgruppe die gegenüberliegende Seite des Feldes erreichen, ohne dabei ein »verbotenes« Feld zu betreten. Dabei darf immer nur ein Teilnehmer im Labyrinth sein. Nach einer kurzen Planungsphase ist es den Teammitgliedern nicht mehr erlaubt zu sprechen. Die »verbotenen« Felder dürfen während des Spiels nicht markiert werden. Reihum betritt jeder Teilnehmer einzeln das Spielfeld. Erlaubt sind nur Schritte von einem Feld in ein unmittelbar angrenzendes (◘ Abb. 4.14).

Sobald der erste Teilnehmer auf ein »verbotenes« Feld tritt, gibt der Spielleiter ein Signal und fordert ihn auf, das Spielfeld auf dem gleichen Weg zu verlassen, auf dem er gekommen ist. Dann ist der nächste Teilnehmer an der Reihe. Es geht reihum weiter, bis alle Teilnehmer das Ziel erreicht haben.

▬ Auswertung
Wenn alle Teilnehmer durch das Labyrinth zum Ziel gekommen sind, sollten die Erfahrungen ausgewertet werden. Die Gruppe kann anhand folgender Fragen diskutieren:

Eine Auswertung hilft, die Erlebnisse einzuordnen.

- ▬ Wie haben wir als Team zusammengearbeitet?
- ▬ Wo haben wir Führung erlebt?
- ▬ Was war gut? Was war nicht so gut?
- ▬ Was können wir von den Erfahrungen in den Alltag mitnehmen?

Ablauf im Überblick
Ein möglicher Ablauf ist in ► Schema 4.9 (am Ende des Abschnitts) dargestellt.

Klärung der (internen) Schnittstellen
Ziele
Das Team entwickelt Maßnahmen, mit deren Hilfe die Zusammenarbeit mit anderen Teams bzw. Schnittstellen verbessert werden kann.

Zeitbedarf
Je nach Anzahl der zu klärenden Schnittstellen nimmt die Arbeit 2–3 Stunden in Anspruch.

Vorgehen

- **Sammlung der relevanten Schnittstellen**
  Die Teilnehmer überlegen gemeinsam, welche Schnittstellen sie mit anderen organisatorischen Einheiten haben. Hilfreich kann eine Unterscheidung sein zwischen »internen, innerhalb der Organisation« liegenden und den »nach außen, zum Kunden, Zulieferer« orientierten Schnittstellen.

- **Gewichtung und Auswahl der Schnittstellen:**
  Danach stimmen die Teilnehmer ab, an welchen Schnittstellen sie im Workshop arbeiten wollen. Um diesen Entscheidungsprozess zu strukturieren, erhalten die Teilnehmer 2–3 Klebepunkte und markieren damit die ihrer Meinung nach wichtigsten Schnittstellen. Damit wird deutlich, wo das Team Handlungsbedarf sieht.

- **Entwicklung von Ideen:**
  Nun kann im weiteren Verlauf der Veranstaltung jeweils eine der drei wichtigsten Schnittstellen von Kleingruppen mit 3–4 Personen bearbeitet werden.

> Zusammenarbeit mit anderen Teams klären.

Nach etwa einer halben Stunde bringen die Teilnehmer ihre Ideen zu Papier und präsentieren sie dann den anderen Kollegen. Gemeinsam legt das Team fest, welchen Ideen nachgegangen werden soll.

Ablauf im Überblick

▶ Schema 4.10 (am Ende des Abschnitts) zeigt den Ablauf der Klärung der (internen) Schnittstellen.

Anmerkungen zum Baukasten

Der Vorteil besteht in den Kombinationsmöglichkeiten der Bausteine untereinander und der Variabilität innerhalb eines Bausteins. Dadurch lassen sie sich für sehr unterschiedliche Teams anwenden. Die Bausteine bieten Ansätze zur Bearbeitung wichtiger und schwieriger Fragestellungen. Der Baukasten ist aber kein fertiges Konzept. Eine Auftragsklärung und die Konzeption des Workshops müssen in jedem Fall erfolgen. Die Fragen zur Auftragsklärung und die Bausteine können die Führungskräfte während der Teamentwicklung gut unterstützen.

> Bausteine ersetzen keine Auftragsklärung und Konzeption.

Nachbereitung und Umsetzung eines Folgeprozesses

Nach Abschluss des Workshops sind v. a. zwei Dinge zu tun:
- Erstellung eines Protokolls als Ergebnisdokumentation,
- bei Bedarf: Vorbereitung und Durchführung eines Follow-Up-Workshops.

> Follow-Up-Tag fördert die Umsetzung in die Praxis.

Unmittelbar nach dem Workshop wird ein Protokoll für die Teammitglieder erstellt, in dem alle Ergebnisse der Veranstaltung dokumentiert sind. Ein besonderes Augenmerk liegt auf den vereinbarten Aktionen und nächsten Schritten im Teamentwicklungsprozess. Das Protokoll erhöht die Verbindlichkeit, sich an die Vereinbarungen zu halten.

Auf einem Follow-Up-Tag bewertet das Team die Zeit nach dem Teamworkshop und prüft, ob die beschlossenen Vereinbarungen eingehalten und die verabredeten Maßnahmen umgesetzt wurden. In der gemeinsamen Betrachtung wird es positive wie negative Beurteilungen geben. Für beide Fälle sollte das Team diskutieren, was es daraus lernen kann und wie es mit den Erfahrungen umgehen möchte. Aus diesen Überlegungen heraus resultieren dann entweder neue Maßnahmen und Verabredungen oder Anpassungen bereits bestehender Aktivitäten.

In den Diskussionen und Gesprächen können sich aber auch Themen ergeben, die auf dem ersten Workshop noch nicht bedeutsam waren. Dann wäre mit den Teammitgliedern zu klären, wie sie mit diesen Themen umgehen möchten. Neue Ideen und Maßnahmen können den bereits bestehenden Aktionsplan erweitern.

Rückschau und Ausblick.   Zusammenfassend lassen sich für einen Follow-Up-Tag zwei inhaltliche Schwerpunkte erkennen, die das Team anhand der folgenden Leitfragen bearbeiten kann:

- **Review der Zeit nach dem Teamworkshop:**
    - Was ist in der Zwischenzeit passiert?
    - Was ist gut gelaufen? Was war schwierig?
    - Überprüfung der gemeinsamen Vereinbarungen und Maßnahmen: Was ist tatsächlich umgesetzt worden? Was nicht? Waren die Vereinbarungen und Maßnahmen wirklich hilfreich?
- **Blick in die Zukunft:**
    - Was können wir aus der letzten Zeit lernen?
    - Welche Schritte stehen für das Team an?
    - Wie wollen wir uns darauf vorbereiten?

Der Follow-Up-Tag sollte mit ausreichendem zeitlichem Abstand zum Teamworkshop geplant werden. Dieser Zeitraum kann als Trainingsphase im Alltag betrachtet werden. Hier zeigt sich, ob sich die getroffenen Vereinbarungen und Maßnahmen in der Praxis bewähren. Oft wird ein Follow-Up-Tag nach 2–3 Monaten geplant. Am besten sollte noch im Teamworkshop festgelegt werden, wann ein solcher Tag sinnvoll sein könnte.

Abschließende Anmerkungen zur Teamentwicklung

Wenn Veränderungen sich auf Teamebene auswirken, kommt den Mitarbeitern und ihrer Führungskraft eine Schlüsselrolle für die erfolgreiche Umsetzung zu. Von daher sollten die Teams ermuntert und bestärkt werden, sich ausreichend auf die Veränderungen vorzubereiten. Hier kann die Teamentwicklung eine sinnvolle Maßnahme sein.

Der Veränderungsmanager könnte die Führungskräfte aktiv dazu auffordern und ermutigen. Hilfreich wäre sicherlich ein beratendes Gespräch darüber, wie eine Teamentwicklung für eine Gruppe angestoßen werden kann und worauf dabei zu achten ist. Als konkrete Unterstützung kann der Veränderungsmanager der Führungskraft die Fragen zur Auftragsklärung und die Bausteine zur Verfügung stellen oder ggf. einen externen Moderator für den Workshop anbieten.

Schema 4.5. Ablauf des gegenseitigen Kennenlernens

Pausen, Einstiegs- und Abschlussrunden sind nicht aufgeführt. Schema als Word-Datei zum Download: www.springer.com/978-3-540-78854-6

Zeit	Inhalt (Vorgehen/Ergebnis)	Material
10'	**Vorgehen** Der Moderator führt in das Thema ein und erklärt das Vorgehen (Präsentation im Plenum). **Ergebnis** Die Teilnehmer sind über die Übung informiert.	▬ Flipchart
15'– 30'	**Vorgehen** Die Teilnehmer entwickeln eine Collage bzw. beantworten den Fragebogen (Einzelarbeit). **Ergebnis** Die Fragebögen bzw. die Collagen sind fertiggestellt.	Fragebögen und Materialien für Collage: ▬ Bunte Stifte ▬ Klebestifte ▬ farbige Pappe/ Papiere ▬ Scheren ▬ Zeitschriften
45'– 60'	**Vorgehen** Anhand der Fragebogen oder Collagen stellen sich die Teilnehmer vor. Nach der Präsentation können Fragen zu den Personen gestellt werden (Präsentation im Plenum). **Ergebnis** Die Teilnehmer haben sich näher kennengelernt und sind miteinander ins Gespräch gekommen.	▬ Pinnwände

Schema 4.6. Ablauf der Klärung von Rollen und Erwartungen im Team

Pausen, Einstiegs- und Abschlussrunden sind nicht aufgeführt. Schema als Word-Datei zum Download: www.springer.com/978-3-540-78854-6

Zeit	Inhalt (Vorgehen/Arbeitsanleitung/Ergebnis)	Material
10'	**Vorgehen** Der Moderator führt in das Thema ein und erklärt das Vorgehen (Präsentation im Plenum). **Ergebnis** Die Teilnehmer sind über die Übung informiert.	▬ Flipchart

15'–30'	**Vorgehen** Teilnehmer formulieren persönliche Erwartungen an Kollegen, ihre Führungskraft bzw. die Mitarbeiter (Einzelarbeit). **Arbeitsanleitung** »Bitte schreiben Sie Ihre Wünsche auf das jeweilige Papier Ihrer Kollegen und kennzeichnen Sie Ihre Wünsche mit Ihrem Namen. 　　»Damit ich meine Funktion gut ausüben kann, wünsche ich mir von Dir/Ihnen folgendes Verhalten: …« 　　»Gut gefällt mit folgendes Verhalten an Dir: …«« **Ergebnis** Die Erwartungen sind formuliert und können nun untereinander ausgetauscht werden.	▬ Arbeitsanleitung auf Flipchart ▬ je Teilnehmer ein Flipchart ▬ Stifte
20'	**Vorgehen** Bei Bedarf werden den Teilnehmern die Feedbackregeln vorgestellt und erklärt (Lehrgespräch). **Ergebnis** Die Feedbackregeln sind bekannt und können im nächsten Schritt angewendet werden.	▬ Feedbackregeln auf Karten ▬ je Teilnehmer ein Kartensatz
200' (pro Person ca. 20')	**Vorgehen** Die Teilnehmer stellen die an sie gerichteten Erwartungen vor und handeln mit ihren Kollegen bzw. der Führungskraft aus, wie mit ihnen umgegangen werden soll. Falls Verabredungen getroffen werden, dokumentiert sie der Moderator (Präsentation und moderierte Diskussion im Plenum). **Ergebnis** Die Teilnehmer haben ihre Erwartungen geklärt und vereinbart, wie sie damit umgehen wollen. ▪	▬ Flipchart mit Arbeitsanleitung ▬ Flipchart zur Dokumentation von Vereinbarungen

Schema 4.7. Ablauf der Entwicklung und Abstimmung einer gemeinsamen Vision/Ausrichtung/Zielsetzung

Pausen, Einstiegs- und Abschlussrunden sind nicht aufgeführt. Schema als Word-Datei zum Download: www.springer.com/978-3-540-78854-6

Zeit	Inhalt (Vorgehen/Arbeitsanleitung/Ergebnis)	Material
10'	**Vorgehen** Der Moderator führt in das Thema ein und erklärt das Vorgehen (Präsentation im Plenum). **Ergebnis** Die Teilnehmer sind über die Übung informiert.	▬ Flipchart
30'	**Vorgehen** Das Team entwirft einen Artikel, der das Team in der Zukunft beschreiben soll (bei Teams ab 8 Personen sollten 2 Kleingruppen gebildet werden). **Arbeitsanleitung** »Bitte beschäftigen Sie sich mit folgenden Fragestellungen: Am … (hier ist ein zukünftiges Datum zu wählen, das 3–5 Jahre voraus liegt) steht im … (Name eines Fachmagazins) oder im … (Name der Mitarbeiterzeitschrift) ein Artikel mit einer fetten Schlagzeile über Ihr Team. ▬ Wie könnte diese lauten? ▬ Was könnte in diesem Artikel stehen? ▬ Über welche Erfolge würde berichtet werden? ▬ Wie würde das Team beschrieben werden? ▬ Was könnte es auszeichnen? Bitte halten Sie Ihre Ergebnisse schriftlich fest.« **Ergebnis** Das Team entwickelt eine gemeinsame Vorstellung über die zukünftige Ausrichtung. Die Teilnehmer setzen Schwerpunkte für die weitere Entwicklung.	▬ Flipchart mit Arbeitsanleitung ▬ Flipchart/ Pinnwand
30'	**Vorgehen** Die Teilnehmer stellen sich ihre Ergebnisse gegenseitig vor. Gemeinsamkeiten und Unterschiede werden festgehalten und diskutiert (Präsentation und moderierte Diskussion im Plenum). **Ergebnis** Die Teilnehmer haben sich auf wichtige Aspekte in ihren Zielen verständigt.	▬ Flipchart/ Pinnwand
▼		

| 30' | **Vorgehen**
Ausgehend von den Ergebnissen des vorangegangenen Arbeitsschrittes werden Ideen und Lösungen zur Erreichung der Teamausrichtung und Ziele erarbeitet (Kleingruppenarbeit).

Arbeitsanleitung
»Bitte bearbeiten Sie folgende Fragen:
▬ Was müssen wir tun, um so zu werden, wie wir uns in dem Artikel beschrieben haben?
▬ Welches sind die wichtigsten Schritte, die wir unternehmen müssen?
▬ Wann wollen wir beginnen? Womit wollen wir anfangen?

Bitte halten Sie Ihre Ergebnisse schriftlich fest.«

Ergebnis
Die Teilnehmer haben Maßnahmen zur Erreichung der Teamausrichtung ausgearbeitet. | ▬ Flipchart/
Pinnwand |
| 45' | **Vorgehen**
In dieser letzten Phase werden die Maßnahmen vorgestellt und abgestimmt. Dazu wird ein Plan mit den wichtigsten Maßnahmen erstellt (Präsentation und moderierte Diskussion im Plenum).

Ergebnis
Es stehen konkrete Schritte zur Umsetzung fest. | ▬ Flipchart/
Pinnwand
▬ Aktionsplan
am Flipchart
(▶ Kap. 2.1.2) |

Schema 4.8. Optimierung der Aufgabenverteilung

Pausen, Einstiegs- und Abschlussrunden sind nicht aufgeführt. Schema als Word-Datei zum Download: www.springer.com/978-3-540-78854-6

Zeit	**Inhalt** (Vorgehen/Ergebnis)	**Material**
10'	**Vorgehen** Der Moderator führt in das Thema ein und erklärt das Vorgehen (Präsentation im Plenum). **Ergebnis** Die Teilnehmer sind über die Übung informiert.	▬ Flipchart
30'	**Vorgehen** Die Teilnehmer notieren ihre derzeitigen Aufgaben (Einzelarbeit). **Ergebnis** Alle Aufgaben im Team sind dokumentiert. **Anmerkung** Um Zeit zu gewinnen, kann dieser Schritt auch im Vorfeld vorbereitet werden.	▬ vorbereitete Karten zur Dokumentation der Aufgaben

45'	**Vorgehen** Jeder präsentiert seine Aufgaben (Präsentation im Plenum). **Ergebnis** Die derzeitige Aufgabenverteilung ist allen bekannt.	■ Flipchart ■ Pinnwand
15'	**Vorgehen** Die neuen Aufgaben werden vorgestellt. Jeder Teilnehmer wählt unter Beachtung bestimmter Kriterien neue Aufgaben aus (eigene Auslastung und Kompetenzen). Die Teilnehmer notieren ihren Namen auf den Karten mit den gewünschten Aufgaben (Einzelarbeit). **Ergebnis** Die neuen Aufgaben sind bekannt. Die Teilnehmer haben ihre Wünsche geäußert.	■ Pinnwand ■ vorbereitete Karten mit neuen Aufgaben
60'	**Vorgehen** Die verschiedenen Vorstellungen und Wünsche werden diskutiert. Eine neue Aufgabenverteilung wird vereinbart (Präsentation und moderierte Diskussion im Plenum). **Ergebnis** Die Teilnehmer kennen ihre neuen Aufgaben und die ihrer Kollegen.	■ Flipchart/ Pinnwand

Schema 4.9. Ablauf der Förderung der Zusammenarbeit und Stärkung des Miteinanders

Pausen, Einstiegs- und Abschlussrunden sind nicht aufgeführt. Schema als Word-Datei zum Download: www.springer.com/978-3-540-78854-6

Zeit	**Inhalt** (Vorgehen/Ergebnis)	**Material**
10'	**Vorgehen** Einführung und Erklärung des Vorgehens. Der Moderator erklärt mit Hilfe der Aufgabenstellung (Präsentation im Plenum). **Ergebnis** Die Teilnehmer sind über die Übung informiert.	■ Flipchart
10'	**Vorgehen** Das Team bzw. jede Kleingruppe legt eine Taktik fest und plant das Vorgehen (Kleingruppenarbeit). **Ergebnis** Die Teilnehmer sind für den ersten Durchgang vorbereitet.	

15'	**Vorgehen** Jeder Teilnehmer versucht reihum das Feld zu überwinden. Reden ist nun nicht mehr erlaubt. Wenn alle Mitglieder eines Teams am Ziel angekommen sind, ist das Spiel beendet. **Ergebnis** Die Teilnehmer haben Erfahrungen über die Zusammenarbeit und das Miteinander im Team gesammelt.	▬ Raster mit Kreide oder mit Klebeband auf großem Papierbogen oder Tuch markieren ▬ Pfeife oder Hupe ▬ Plan vom »richtigen« Weg
20'	**Vorgehen** Die gesammelten Erfahrungen werden diskutiert und ausgewertet (moderierte Diskussion im Team). **Ergebnis** Die Teilnehmer haben ihre Zusammenarbeit im Team reflektiert und Schlüsse daraus für den betrieblichen Alltag gezogen.	▬ Flipchart

Schema 4.10. Ablauf der Klärung der (internen) Schnittstellen

Pausen, Einstiegs- und Abschlussrunden sind nicht aufgeführt. Schema als Word-Datei zum Download: www.springer.com/978-3-540-78854-6

Zeit	**Inhalt** (Vorgehen/Arbeitsanleitung/Ergebnis)	**Material**
10'	**Vorgehen** Einführung und Erklärung des Vorgehens. Moderator erklärt mit Hilfe der Aufgabenstellung (Präsentation im Plenum). **Ergebnis** Die Teilnehmer sind über die Übung informiert.	▬ Flipchart
15'	**Vorgehen** Die Teilnehmer sammeln die relevanten Schnittstellen und halten sie schriftlich fest (Zuruffrage). **Ergebnis** Die Teilnehmer haben einen Überblick ihrer Schnittstellen.	▬ Flipchart oder mit Karten
10'	**Vorgehen** Die Teilnehmer gewichten und wählen danach die Schnittstellen aus, an denen gearbeitet werden soll (Gewichtung durch Punkten und moderierte Diskussion im Plenum). **Ergebnis** Die Schnittstellen mit dem größten Handlungsbedarf sind gekennzeichnet.	▬ Flipchart oder Pinnwand ▬ Klebepunkte

30'	**Vorgehen** Die Teilnehmer entwickeln Ideen zur Verbesserung der Zusammenarbeit mit den ausgewählten Schnittstellen. Teilnehmer bilden Gruppen und bearbeiten jeweils einen Teil der Schnittstellen (Kleingruppenarbeit). **Arbeitsanleitung** »Bitte bearbeiten Sie die Ihnen zugewiesene Schnittstelle anhand folgender Fragen: ▬ Was können wir an dieser Schnittstelle verbessern? ▬ Was erwarten wir von den Kollegen? Was erwarten die Kollegen von uns? ▬ Wie können wir das tun? Bitte halten Sie Ihre Ergebnisse schriftlich fest.« **Ergebnis** Erste Maßnahmen sind entwickelt worden.	▬ Flipchart/ Pinnwand
30'– 45' ▪	**Vorgehen** Im Plenum werden die Ergebnisse präsentiert und diskutiert. Vereinbarungen und Maßnahmen werden im Aktionsplan festgehalten (Präsentation und moderierte Diskussion im Plenum). **Ergebnis** Die Teilnehmer haben den Umgang mit wichtigen Schnittstellen geklärt und ihre Erwartungen an diese formuliert.	▬ Flipchart/ Pinnwand ▬ Aktionsplan (▶ Kap. 2.1.2)

Aus eigenen Erfahrungen und denen der anderen lernen.

Lernen braucht Zeit. Eine einzelne Schulung reicht oft nicht aus, um neues Verhalten oder Fachwissen zu stabilisieren. In Veränderungsprozessen trifft dies für das Lernen verstärkt zu, da sich meist nicht nur einzelne Anforderungen, sondern mehrere Aspekte gleichzeitig im Umfeld der Betroffenen ändern. Der Veränderungsmanager sollte daher bei Qualifizierungsprozessen dafür sorgen, dass auch nach und außerhalb von Schulungsveranstaltungen Lernen in der Praxis unterstützt und gesichert wird.

Bereits im Zusammenhang mit Teamentwicklung und Veränderungswerkstatt wurde der Follow-Up-Tag als wichtiger Baustein hervorgehoben, an dem Gelerntes nachbereitet wird. Die Idee, Lernen als längerfristigen Prozess zu verstehen, wird im Action Learning Set erneut aufgegriffen.

4.3.3 Action Learning Set

Definition und Ergebnis eines Action Learning Sets

Was ist ein Action Learning Set?

Systematisch tauschen Teilnehmer ihre Erfahrungen aus.

Otmar Donnenberg beschreibt Action Learning als ein Vorgehen zur Lösung realer und komplexer Probleme, bei dem die Beteiligten von- und miteinander lernen und Lösungen füreinander entwickeln (1999). In Veränderungen stellt sich die Frage verstärkt, ob und inwieweit alte Lösungsmuster und Vorgehensweisen für die neu entstehenden Anforderungen und Probleme noch tauglich sind. Welche Denk- und Handlungsweisen sich aber eignen, kann bei aller Planung nicht immer vorhergesehen werden. Die Betroffenen müssen selbst ihre Erfahrungen machen.

Wenn neue Schnittstellen zwischen zwei Bereichen entstehen und sich dadurch Konflikte entwickeln, könnten sich in einem Action Learning Set die Führungskräfte darüber austauschen, wie sie damit umgehen und was sie konkret tun können. Es kommt darauf an, aus den eigenen und den Erfahrungen der Kollegen lernen zu können. Action Learning ist eine Lernaktivität, die nicht auf Expertenwissen, sondern auf kollegialen Austausch setzt (Donnenberg 1999). Die Reflexion von Problemstellungen, Fällen und Fragen ermöglicht das Lernen von- und miteinander.

Unter einem Action Learning Set ist hier eine konkrete Umsetzungsform zu verstehen, die die Prinzipien des Action Learnings aufnimmt und die Vorteile für den Qualifizierungsprozess nutzt.

Worin besteht das Ergebnis des Action Learning Sets?

Teilnehmer erwerben Beratungskompetenz.

Durch Erfahrungsaustausch und Reflexion können die Teilnehmer gemeinsam voneinander lernen. Jeder erhält zu seinen Fragen Impulse und Anregungen und berät seine Kollegen wiederum zu deren Fragestellungen.

Auch in der Rolle des Beratenden ergeben sich Anregungen und Optionen für eigene Handlungsmöglichkeiten in ähnlichen Situationen und für ähnlich gelagerte eigene Probleme (Fallner u. Gräßlin 1990). Die Teilnehmer erwerben Kompetenzen, um mit den neuen, veränderten Situationen umzugehen. Sie lernen in den Gesprächen ebenfalls, durch Zuhören und Einsetzen von Fragetechniken auf den Gesprächspartner einzugehen und ihn gezielt zu unterstützen. Für Führungskräfte oder Projektleiter, die häufig die Zielgruppe eines Action Learning Sets sind, lassen sich diese Fähigkeiten gut in den Arbeitsalltag transferieren. Nicht zu unterschätzen ist ebenfalls der Effekt, dass sich durch die regelmäßigen Treffen ein Netzwerk bildet, in dem Wissen und Erfahrungen auch außerhalb des Action Learning Sets ausgetauscht und genutzt werden.

Auf der Ebene der Gesamtorganisation unterstützt Action Learning den Aufbau einer Lernkultur. Damit einher geht die Chance, Probleme und Schwierigkeiten im Unternehmen frühzeitig anzusprechen und dadurch noch rechtzeitig anzugehen (Donnenberg 1999).

Beschreibung eines Action Learning Sets

Wer nimmt an einem Action Learning Set teil?

Die Teilnehmer können unterschiedliche Funktionen innerhalb der Organisation einnehmen. Gemeinsam erleben sie jedoch einen Veränderungsprozess wie z. B. eine Reorganisation. Dieser gemeinsame Hintergrund wird im Action Learning Set thematisiert. Die eingebrachten Fälle können dagegen sehr unterschiedlich gelagert sein. Teilnehmen könnten z. B. Führungskräfte, in deren Teams die Veränderungen umgesetzt werden. Es ginge dann um deren Erfahrungen mit Führung in Veränderungszeiten.

Teilnehmer setzen sich mit der Veränderung auseinander.

Ein Mitglied des Top-Managements könnte die Rolle eines Paten oder Sponsors übernehmen und Action Learning in der Einführungsphase promoten. Die Moderation könnte der Veränderungsmanager oder ein externer Berater übernehmen. Durch den Moderator wird der Ablauf im Action Learning Set strukturiert, begrenzt und diszipliniert (Haug-Benien 1998).

Wie läuft ein Action Learning Set ab?

Die Teilnehmer treffen sich in einem regelmäßigen Turnus und arbeiten gemeinsam an ihren Fragestellungen und Themen. Ein Moderator leitet diese Treffen und strukturiert den Erfahrungsaustausch. Die Inhalte, an denen gearbeitet werden soll, bestimmen die Teilnehmer selbst. Für ein Treffen werden erfahrungsgemäß etwa 3-4 Stunden angesetzt, wobei der Zeitrahmen von der Anzahl der Fälle abhängt, die von den Teilnehmern eingebracht werden. Dauer und Turnus sind der Bedürfnislage und den Rahmenbedingungen der Teilnehmer anzupassen.

Insbesondere wenn die Teilnehmer mit dieser Form von Lernen noch keine Erfahrungen haben, sind bei der Durchführung zwei Aspekte besonders bedeutsam:
- Akzeptanz für das Arbeiten im Action Learning Set zu schaffen,
- Strukturen für den Lernprozess im Action Learning zu entwickeln.

Das Einbringen von Erfahrungen bedeutet, öffentlich im Kreise von Kollegen über jene Aufgaben, Situationen und Anforderungen zu berichten, die als unbefriedigend erlebt wurden und in denen man sich nicht kompetent fühlte. Dies kann gerade dann ungewohnt sein, wenn Probleme oder kritische Situationen in der Organisation sonst nicht öffentlich thematisiert und eher als Zeichen von Schwäche interpretiert werden (Donnenberg 1999).

Action Learning lebt vom Einbringen von Erfahrungen.

Bereits im Vorfeld sollte die Unterstützung des Top-Managements eingeholt werden. Für die Verlaufzeit des Action Learning Sets kann ein Manager die Rolle eines Mentors oder Paten übernehmen. Er kann ebenfalls dafür sorgen, dass der Lerngruppe die nötigen personellen und zeitlichen Ressourcen eingeräumt werden.

In der Veranstaltung selbst sollte der Moderator gleich zu Beginn auf wichtige Voraussetzungen für ein erfolgreiches Action Learning Set eingehen, die Rollen von Moderator und Teilnehmer beschreiben und einen Arbeitsrahmen schaffen, in dem ein offener und vertrauensvoller Umgang mit den persönlichen Fällen der Teilnehmer möglich ist. Gezielt kann dies unterstützt werden, indem er zu Beginn den Teilnehmern ermöglicht, sich gegenseitig kennen zu lernen und auf die unterschiedlichen Rollen von Moderator und Teilnehmern näher eingeht.

Rollen von Moderator und Teilnehmer

- Die Teilnehmer
    - …bemühen sich um Lösungen auch zugunsten von Kollegen.
    - …haben Mut, »dumme« Fragen zu stellen.
    - …übernehmen Verantwortung für Probleme und Lösungen.
    - …zeigen Bereitschaft, sich auf den Prozess einzulassen.
    - …sind bereit, sich mit Problemen aktiv auseinanderzusetzen.
    - …versichern Freiwilligkeit, aber dann auch Verbindlichkeit.
    - …wahren Vertraulichkeit.
    - …haben Spaß am Ausprobieren.
- Der Moderator
    - …intensiviert als Katalysator Lernprozesse der Teilnehmer.
    - …stellt Raum und Methoden für Austausch bereit.
    - …wahrt Vertraulichkeit.
    - …fertigt Mitschriften an als Unterstützung für die Teilnehmer.

Die Teilnehmer kennen die wesentlichen Merkmale des Action Learnings.

Beim ersten Treffen sollte Action Learning in seinen wesentlichen Merkmalen vorgestellt und diskutiert werden, um den Teilnehmern einen konkreten Eindruck zu vermitteln:

- Es sollen bestimmte Probleme mit unmittelbarem Bezug zum Arbeitsplatz eingebracht werden. Dabei geht es nicht um theoretische Fallstudien oder um scheinbare Probleme, deren Lösung eigentlich schon bekannt ist.
- Fälle und Anliegen werden nicht allgemein besprochen. Der »Fallgeber« richtet an seine Kollegen einen konkreten Auftrag und beschreibt seine Erwartungen.
- Die beratenden Kollegen profitieren im Action Learning Set ebenso wie der »Fallgeber«.
- Alle Teilnehmer sind bereit, ihre Erfahrungen und Fälle in die Gruppe einzubringen.

An einer Gruppe sollten Führungskräfte aus unterschiedlichen Unternehmensbereichen teilnehmen, um somit möglichst verschiedene Perspektiven einzubringen. Wichtig ist dabei, dass die Teilnehmer ein gemeinsames Thema wie z. B. die »Leitung von Großprojekten« oder die »Auswirkung einer Fusion«

haben. In der Unterschiedlichkeit des Personenkreises liegt die Chance, neue Anregungen und andere Sichtweisen zu den eigenen Problemen mitzunehmen und davon zu lernen. Mit den Teilnehmern sollte verabredet werden, dass die Gespräche und Ergebnisse nicht nach außen gelangen. Falls es wichtige Hinweise für das Veränderungsprojekt geben sollte, muss geklärt werden, wie und welche Informationen weitergeleitet werden.

Wenn der Vorgesetzte einer Führungskraft am gleichen Action Learning Set teilnimmt, sollte dies mit den Teilnehmern besprochen werden. Solche Konstellationen sollten dann vermieden werden, wenn sich deswegen kein Vertrauensklima aufbauen lässt.

Um das Lernen anhand von Fällen und Problemen in den Treffen effektiv zu gestalten, wird eine Ablaufvariante aus der kollegialen Beratung gewählt (Lippmann 2004). Dieses Vorgehen ist in 4 Schritte gegliedert:

Lernen anhand von Fällen und Problemen.

1. Schritt: Beschreibung des Falles durch den »Fallgeber«

Der Fallgeber definiert sein Problem bzw. seinen Fall. Anfangs ist es hilfreich, dass der Fall mit einer Metapher oder einem treffenden Titel überschrieben wird. Im weiteren Verlauf werden die Ausführungen dann konkreter, wobei der Fallgeber mit Hilfe eines Fragenkatalogs seinen Fall beschreiben kann. Der Moderator unterstützt und leitet durch gezielte Fragen.

Für die folgenden Treffen lässt sich der Fragenkatalog auch im Vorfeld an die Teilnehmer verteilen, sodass die Fälle bereits vorab skizziert werden können.

- Welche Problemaspekte gibt es?
- In welchem Kontext steht das Problem?
- Wer ist an dem Problem beteiligt?
- Wie zeigt sich das Problem? (Wann? Wo? Bei wem? Wie? Wie oft?)
- Welche Folgen hat das Problem? (Für wen ist es gut? Für wen schlecht?)
- Worin liegt das eigentliche Problem?
- Welche Lösungen haben Sie schon versucht? Was haben Sie konkret unternommen? Mit welchem Erfolg?

Zum Abschluss formuliert der Fallgeber einen Auftrag, in dem er erklärt, was er von der Beratung durch die anderen Teilnehmer erwartet.

2. Schritt: Klärung von Verständnisfragen der beratenden Kollegen

Teilnehmer dürfen zunächst ausschließlich Verständnisfragen stellen. Die Versuchung liegt nahe, direkt in Interpretation und Diskussion einzusteigen. Hier muss ein Moderator jedoch steuernd eingreifen und ggf. auf das Ziel dieses Arbeitsschrittes zurückführen.

3. Schritt: Sammlung von Hypothesen

Die Teilnehmer bilden auf der Basis ihres ersten Verständnisses Hypothesen. Der Fallgeber hört nur zu und diskutiert erstmals nicht mit. Alle übrigen Teilnehmer sprechen über diesen Fall und stellen darüber Vermutungen an, was das Problem aus ihrer Sicht überhaupt zum Problem macht und wo die Ursachen hierfür liegen könnten. Der Moderator regt zur Hypothesenbildung an und beteiligt möglichst viele Personen an der Diskussion.

Der Fallgeber wird während der Beratung zum Beobachter.

Der Prozess der Hypothesenentwicklung lässt sich durch Fragen gezielt unterstützen:

- Warum ist die Situation so, wie sie ist?
- Welche Sichtweisen, Prozesse, Verhaltensmuster sind als Hauptursache des Problems zu nennen?
- Welche Sichtweisen, Prozesse, Verhaltensmuster stützen die Problemursache, welche produzieren sie oder halten sie aufrecht?
- Wer ist Nutznießer der Situation?
- Welche Interessen werden als eigentliche Antreiber vermutet? Was würde geschehen, wenn diese wegfielen?

Erst wenn alle Annahmen und Vermutungen geäußert wurden, wird der Fallgeber gefragt, was diese Hypothesen bei ihm und seiner Problemsicht auslösen.

4. Schritt: Entwicklung von Lösungsangeboten

Teilnehmer bieten Ideen und Lösungen an.

Die Teilnehmer entwickeln anhand ihrer Hypothesen Lösungen und Ansätze und versuchen dadurch, dem Auftrag des Fallgebers zu entsprechen. Der Fallgeber selbst hört zunächst wieder zu. Es können auch persönliche Empfehlungen oder Wünsche ausgesprochen werden, die man selbst als nächsten Schritt zur Lösung befolgen würde. Der Moderator kann jeden der beratenden Kollegen um einen Schlusskommentar bitten. Die Idee oder Lösung soll kurz genannt werden, die als die sinnvollste erscheinen könnte.

In diesem Schritt werden v. a. lösungsorientierte Fragen gestellt:

- Wie könnte ein konkreter erster Schritt in Richtung Lösung aussehen?
- Was kann in die Wege geleitet werden, um dies zu bewirken?
- Was würde man selber an der Stelle des Fallgebers in dieser Situation tun?
- Welche hypothetischen Lösungsversuche gibt es?
- Was wird an der erarbeiteten Lösung sicher gelingen? Was ist mit Risiko behaftet? Wie kann ich das Risiko managen?
- Was würden Sie dem Fallgeber ganz bestimmt raten? Was wäre aus Ihrer Sicht am wichtigsten?

Der Fallgeber bewertet die Beratung.

Im Anschluss an die Lösungssuche wird der Fallgeber interviewt und um eine Einschätzung der Beratung gebeten:

- Was war nützlich und hilfreich für Sie?
- Was wollen Sie konkret als nächstes tun?
- Was können wir sonst noch für Sie tun?

Der Fallgeber kommentiert, wie er den Prozess erlebt hat und was für ihn wichtig und nützlich war.

Das erste Treffen kann genutzt werden, um die weiteren Treffen im Rahmen des Action Learning Sets zu planen. Um einen Gesamteindruck einer solchen Veranstaltung zu vermitteln, wird nun ein Ablauf beschrieben.

Ablauf eines Treffens im Action Learning Set

Den Ablauf eines Treffens im Acion Learning Set zeigt ▶ Schema 4.11.

Wann kann ein Action Learning Set eingesetzt werden?

In einem Veränderungsprozess kann ein Action Learning Set zu unterschiedlichen Zeitpunkten eingesetzt werden. In der Planungsphase einer Veränderung bereitet es die Projektmitarbeiter für die nächsten Schritte im Projekt vor. In der Umsetzungsphase können sich betroffene Führungskräfte und Mitarbeiter über ihre Erfahrungen austauschen und daraus lernen.

Schema 4.11. Ablauf eines Treffens im Action Learning Set

Pausen, Einstiegs- und Abschlussrunden sind nicht aufgeführt. Schema als Word-Datei zum Download: www.springer.com/978-3-540-78854-6

Zeit	Inhalt (Vorgehen/Arbeitsanleitung/Ergebnis)	Material
0:00 30'	**Begrüßung und Einführung** **Vorgehen** Begrüßung der Teilnehmer durch den Sponsor und Moderator. Sie stellen die grundsätzlichen Ziele des Action Learning Sets vor: - Durch Einbringen eigener Erfahrungen lernen. - Durch Fälle von Kollegen für die eigene Situation lernen. - Lernkultur im Unternehmen fördern. Danach können die Teilnehmer ihre Fragen, z. B. zum Ablauf, stellen (Präsentation und moderierte Diskussion im Plenum). **Ergebnis** Den Teilnehmern sind die Ziele und das Vorgehen der Veranstaltung bekannt.	- Flipchart mit Zielsetzungen
0:30 30'	**Einführung in die Methode** **Vorgehen** Die Methode Action Learning wird den Teilnehmern vorgestellt. Dabei erklärt der Moderator die wesentlichen Prinzipien (Lehrgespräch): - Einbringen aktueller und konkreter Fragestellungen. - Aktive Teilnahme als »Fallgeber« und »Berater«. - Offenheit und Vertraulichkeit im Umgang mit den Fällen. **Ergebnis** Den Teilnehmern ist klar, worum es beim Action Learning geht und welche Rolle sie dabei haben.	- Flipchart mit den Prinzipien Action Learning
1:00 15' ▼	**Fallbeschreibung** **Vorgehen** Ein Teilnehmer bringt seinen aktuellen Fall ein und beschreibt ihn. Anschließend formuliert er sein Anliegen an die übrigen Kollegen und erläutert, was er sich von der Beratung erhofft (Präsentation im Plenum). **Ergebnis** Die Teilnehmer kennen den Fall und das Anliegen an die Beratung.	- Flipchart mit Fragenkatalog

1:15 10'	**Klärung von Verständnisfragen** **Vorgehen** Die übrigen Teilnehmer stellen ihre Verständnisfragen (moderierte Diskussion im Plenum). **Arbeitsanleitung** »Bitte stellen Sie zunächst nur Verständnisfragen. Für Bewertungen, Vermutungen und Ratschläge nehmen wir uns später noch Zeit.« **Ergebnis** Die Teilnehmer haben den Fall verstanden und ihre Fragen gestellt.	
1:25 20'	**Sammlung von Hypothesen** **Vorgehen** Die Teilnehmer bilden Hypothesen, ohne dass der »Fallgeber« eingreifen darf. Erst nach Sammlung aller Hypothesen wird nach seiner Sicht gefragt und danach, was die Hypothesen bei ihm auslösen. Der »Fallgeber« sitzt getrennt von der Gruppe, z. B. hinter einer Pinnwand und hört zu. Zum Abschluss wird er kurz befragt, wie das Gesagte auf ihn wirkt (moderierte Diskussion). **Ergebnis** Die Teilnehmer haben den Fall analysiert. Der Fallgeber nimmt die Sichtweise der anderen Kollegen auf.	▬ Pinnwand
1:45 20'	**Entwicklung von Lösungsangeboten** **Vorgehen** Die Teilnehmer entwickeln anhand der Hypothesen Lösungen und gehen auf den Auftrag des »Fallgebers« ein. Zum Ende formuliert jeder Teilnehmer einen Abschlusskommentar. Es folgt ein abschließendes Interview mit dem »Fallgeber«. **Ergebnis** Der »Fallgeber« erhält Vorschläge und Empfehlungen und erweitert seine Sicht auf das Problem. Die Teilnehmer tauschen ihre Erfahrungen aus und erhalten ggf. Anregungen für die eigene Praxis.	▬ Moderierte Diskussion ▬ Visualisierung der Ergebnisse auf einer Pinnwand
	Danach kann nach gleicher Systematik der nächste Fall bearbeitet werden.	
2:05 30' **2:35 (bei einem Fall)** ▪	**Abschluss und weitere Schritte** **Vorgehen** Der Moderator klärt mit den Teilnehmern das weitere Vorgehen im Action Learning Set und setzt einen Termin für das nächste Treffen an. Zum Abschluss bewerten die Teilnehmer die Veranstaltung und äußern Wünsche, was beim nächsten Mal anders gemacht werden kann (Diskussion im Plenum). **Ergebnis** Das weitere Vorgehen ist klar. Für das nächste Treffen sind die Erwartungen der Teilnehmer bekannt.	▬ Flipchart zur Dokumentation der Ergebnisse

Mehrtägige Schulungen finden manchmal schwer Akzeptanz bei Führungskräften und Mitarbeitern, da diese bereits im normalen Arbeitsalltag unter hoher Arbeitsbelastung und Zeitdruck leiden. Veränderungsvorhaben erhöhen den Druck oftmals zusätzlich, weil zumindest zeitweise die Produktivität während der Umstellung, z. B. auf ein neues DV-System, abnimmt und durch entsprechende Mehrarbeit kompensiert werden muss. Auf jeden Fall sollten Überlegungen angestellt werden, wie Lernen anders zu »dosieren« ist. Dabei bleibt zu beachten, dass die Zeitersparnis nicht zu Lasten der Qualität gewonnen werden darf. Das Stammtischkonzept kann bei einem ökonomischen und für die Teilnehmer vertretbaren Aufwand gezielt wichtiges Fachwissen vermitteln (»Kopf«) und den Austausch untereinander fördern (»Herz«).

Kurze Lerneinheiten vermitteln gezielt Inhalte.

4.3.4 Stammtischkonzept für Führungskräfte

Definition und Ergebnis eines Stammtischkonzepts

Was ist ein Stammtischkonzept?

Veränderungen stellen Führungskräfte vor teilweise neue Herausforderungen in ihrem Führungsalltag. Veränderungen verunsichern Mitarbeiter, werfen eine Menge Fragen auf und können sich negativ auf die Stimmung der Mitarbeiter auswirken. Von der Führungskraft wird erwartet, hiermit angemessen umzugehen.

Oft sind sich aber auch die Führungskräfte unklar darüber, wie sie angemessen agieren sollen. Nicht selten liegt dies an mangelnder Erfahrung oder fehlendem Fachwissen. An diesem Punkt bietet das Stammtischkonzept eine pragmatische Unterstützung an. Statt mehrtägiger Schulungen wird auf zeitlich überschaubaren, aber regelmäßigen Austausch über aktuelle Führungsthemen gesetzt. Ein Experte im jeweiligen Themengebiet berät diese Runde. Das Stammtischkonzept kombiniert Lernen mit Austausch und fördert die Netzwerkbildung unter den Teilnehmern.

Was soll durch das Stammtischkonzept erreicht werden?

Die Stammtische bieten ihren Teilnehmern die Möglichkeit, regelmäßig mit Kollegen ins Gespräch zu kommen und gemeinsam Themen aus Management und Führung zu diskutieren. Auch außerhalb der Veranstaltung stärkt dieses Netzwerk den Erfahrungsaustausch in der Organisation. Insbesondere in Veränderungsprozessen lassen sich diese Kontakte für die Führungskräfte nutzen, um entweder aktuelle Informationen zu erhalten oder um sich mit Kollegen bei bestimmten Fragen auszutauschen und Rat einzuholen.

Ziel ist es, Neues zu lernen und Themen zu vertiefen. Die Teilnehmer lernen über Diskussion und Vortrag und reflektieren mit ihren Kollegen die Anwendungsmöglichkeiten in den Teams.

Die Stammtische liefern einen Beitrag zum kontinuierlichen Aufbau von Führungswissen in der Organisation.

Entwicklung von Managementwissen.

Beschreibung des Stammtischkonzepts

Wie läuft ein Stammtisch für Führungskräfte ab?

Jeder Stammtisch konzentriert sich auf ein klar umrissenes Thema.

Auch wenn ein Stammtisch nur 3-4 Stunden dauert, sollte er sorgfältig vorbereitet sein. Wesentlich für die Konzeption der Stammtische ist die Auswahl der richtigen Themen. Sie sollen einen Bezug zu Führung und Management haben und in der aktuellen Situation für die Teilnehmer von Relevanz sein. Die Auswahl trifft der Veränderungsmanager am besten mit den Führungskräften gemeinsam und fragt sie nach ihren Bedarfen. Aber auch über die Funktionsprofile der Führungsfunktionen lassen sich Wissensbedarfe als Themen für die Stammtische ableiten. Zu jedem Gebiet wird ein Fachexperte ausgesucht, der den Stammtisch als Referent betreut und sein Thema entsprechend aufbereitet.

Die Inhalte könnten sich auch aus Veränderungen wie z. B. einer Restrukturierung ergeben, bei der Mitarbeiter versetzt oder für neue Tätigkeiten ausgebildet werden. Führungskräfte könnten dann vor der Frage stehen, was bei diesem Prozess arbeitsrechtlich für sie zu beachten ist.

Als weitere inhaltliche Schwerpunkte, die sich gut in das Stammtischkonzept einbinden lassen, sind denkbar:

- **Motivation in Veränderungsprozessen**
  mögliche Widerstände, Motivationsmodelle, Motivation als Führungsaufgabe,
- **Mitbestimmung des Betriebsrats**
  Versetzung, Einstellung, Auswahlrichtlinien, Befristungsverlängerungen, Überstunden, interne Stellenausschreibungen,
- **Personalplanung und Personalcontrolling.**

Nach der Auswahl der Themenschwerpunkte und Referenten lässt sich die weitere Gestaltung planen. So sollte ein Turnus bestimmt und die Dauer des Stammtischs festgelegt werden. Im obigen Beispiel wären 3 Termine anzusetzen, die etwa einmal im Quartal stattfinden könnten. Dafür sollten jeweils 3-4 Stunden eingeplant werden. In dieser Zeit ließe sich das Thema präsentieren und bearbeiten. Der Veränderungsmanager geht mit dem Referenten zuvor die Erwartungen der Teilnehmer durch. So kann der fachliche Beitrag zielgerichtet entwickelt werden, ohne dass die Teilnehmer sich über- oder unterfordert fühlen.

Mit einem fachlichen Vortrag ist es jedoch nicht getan, da es um Diskussion und Austausch geht. Um dies anzuregen, werden interaktive Elemente wie Gruppenarbeiten, Info-Stände oder Diskussionsforen in den Ablauf eingeplant. Die Dramaturgie kann der Veränderungsmanager gemeinsam mit dem Fachexperten entwerfen und abstimmen. Den Abschluss des Stammtischs bildet ein geselliger Ausklang, der für den informellen und persönlichen Austausch genutzt werden kann. Damit alle Teilnehmer den Stammtisch ohne den Druck weiterer Termine erleben können, bietet sich für den Beginn der Veranstaltung der spätere Nachmittag an.

Ein Stammtisch besteht aus Vortrag und Diskussion.

Ein Stammtisch besteht im Wesentlichen aus den folgenden 4 Elementen:

- **Beitrag zum fachlichen Schwerpunktthema:**
  Der Vortrag muss möglichst prägnant und auf die Wissensbedarfe der Teilnehmer abgestimmt sein. Um das Wesentliche zu vermitteln, sollte der Umfang 10 Charts nicht übersteigen und dieser erste Input mit 30 Minuten angesetzt sein.

Die richtige Auseinandersetzung erfolgt in den sich anschließenden Gesprächs- und Arbeitsrunden. Daher sind während des Vortrags höchstens Verständnisfragen sinnvoll. Eine inhaltliche Diskussion im Plenum schließt immer nur wenige Teilnehmer aktiv mit ein.

Praktisch ist eine Tischvorlage für die Teilnehmer, die das Thema zusammenfasst und die dann in der anschließenden Kleingruppenarbeit als Diskussionsgrundlage dient.

- **Erfahrungsaustausch in Kleingruppen:**
  Aus dem fachlichem Schwerpunktthema und der anstehenden Veränderung ergeben sich Fragestellungen, die als Impuls für die Diskussion genutzt werden. Wenn ein Veränderungsprozess z. B. systematisch personelle Versetzungen aus einem Bereich in einen anderen nach sich zieht, dann könnten die Führungskräfte über die Durchführung schwieriger Mitarbeitergespräche oder die arbeitsrechtlichen Grundlagen informiert werden. Sie könnten sich damit beschäftigen, worauf sie bei den Gesprächen unbedingt achten müssen, wie sie ihre Mitarbeiter unterstützen können und welche Erfahrungen sie ggf. in ähnlichen Situationen gemacht haben.

  Wenn die Motivation in Veränderungsprozessen ein Thema ist, könnten ausgewählte Motivationsmodelle in kleineren Gruppen auf ihre Anwendbarkeit in der aktuellen Unternehmenssituation diskutiert werden:
  - Welche Möglichkeiten bieten sich für Führungskräfte an? Was kann ich nutzen?
  - Wo ist das Modell begrenzt und nicht umsetzbar?
  - Was ist für mich bei Motivation entscheidend?
- **Zusammenführung der Diskussion:**
  Das Fazit der Diskussion kann für den einzelnen Teilnehmer darin bestehen, über einen wichtigen Themenkomplex gut informiert worden zu sein, seine eigene Haltung dazu überprüft oder Ideen für die Führungsarbeit bekommen zu haben. Es können auch weitere Informations- und Lernbedarfe für den gesamten Teilnehmerkreis deutlich werden, aus denen sich das Thema des nächsten Stammtischs entwickelt.
- **Geselliger Ausklang.**

Im Folgenden wird ein Stammtisch, ohne ein Schwerpunktthema anzugeben, vorgestellt, um den Ablauf in seiner Grundstruktur darzulegen.

Ablauf eines Stammtischs

Den Ablauf eines Stammtischs in der Übersicht zeigt ▶ Schema 4.12.

Wer nimmt an den Veranstaltungen teil?

Der Referent wird passend zum jeweiligen Thema des Stammtisches eingeladen. Er ist als Experte für ein Thema Inputgeber und Diskussionspartner der Führungskräfte. Moderiert werden kann die Veranstaltung durch ein Mitglied des Managementteams, dem die Teilnehmer selber angehören. Teilnehmen können alle interessierten Führungskräfte eines Bereiches. Eine günstige Gruppengröße liegt bei 20–30 Personen.

Mit dem Stammtischkonzept schließt die Vorstellung der Werkzeuge, mit denen ein Qualifizierungsprozess gestaltet werden kann. Natürlich ist die

Darstellung nicht vollständig. Aber bereits aus diesen Methoden ergeben sich zahlreiche Möglichkeiten, Veränderungsprojekte durch ein professionelles Qualifizierungsprogramm zu unterstützen.

Schema 4.12. Ablauf eines Stammtischs

Pausenzeiten sind nicht aufgeführt. Schema als Word-Datei zum Download: www.springer.com/978-3-540-78854-6

Zeit	Inhalt (Vorgehen/Arbeitsanleitung/Ergebnis)	Material
0:00 20'	**Begrüßung und Einführung** **Vorgehen** Der Moderator begrüßt die Teilnehmer und erläutert den Ablauf der Veranstaltung. Der Referent und das Thema werden vorgestellt. **Ergebnis** Die Teilnehmer kennen den Referenten, das Thema und den Ablauf des Stammtisches.	▬ Fragen zur Vorstellungsrunde am Flipchart
0:20 20'	**Kurzer Vortrag zum fachlichen Schwerpunktthema** **Vorgehen** Der Referent stellt sein Thema mit den wichtigsten Informationen und Kernaussagen vor. Dabei sollte der Bezug zur Veränderung deutlich werden (Lehrvortrag im Plenum). **Ergebnis** Den Teilnehmern sind wesentliche fachliche Punkte vermittelt worden.	▬ Präsentationsunterlagen und Tischvorlage für die Teilnehmer
0:40 30'	**Diskussion und Austausch** **Vorgehen** Die Teilnehmer vertiefen das Thema anhand konkreter Leitfragen (Kleingruppen). **Arbeitsanleitung** »Bitte bearbeiten Sie folgende Fragen ▬ Welche Erfahrungen haben Sie gemacht mit…? ▬ Was ist bei der Umsetzung von… zu beachten? Halten Sie Ihre Ergebnisse schriftlich auf einer der Pinnwände fest.« **Ergebnis** Die Teilnehmer haben sich unter einer bestimmten Fragestellung mit dem Thema beschäftigt.	▬ Flipcharts für Leitfragen und zur Ergebnisdokumentation ▬ Pinnwände
▼		

1:10 30'	**Ausstellung der Ergebnisse** **Vorgehen** Die Teilnehmer stellen ihre Ergebnisse auf einem ungeführten Info-Markt vor. Mit Punkten können die Teilnehmer die Ergebnisse markieren, die besprochen werden sollen. Mit Fragezeichen werden unklare Ergebnisse gekennzeichnet (ungeführter Info-Markt; ► Kap. 2.2.1). **Ergebnis** Die Teilnehmer haben sich einen Überblick über die Ergebnisse der übrigen Kleingruppen verschafft.	▬ Flipcharts ▬ Klebepunkte ▬ Pinnwände
1:40 45'	**Besprechung der Ergebnisse** **Vorgehen** Die Fragezeichen werden geklärt. Auf die Ergebnisse mit den meisten Punkten wird eingegangen, sie werden mit dem Experten besprochen (moderierte Diskussion im Plenum). **Ergebnis** Offene Punkte und Fragen zum Thema wurden geklärt und besprochen. Die Teilnehmer haben sich mit dem Thema intensiv auseinandergesetzt.	▬ Pinnwände mit den Ergebnissen der Kleingruppen
2:25 20' **2:45**	**Abschluss der Veranstaltung** **Vorgehen** Der Moderator zieht ein Resümee der Diskussionen und gibt Thema und Termin des nächsten Stammtisches bekannt. Die Teilnehmer geben ihr Feedback zur Veranstaltung. Es wird zum informellen Teil des Stammtischs übergeleitet. **Ergebnis** Der offizielle Teil der Veranstaltung wird beendet. Der Termin für den nächsten Stammtisch ist bekannt.	

Abschließende Bemerkungen

Qualifizierung in Veränderungsprozessen ist ein zentraler und wesentlicher Bestandteil für ein erfolgreiches Veränderungsmanagement. Oft wird der Aufwand für die Entwicklung eines zielgruppengerechten und bedarfsorientierten Programms beträchtlich unterschätzt. Wenn der Veränderungsmanager das Thema nicht selbst übernimmt, sollte er für eine frühzeitige Einbindung von Qualifizierungsexperten sorgen, um den Gesamtprozess von der Erstellung der Funktionsprofile bis hin zur Durchführung der Qualifizierungsbausteine professionell steuern zu können.

Qualifizierung sollte, gerade wenn sie durch Veränderungsprozesse initiiert wird, nicht mit Schulungen gleichgesetzt werden. Auch wenn diese ein sehr wichtiger Baustein sind und einen entscheidenden Beitrag für eine erfolgreiche Qualifizierung liefern, werden sie oftmals nicht allein ausreichen, um Lernen in der Organisation hinreichend zu unterstützen. Lernen bedarf zum einen der Kontinuität und zum anderen der Berücksichtigung aller Lernprozesse.

Die vorgestellten Qualifizierungsmaßnahmen stellen Alternativen zum Training dar. Sie sind z. B. durch die Follow-Up-Tage längerfristig angelegt (Teamentwicklung, Veränderungswerkstatt) oder setzen ihre Schwerpunkte beim Lernen nicht nur auf Wissensvermittlung durch Experten, sondern auch auf kollegiales Lernen (Action Learning Set).

Auf vielen Wegen kann erfolgreich gelernt werden. Der Veränderungsmanager sollte diese Wege kennen und wissen, wie er sie für sein Veränderungsmanagement nutzen kann.

5 Fazit: 4 Thesen zum Einsatz von Veränderungsmanagement

Sicher sind bei der Lektüre dieses Buches einige Leitgedanken deutlich geworden, die Veränderungsmanagement als erfolgreichen Faktor von Veränderung unterstreichen, ohne dabei die Augen vor der Notwendigkeit eines persönlichen und finanziellen Einsatzes zu verschließen.

These 1: Veränderungsmanagement ist der Schlüssel zu erfolgreichen Veränderungen.

Sowohl finanzielle als auch emotionale Aspekte werden durch Veränderungsmanagement positiv beeinflusst. Der finanzielle Nutzen wird dann besonders deutlich, wenn eine Veränderung ohne Veränderungsmanagement gegen die Widerstände einer Organisation eingeführt wird. Sie kostet nicht nur einen hohen Einsatz an Ressourcen bei der Einführung selbst, sondern gerade auch im Anschluss, wenn die Organisation versuchen wird, die Veränderung zu unterlaufen, um zum Ursprungszustand zurückzukehren.

Durch Veränderungsmanagement wird aber auch emotionaler Nutzen generiert. Eine Herausforderung gemeinsam zu bewältigen, fördert nicht nur das Gemeinschaftsgefühl einer Organisation, sondern auch die Bedeutsamkeit jedes Einzelnen. So steigt die Bereitschaft, sich aktiv mit dem eigenen Aufgabengebiet auseinanderzusetzen und dafür Verantwortung zu übernehmen.

These 2: Veränderungsmanagement gibt es nicht zum Nulltarif, es macht Arbeit und kostet Zeit und Geld.

So, wie die fachliche Seite einer Veränderung ihren Preis hat, bedarf auch die überfachliche Seite Ressourcen, die bei der Planung einer Veränderung beachtet werden sollten. Es dürfte deutlich geworden sein, dass jede Aktivität im Rahmen eines Veränderungsmanagements sorgfältig geplant und umgesetzt werden muss. Veränderungsmanagement bindet nicht nur auf der Seite des Veränderungsprojektes Ressourcen, sondern insbesondere auch auf der Seite der Betroffenen, die geschult werden, Info-Märkte besuchen oder als Multiplikatoren eingebunden werden müssen.

These 3: Veränderungsmanagement ist eine Herausforderung, die jedoch mit guten Methoden und Engagement leistbar ist.

Veränderungsmanagement lässt sich erlernen und kann mit einem methodischen Grundwerkzeug durchgeführt werden. Ausgestattet mit einem Methodenkoffer (in den auch dieses Buch gehören kann) und der festen Überzeugung, dass der Erfolg einer Veränderung durch den Einsatz von Werkzeugen des Veränderungsmanagements maßgeblich beeinflusst wird, kann aus jedem erfolgreichen Projektleiter auch ein erfolgreicher Veränderungsmanager werden.

These 4: Veränderungsmanagement ist dann erfolgreich, wenn die Initiatoren von seiner Notwendigkeit überzeugt sind.

Damit Veränderungsmanagement erfolgreich ist, braucht es mächtige Initiatoren, die nicht nur für die fachliche, sondern auch für die überfachliche Seite einer Veränderung sensibilisiert sind und von daher um die Bedeutung von Veränderungsmanagement wissen. Sie müssen bereit sein, dafür nicht nur ihre Macht zu teilen, indem sie Informationen zur Verfügung stellen, den Dialog suchen und Mitsprache zulassen, sondern auch Zeit und Geld zu investieren.

Die vorbehaltlose Überzeugung von der Notwendigkeit eines Veränderungsmanagements wird auf die Probe gestellt, wenn die Ressourcen knapp werden, und bewährt sich, wenn trotzdem die Balance zwischen der fachlichen wie auf der überfachlichen Seite der Veränderung nicht verloren geht.

Wir wünschen Ihnen viel Erfolg für Ihre nächste Veränderung und hoffen, dass Ihnen dieses Buch dabei gute Dienste leisten wird!

Anhang

Veränderung		
Planung	Umsetzung	Evaluation

1 Vision

2 Kommunikation

3 Beteiligung

4 Qualifizierung

Literatur

Adriani B, Schwalb U, Wetz R (1995) Hurra, ein Problem! Kreative Lösungen im Team, 2. Aufl. Gabler, Wiesbaden, 128 S

Donnenberg O (Hrsg) (1999) Action Learning taucht auf. In: Action Learning – Ein Handbuch. Klett Cotta, Stuttgart

Doppler K, Lauterburg C (2002) Change Management. Campus, Frankfurt/Main

Dörrenberg F, Möller T (2003). Projektmanagement. Oldenbourg Verlag, München

Fallner H, Gräßlin H-M (1990) Kollegiale Beratung. Eine Systematik zur Reflexion des beruflichen Alltags.Ursel Busch, Hille

Francis D, Young D (1998) Mehr Erfolg im Team. Windmühle, Hamburg

Gouillart FJ, Kelly JN (1995) Business Transformation. Ueberreuter, Wien

Hagens J, von Schlippe A (Hrsg) (1998) Das Spiel der Ideen – Reflecting Team und systemische Praxis. Borgmann, Dortmund

Harrison R (1977) Rollenverhandeln: ein »harter« Ansatz zur Team-Entwicklung. In: Sievers B (Hrsg) Organisationsentwicklung als Problem. Klett, Stuttgart

Haug-Benien R (1998) Kollegiale Beratung – Ein Fall nicht nur für zwei. Hiba transfer, Ausg III-1998. Hiba, Heidelberg

Höcker A, Höcker B (2000) Das Teamlabyrinth. In: Axel Rachow (Hrsg) Spielbar, Manager Seminare. Gerhard May, Bonn

Kirkpatrick DL (1998) Evaluating training programs. Berrett-Kochler, San Franscisco

Königswieser R, Exner A (2004) Systemische Intervention – Architekturen und Designs für Berater und Veränderungsmanager. Klett-Cotta, Stuttgart

Königswieser R, Keil M (Hrsg) (2000) Das Feuer großer Gruppen – Konzepte, Designs, Praxisbeispiele für Großveranstaltungen. Klett-Cotta, Stuttgart

Kotter JP (1998) Chaos, Wandel, Führung. ECON, Düsseldorf, München

Kriz WC, Nöbauer B (2003) Teamkompetenz. Konzepte, Trainingsmethoden, Praxis, 2. Aufl. Vandenhoeck & Ruprecht, Göttingen

Krüger A, Schmolke G, Vampel R (1999) Projektmanagement als kundenorientierte Führungskonzeption. Schaffer-Poeschel, Stuttgart

Lippmann E (2003) Intervision. Springer, Berlin Heidelberg New York

Mayrshofer D, Kröger H (2001) Prozeßkompetenz in der Projektarbeit Ein Handbuch für Projektleiter, Prozeßbegleiter und Berater. Verlag Windmühle, Hamburg, 253 S

McGregor (1970) Der Mensch im Unternehmen. Econ, Düsseldorf

Nossek, Hieber C (2004) Sie haben Post! Effektiver Einsatz neuer Kommunikationsmedien in Organisationen. Carl Auer, Heidelberg

Redlich A, Elling J (2000) Potential: Konflikte. Verlag Windmühle, Hamburg

Simon H, von der Gathen A (2002) Das große Handbuch der Strategieinstrumente. Campus, Frankfurt/Main

Streich RK (1997) Veränderungsprozessmanagement. In: Reiß M, von Rosenstiel L, Lanz A (Hrsg) Change Management – Programme, Projekte und Prozesse. USW-Schriften für Führungskräfte, Bd 31. Schäffer-Poeschel, Stuttgart, Abb. 4, S 423

Trainingsmaterialien. Hamburger Team, Hamburg 2002

van Swaanij L, Klare J (2000) Atlas der Erlebniswelten. Eichborn, Frankfurt am Main

Wildenmann B (2001) Die Faszination des Ziels. Luchterhand, Neuwied/Kriftel (Taunus)

Quellenverzeichnis

Seite	Abb.	Quelle
2	1	Synnecta, Karlsruhe
4	2	Synnecta, Karlsruhe
5	3	Synnecta, Karlsruhe
63	2.2	Synnecta, Karlsruhe
135	3.10	Mayrshofer D, Kröger H (2001) Prozesskompetenz in der Projektarbeit Ein Handbuch für Projektleiter, Prozessbegleiter und Berater. Verlag Windmühle, Hamburg
163	4.2	Trainingsmaterialien, Team Hamburg, Hamburg 2002
185		Streich RK (1997) Veränderungsprozessmanagement. In: Reiß M, von Rosenstiel L, Lanz A (Hrsg) Change Management – Programme, Projekte und Prozesse. USW-Schriften für Führungskräfte, Bd 31. Schäffer-Poeschel, Stuttgart, Abb. 4, S 423

Seite	Tab.	Quelle
121	3.2	Redlich A, Elling J (2000) Potential: Konflikte. Verlag Windmühle, Hamburg

Über die Autoren

Kerstin Stolzenberg, Jahrgang 1970, studierte in Deutschland und in den USA Psychologie mit dem Schwerpunkt Arbeits- und Organisationspsychologie. Sie erwarb so neben dem deutschen Diplom auch den Master auf Science (USA).

In ihrer Funktion als angestellte Spezialistin für Personal- und Organisationsentwicklung war sie zunächst für Trainings-Konzeption und Moderation zuständig, anschließend für die Auswahl, Beratung und Förderung von Führungskräften und die Entwicklung und Implementierung von Personalentwicklungsinstrumenten. Später lag der Schwerpunkt ihrer Tätigkeit für mehrere Jahre auf der Begleitung von Veränderungsprojekten. Nach einer zweijährigen Projektleiter-Tätigkeit im Bereich Prozessoptimierung führt sie heute als Abteilungsdirektorin die Spezialabteilung Organisationsentwicklung.

Darüber hinaus ist Kerstin Stolzenberg als Lehrbeauftragte für Change Management an der Fachhochschule Bonn-Rhein-Sieg aktiv.

Unter »*www.kerstin-stolzenberg.de*« sind Kontaktmöglichkeiten und weitere Informationen zur Person zu finden.

Krischan Heberle, Jahrgang 1969; Studium der Psychologie an der Universität Bielefeld, später Spezialisierung in Arbeits-, Betriebs- und Organisationspsychologie an der RWTH Aachen; Grundausbildung in Rational Emotiver Therapie am DIRET, Grevenbroich und Ausbildung zum systemischen Berater am IGST, Heidelberg; nach dem Studium zunächst Personalentwickler und Trainer bei der Aachener und Münchener Lebensversicherung AG, Aachen; ab 1998 Personal- und Organisationsentwickler bei der Agfa-Gevaert AG, Leverkusen; seit 2000 Organisationsentwickler bei der AXA Versicherung AG, Köln. Der Schwerpunkt der Tätigkeit lag in den letzten Jahren als interner Berater auf der Begleitung von Veränderungsprojekten und der Konzeption von Change-Management-Prozessen.

Sachverzeichnis